Spielräume der Musiktherapie

Rosemarie Tüpker (Hg.)

Spielräume der Musiktherapie

zeitpunkt musik
Reichert Verlag 2019

Coverbild: Paul Klee. Abstraktes Trio (1932). 47,9 x 64,5 cm.
Watercolor and transferred printing ink on paper,
bordered with gouache and ink, mounted on cardboard.
Standort: Metropolitan Museum of Art.

Paul Klee (https://commons.wikimedia.org/wiki/File:Abstract_Trio_MET_DT1769.jpg),
„Abstract Trio MET DT1769", https://creativecommons.org/publicdomain/zero/1.0/legalcode

Bibliografische Information der Deutschen Nationalbibliothek
Die Deutsche Bibliothek verzeichnet diese Publikation in der Deutschen Nationalbibliografie;
detaillierte bibliografische Daten sind im Internet über http://dnb.dnb.de abrufbar.

Gedruckt auf säurefreiem Papier
(alterungsbeständig – pH 7, neutral)

Dr. Ludwig Reichert Verlag Wiesbaden
www.reichert-verlag.de
ISBN: 978-3-95490-392-4

Printed in Germany

Inhaltsverzeichnis

Vorwort

Das Bild „Abstraktes Trio“ (1923) von Paul Klee zeigt, was mit Spielraum gemeint ist: Das Spiel des Trios kreiert den gelbgetönten, lebendig bewegten Raum. Haben sie das Gelb aus dem Grün herausgespielt? Zugleich bedarf es der Zusammenbindung des Raumes, der Abgrenzung durch das dunklere Grün, damit das Trio sich zusammenfindet. Das Zusammenspiel der einander zugewandten Drei schafft ihnen eine Umhüllung in Raum und Zeit, die aber nicht geschlossen ist, sondern sich nach links und oben öffnet in eine weitere Welt, die während des Spiels zurücktritt, aber nicht abgeschnitten ist. Die kleinen Felder des Türkis verweisen auf das, was draußen bleibt und nicht ins Spiel kommt. Die Bewegung des längs geteilten Pfeiles umschließt das Trio, während der dritte, senkrecht hinabstoßende Pfeil, das Bild durchschnitte, wäre er nicht von der Musik unterbrochen. Aus der Höhe ins Bild geworfen weist er in die Tiefe, die aber hell erscheint. Der Spielraum des Trios entsteht durch das Auseinanderziehen und Einkreisen der Pfeile: Kraft und Struktur, Energie und Halt. Die Töne, die Spieler und die Instrumente sind spielend eins und lassen den Betrachter die Musik hören, die im Bild erklingt. Das *Abstrakte* des Trios besteht darin, dass es wesentliche Züge des durch Musik entstehenden Spielraums im Konkreten des Bildes sichtbar macht.

Dieses Buch handelt von dem Spielraum, den Musiktherapie schaffen kann, indem sie sich beteiligt an der Behandlung seelischen Leids, an der Bearbeitung gesellschaftlicher Konflikte und Notlagen und an der Gestaltung des Miteinanders in Krisen, Krankheiten und schwer zu tragenden Erfahrungen. Der Spielraum *der* Musiktherapie ist dabei abhängig von den äußeren Bedingungen, in denen sie wirksam werden darf, von Entscheidungen im Gesundheitswesen, der Interessenspolitik anderer Berufsgruppen und wechselnden gesellschaftlichen Strömungen und Moden. Der Spielraum *in* der Musiktherapie hängt darüber hinaus ab vom spielerischen und methodischen Können der MusiktherapeutInnen, und von dem Arbeitsgebiet, in dem sie jeweils tätig sind. Die Autorinnen und Autoren dieses Bandes stellen das Thema des Spielens und des Schaffens und Bewahrens von Spielräumen aus unterschiedlichen Perspektiven in den Mittelpunkt ihrer Ausführungen und pflegen dabei einen spielerischen Austausch theoretischer und praktischer Aspekte.

In meinem eigenen Beitrag versuche ich einleitend zu erläutern, wie sich das Schaffen und Bewahren von Spielräumen als spezifischer Behandlungsauftrag der Musiktherapie und der Künstlerischen Therapien verstehen lässt. Ein erster Teil des Buches ist dann der Musiktherapie mit Kindern und Jugendlichen gewidmet, bei denen es oft in einem doppelten Sinne um das Spielen geht. *Sandra Lutz Hochreutener* beleuchtet theoretisch und anhand von Fallvignetten, welche Ebenen im Musikspiel berührt werden und wie ihre Symbolik entschlüsselt und für den therapeutischen Prozess fruchtbar gemacht werden kann. Dass das Spielen bei Jugendlichen eine Zeitlang in Misskredit geraten kann und gerade deshalb umso mehr die Spielfähigkeit und spielerische Haltung des Therapeuten gefordert ist, zeigen die Ausführungen von *Bernd Reichert. Erika Menebröcker* und *Anne-Katrin Jordan* stellen eine Variante des Münsteraner Projekts „Durch Musik zur Sprache“ für den schulischen Kontext vor und zeigen, wie das gemeinsame Musizieren und Spielen und eine Verbindung pädagogischer und therapeutischer Methoden Kindern ermöglichen kann, Sprache als Mittel des eigenen Ausdrucks und der Kommunikation zu erfahren. *Oliver Pauls* Ausführungen aus dem Kontext seiner laufenden Dissertation beleuchten die Tragik des verloren gehenden Spielraumes durch die Mitteilung der Behinderung eines Kindes und zeigen die Möglichkeiten der Musiktherapie auf, beim (Wieder-)Finden eines solchen Spielraumes zu helfen.

In der Arbeit mit Erwachsenen in der Psychosomatik wird das musikalische Spiel oft als „Herumgeklimpere“ wahrgenommen. Musiktherapie kann hier als „Spieltherapie für Erwachsene“ gelingen, wenn für die PatientInnen spürbar wird, dass die Musik eine Spielraumerfahrung schaffen kann, die auch mit ihrem Leiden im Alltag zu tun hat. Die drei Beiträge zur Musiktherapie in der Psychosomatik stellen dies im Kontext unterschiedlicher theoretischer Konzepte und Arbeitsschwerpunkte vor: *Susanne Bauer* anhand bedeutsamer Spieltheorien und einem Gruppenverlauf aus der Kurzzeittherapie, *Katharina Nowack* im Kontext der eingeengten Spielräume von Angst- und Zwangspatienten und *Ruth Liesert* in der Variante des von ihr im Rahmen ihrer Dissertation entwickelten Verfahrens „GIM für stationäre Psychosomatik“. Auch *Eva Terbuyken-Röhm* gibt mit ihrem Beitrag einen Vorgeschmack auf ihre gerade abgeschlossene Dissertation, in der sie die Besonderheiten ihrer langjährigen Arbeit mit PatientInnen in der Situation des doppelten Eingeschlossenseins, auf der Station und in der akuten Phase einer psychotischen Erkrankung, zeigt. Ihre Ausführungen belegen, wie durch eine besondere Form der musiktherapeutischen Arbeit Momente des Genusses möglich werden.

Im Übergang zum außerklinischen Bereich berichtet *Sabine Rachl* von ihrer Arbeit mit Sterbenden und der Bedeutung des Atems im Prozess des Sterbens. *Heike Plitt* zeigt neue Möglichkeiten einer musiktherapeutischen Arbeit mit Paaren auf, und wie der Verlust an Spielraum in Paarbeziehungen in musikalischen Spielen aufgegriffen werden kann.

Übergreifende musiktherapeutische Themen finden sich im letzten Teil des Buches, welches mit einem Rückblick zur Musiktherapieausbildung an der Universität Münster schließt. *Oliver Schöndube* berichtet von Erfahrungen im Spielraum Stimme und gibt Anregungen zu einem gesunden und resonanzreichen Umgang mit der eigenen Stimme. *Thomas Adam* erkundet Rolle und Bedeutung der Intention in der Musiktherapie und beschreibt die neuen Spielräume, die durch Resonanzphänomene in der musiktherapeutischen Beziehung entstehen, während *Martin Lenz* der Frage nachgeht, was zu tun und zu lassen ist, wenn in der Therapie nichts mehr geht und alle Spielräume verschlossen scheinen. Anregungen zum Nachdenken über die Bedeutung des Wartens – im Allgemeinen, im Privaten, bei Kindern, als Können, als Methode und als eine unerlässliche therapeutische Kompetenz – gibt der Beitrag von *Barbara Keller.*

Die Tagung, aus der heraus dieses Buch entstanden ist, markiert mit der Schließung des Masterstudiengangs Musiktherapie an der Universität Münster das Ende eines Lern- und Spielraums und für mich persönlich den Übergang in eine neue Lebensphase. Nachdem das endgültige „Rien ne va plus“ von Seiten der Universität ausgesprochen war, ging es für mich darum, dem Studiengang und mir selbst einen Abschluss zu gönnen, der spürbar macht, was in diesen dreißig Jahren alles möglich war, was entstanden ist und in all denen bleiben wird, die daran ihren Teil hatten. Getreu dem Doppel von Musik und Sprache, von Wissenschaft und Kunst und dem Spielraum, der zwischen ihnen entsteht, wünschte ich mir einen Abschluss mit einer Fachtagung und einem Konzert. Es war eine beglückende Erfahrung, bei der Verwirklichung dieses Wunsches noch einmal das Engagement, die Kreativität und fachliche Kompetenz so vieler Kolleginnen und Kollegen zu erleben und mit vielen ehemaligen Studierenden, KollegInnen, FreundInnen und WeggenossInnen Abschied zu feiern.

Dafür allen meinen tief empfundenen Dank.

Rosemarie Tüpker,
Steinfurt im August 2018

Namen und Angaben zu Patientinnen und Patienten wurden in allen Artikeln anonymisiert.

Spielräume schaffen, Spielräume bewahren als Behandlungsauftrag der Musiktherapie

Rosemarie Tüpker

Spielraum der Musik – Spielraum des Seelischen

Angeregt durch ein Abschiedsgeschenk[1] einer Gruppe von Studierenden ging ich in den Jahren 2000 bis 2010 in der Forschung der Frage nach dem Musikbegriff der europäischen Volksmärchen nach: Geben die Märchen Auskunft darüber, wie Musik in den unbestimmt „früheren Zeiten", die uns durch die Märchen überliefert sind, erfahren und erlebt wurde? Und können wir etwas für die Musiktherapie Hilfreiches in Erfahrung bringen? (Tüpker, 2011). Eine der unerwarteten Entdeckungen, die ich im Laufe dieser Forschung machte, war die, dass sich offensichtlich erst im Laufe der Zeit Musik zu etwas entwickelt hat, was unmittelbar mit dem Spielraum des Seelischen zusammenhängt. In den älteren Märchen hingegen finden wir ein Erleben von Musik geschildert, in dem Soma und Psyche noch so ineinander verwoben sind, dass es eigentlich keinen seelischen Raum gibt, in dem Musik als ein seelischer Vorgang „erlebt" wird. Vielmehr fährt die Musik so unmittelbar in die Glieder, dass jeder tanzen muss, der die Musik hört, manchmal sogar die Tassen und Teller, Tische und Stühle, die Toten und die Berge. Es bedarf also auch nicht einmal eines *menschlichen* Erlebens, um diese „Macht der Musik" – lustvoll und schmerzhaft – zu erfahren. Menschen werden von der Musik, die aus dem Instrument strömt, bewegt wie intentionslose Marionetten, manchmal bis hin zum eigenen Erschöpfungstod. Subjektivität und persönlicher Wille scheinen außer Kraft gesetzt, was den Musikern, die ein solches Instrument geschenkt bekommen haben, eine große Macht verleiht.

Erst allmählich scheint dann in den Märchenerzählungen etwas aufzutauchen, was wir im heutigen Sinne als Musikerleben bezeichnen würden: also ein Bewegt-Sein durch Musik im seelischen Sinne, ein Sich-berührt-Fühlen, eine innere Mitbewegung mit dem Gehörten, die zugleich immer auch ein Selbsterleben und eine eigene Aktivität inkludiert. Dabei ist es spannend zu entdecken, dass die Entstehung von Musik und die Entstehung eines seelischen Raumes in den Märchen bisweilen so aufs Innigste miteinander verwoben sind, dass sie sich aneinander und auseinander heraus zu entwickeln scheinen.

Ein Schlüsselmärchen hierfür ist das Romamärchen „Die Erschaffung der Geige", in der ein Romjunge sich in der aussichtslosen Situation des Einge-

---

[1] Der kleinen Sammlung „Musikmärchen" von Leander Petzoldt (1994).

kerkertseins ohne jeglichen Spielraum befindet. Plötzlich erscheint im Kerker Matuya, die Feenkönigin. Aus einer Holzkiste baut sie für ihn eine Geige, in die sie ihr Lachen und ihr Weinen gibt. Das gibt nun ihm und der Welt neuen Spielraum, weil er mit dieser Geige etwas machen kann, „was noch niemand auf der Welt gesehen hat“. Er kann die Menschen mit seiner Musik froh und traurig machen. „So kam die Geige auf die Welt.“, heißt der Schlusssatz des Märchens, den wir auch verstehen können als Entstehung der Musik, der Welt der Gefühle und des seelischen Raumes, in dem Menschen sich gegenseitig bewegen und berühren können (vgl. Tüpker, 2011, S. 33–65).

Hier und in einigen anderen Märchen lernen wir die Musik und ihren „Spielraum“ als einen sich erst entwickelnden seelischen Raum kennen, einen Raum, in dem und durch den ein erlebendes Subjekt als eigene Identität erst entsteht. In dem Grimm'schen Märchen „Das Eselein“ ist es die mühsame Entwicklung des musikalischen Spielraums durch das Erlernen des Lautespielens trotz ungünstiger körperlicher Voraussetzungen, mit der zugleich der Weg vom Eselein zum sich selbst erkennenden Menschen vollzogen wird (ebd., S. 76–89). In dem österreichischen Märchen „Das ewige Lied“ ist die Musik mit der lebenslangen Suche nach der eigenen Identität zwischen Fremdsein und Dazugehörigkeit verbunden (Purschke, 2018). Dabei zeigt sich das Seelische als eine paradoxe Gestalt, deren Gegenläufigkeit sich nicht auflösen, aber in der Musik einfangen und vorantreiben lässt.

Wenn wir dieser aus den Märchen entwickelbaren Idee, der Entstehung und Entwicklung eines seelischen Raumes durch Musik/in der Musik, folgen, könnten wir die gesellschaftliche Aufgabe der Musiktherapie im Gesundheitswesen damit formulieren, dass sie dafür Sorge zu tragen hat, dass dieser seelische Raum und das Subjekt in einer hochtechnisierten Medizin nicht verloren gehen. So wie die Musik in den Märchen allerdings nicht die einzige Figuration ist, mit der die Entstehung eines Erlebensraumes erzählt wird, so müssen auch wir diese Aufgabe natürlich nicht allein stemmen, sondern im Verbund mit den anderen Künstlerischen Therapien und mit Menschen anderer Berufsgruppen. Das legen die Ausführungen des Psychoanalytikers Peter Petersen nahe, der auf Einladung des Fördervereins Musiktherapie 1997 in Münster einen Vortrag mit dem Titel „Künstlerische Therapien und High-Tech-Medizin“ hielt. Als Arzt und Psychosomatiker fordert er neben der Einbindung der Künstlerischen Therapien in die Medizin immer wieder die Wiederentdeckung eines auch künstlerischen Blicks und Zugangs im ärztlichen Handeln selbst: „… jeder einzelne von uns ist an seinem Platz dazu herausgefordert, künstlerisches Denken und Handeln in der Heilkunde wieder zur Renaissance zu bringen“ (vgl. Petersen, 2006, S. 30). Dies lässt sich auch verstehen als Aufforderung an uns, den durch die Musik möglichen Zugang auch in Fortbildungen und Beratungen anderen zugänglich zu machen, die im Gesundheitsbereich arbeiten; nicht in dem Sinne, sie selbst zu MusiktherapeutInnen machen zu wollen, sondern zu ihrer persönlichen Erweiterung der sinnlichen Wahrnehmung, als Schulung des Hörens auf den anderen wie auf die eigenen Empfindungen, als Erweiterung des inneren Spielraums.

Die in den Märchen geschilderte frühe Erlebenswelt findet sich als mögliche psychische Realität allerdings auch in unserer Zeit: Dem Vorhandensein einer Welt, in der Soma und Psyche noch so ungetrennt sind, dass es einen seelischen Raum erst zu entwickeln gilt, begegnete ich während meiner Klinikzeit vor allem im Kernbereich der Psychosomatik, bei den früher als „klassische Psychosomatosen" bezeichneten Erkrankungen[2]. In der Darstellung der seelischen Welt dieser Patienten und den Möglichkeiten, die die Musiktherapie dabei haben kann, nannte ich den Behandlungsauftrag mit diesen PatientInnen typisierend[3]: „Die Eins teilen und Innewohnendes befreien" (Tüpker 2013[3], S. 241) Erst beim Schreiben dieses Textes stieß ich auf diese weit zurückliegende Zusammenfassung und war überrascht, wie viele Verbindungen hier bestehen.

Beschrieben hatte ich, dass der Spielzugang bei diesen PatientInnen sehr erschwert sei, es wirke

> „als wisse das Seelische (…) mit dem Spielraum und mit der Aufforderung zu spielen, nichts anzufangen (…) es klingt nicht nach Musik. Oft ist das Spiel ausdrucksschwach, ungestaltet, nichtssagend. Es macht weder dem Patienten noch dem Therapeuten Spaß oder Sinn" (ebd.).

Der hier fehlende Gefühlsraum wird auch aus der verbalen Psychotherapie beschrieben, etwa mit der Bezeichnung der für diese Störungsbilder typischen „Alexithymie", wird aber in der Auseinandersetzung mit dem dargebotenen musikalischen Spielraum strukturell deutlicher: „Es scheint hier, als ‚wisse' das Seelische nicht, wie es sich die Musik (…) zu eigen machen könne, als gäbe es kein Ineinandergreifen von ‚Innen' und ‚Außen'" (ebd., S. 241). „Es entsteht kein Dazwischen, kein Spielraum" (ebd.), auch nicht zwischen Reden und Spielen: „Eine gegenseitige Förderung von Reden und Spielen kommt ebenso wenig in Fluss wie das Spielen selbst" (ebd., S. 242). Vor dem Hintergrund der Entwicklung der Musik und des seelischen Raumes in den Märchen lässt das an die Phase eines Musikerlebens denken, in der die Musik sofort im Körperlichen ‚landet', mechanistisch zum Tanzen zwingt, in die Glieder fährt, ohne dass es ein Subjekt gibt, welches sich dem hingeben oder widersetzen kann.

Es erschien mir bezeichnend, dass sich gerade bei diesem Typus die Frage aufdrängte „Was ist eigentlich mit der Musik?" (ebd., S. 243). Das fehlende Musikalische erwies sich als Hinweis auf einen generellen Mangel seelischer Lebensmöglichkeiten, die verstehbar machen, warum das Seelische hier zur Extremisierung des Ausdrucks im Körperlichen greifen muss.

---

2 Im Sinne Franz Alexanders (1951).

3 Erstauflage 1988.

„Das, was hier im Umgang mit der Musik nicht funktioniert, funktioniert auch sonst im Übergang und Ineinandergreifen von Ich und Welt, Innen und Außen, Psychischem und Materialem nicht" (ebd.).

Der Behandlungsauftrag der Musiktherapie wird hier generell als Entwicklung eines seelischen Spielraums beschrieben: „Es gilt, dem Seelischen zum Ausdruck zu verhelfen, ihm eine Ausbreitung im seelischen Ausdruck zu ermöglichen" (ebd.). Bemerkenswert ist, dass dies gerade in der konkreten musikalischen Arbeit möglich erscheint:

„Das Seelische gewinnt an Spielraum und kann beginnen sich auszubreiten, wenn wir es ausrüsten mit den Möglichkeiten von laut und leise, langsam und schnell, strukturierend und auflösend und anderen grundlegenden Polaritäten, die darauf verweisen, dass es eine Zwei gibt und dass zwischen diesen zwei Polen ein Dazwischen, ein ‚Raum' entsteht, der erfüllt werden kann als Steigerung, Kontrast, Entwicklung" (ebd.).

Bezeichnend ist vielleicht, dass mir gerade bei diesem Typus die musikalisch-psychologische Nutzung von Märchen sinnvoll erschien (vgl. ebd., S. 244).

Und noch einmal zeigt sich die Verbindung zum Märchen von der Erschaffung der Geige in der Formulierung: „In der Musik kann für den Therapeuten der Eindruck entstehen, er erlebe hier Musik im Entstehen" (ebd., S. 245).

Spielraum als Behandlungsauftrag

Dies ist aber nur ein Verständnis dessen, was mit dem Spielraum als Behandlungsauftrag der Musiktherapie gemeint sein kann. Aufgrund der sehr unterschiedlichen Arbeitsfelder der Musiktherapie ist es weder möglich noch sinnvoll, einen vereinheitlichenden Behandlungsauftrag für *die* Musiktherapie zu formulieren. Er hängt vor allem vom einzelnen Patienten ab, aber auch von dessen Angehörigen, von Auftrags- oder Geldgebern, steht im Kontext gesellschaftlicher Institutionen und bedarf immer einer Zusammenführung unterschiedlicher Interessen und einer „Einigung in Differenz" (Tüpker, 1990). Als solcher bedarf auch er selbst schon eines Spielraums, damit er angemessen gefunden und ausgefüllt werden kann. Das findet in Studien zur Wirksamkeit von Therapien keinen Niederschlag, weil diese in einem zu engen Sinne von gleichen Zielsetzungen bei gleichen Störungen ausgehen.

Die Erfahrungen zur obigen Typisierung stammten aus meiner Klinikzeit von 1983 bis 1990, in der ich als Musiktherapeutin und fallführende Stationstherapeutin in einer Psychosomatischen Klinik in Hessen, einer sogenannten Kurklinik, arbeitete. Unser offizieller Behandlungsauftrag war die „Wiederherstellung der Arbeitsfähigkeit". Dafür zahlte die damalige Bundesanstalt für Arbeit (BfA) und in geringerem Umfang einige Krankenkassen den Aufenthalt und die Behandlungen. Zu unserem Verständnis als PsychotherapeutInnen gehörte es, dass wir *das* natürlich nicht so übernahmen. Stattdessen verstanden wir uns dem berichteten und verspürten Leiden unserer PatientInnen verpflichtet, ihren persönlichen und subjektiven Anliegen, wenn auch im Austausch zu unserem Verständnis von Gesundheit und Krankheit, welches zugleich in den Fortbildungen und Teamgesprächen immer wieder kritisch und kontrovers diskutiert wurde. Diese Differenz war relativ problemlos „aushaltbar", allenfalls wenn es um die Begutachtung bei einem Rentenbegehren ging, stießen wir manchmal auf einen ernsthaften Interessenkonflikt und mussten dafür eine Lösung finden. Auch zwischen dem, was wir als unseren Auftrag empfanden und dem, was der private Klinikbesitzer sich wünschte, nämlich einem möglichst reibungslosen Ablauf und ein werbewirksames Außenbild, gab es zwar durchaus Reibungspotenzial, welches sich aber ebenfalls handhaben ließ. Im Unterschied zu den oben angesprochenen PatientInnen ließe sich für viele derer, die in eine solche Kurklinik kamen, die Wiedergewinnung eines Spielraumes als Behandlungsauftrag formulieren: Zum einen, weil es um festgefahrene Arbeits- oder Familiensituationen ging, um verengende Ambivalenzkonflikte oder das unverstandene Hineinwirken des Früheren ins Aktuelle, zum anderen weil in der begrenzten Behandlungsdauer von sechs bis zwölf Wochen mehr sicherlich nicht realistisch war. Mir half die Vorstellung, dass die PatientInnen sich mit ihrer Lebensmethode in einem ständigen Selbstbehandlungsprozess befanden, zu dem wir einen kleinen Beitrag leisten konnten, damit sie ihn nach dem Klinikaufenthalt mit neuem Schwung und einem erweiterten Spielraum durch methodische Hilfen und die Ermutigung, die das wohlwollende Klima der Klinik für die meisten bedeutete, fortsetzen konnten.

Im Folgenden ein kleines Intermezzo:

> *Als ich Ende 1990 von einem privaten, also erwartbar gewinnorientierten Arbeitgeber in eine Institution des öffentlichen Rechts und des Sozialstaates wechselte, hatte ich die vielleicht naiv wirkende Vorstellung, dass es an einer Universität explizit und implizit um das Wohl und Interesse der Studierenden gehe und dass der „Behandlungsauftrag" der Lehrenden darin bestehe, ihnen zur Verwirklichung ihrer Potenziale und zu einem beruflich sinnerfüllenden Leben zu verhelfen, mit dem sie dann ihren Platz und ihre Aufgabe in der Gesellschaft finden würden. Umso mehr schockierte mich die just zu Beginn meiner Unizeit aufkommende* moderne *Einstellung der Unterstellung der Interessen der Studierenden unter eine kapitalistische Verwertbarkeit, die die Universitäten, möglicherweise aufgrund des Verlustes des Regulativs durch den dialektischen Gegenpart nach dem Zusammenbruch der real existierenden sozialistischen Welt, ergriffen hatte. Zumindest von einer Philosophischen Fakultät, an der ich gelandet war und der ich mich auch von meinem eigenen Unistudium her verbunden fühlte, erwartete ich eine kritische Reflexion gesellschaftlicher*

Verhältnisse. Nun aber proklamierte deren Dekan stolz, dass die Westfälische Wilhelms-Universität das für Deutschland so wichtige „Humankapital" schaffe. Zugespitzter kann man die Funktionalisierung von Menschen kaum formulieren. Doch niemand widersprach und niemandem schien aufzufallen, dass Menschen damit zu einer subjektlosen Größe degradiert werden, die vor allem einer ökonomischen Bewertung unterliegen, und dass der Weg zum Begriff des „unwerten Lebens" von da aus nur einen Steinwurf weit entfernt ist. Ein gewisser Trost war es da, dass dieser Begriff gut zehn Jahre später (2004) zum Unwort des Jahres gekürt wurde.

Freud formulierte die Aufgabe und Zielsetzung der Psychotherapie mit der Formel: Wiederherstellung der *Liebes- und Arbeitsfähigkeit* (Freud, 1937). Unter Arbeit können wir dabei nicht nur die Erwerbsarbeit verstehen, sondern auch die Arbeit in Haus und Garten, das Lernen und Lehren, das Verfolgen eigener und gesellschaftlicher Interessen durch den Einsatz der uns zur Verfügung stehenden Mittel, den es auch gegen Widerstände und Hindernisse aufrecht zu erhalten gilt, damit diese Arbeit Früchte trägt. Gemeint sein kann unser gesamtes Tätigsein in der Welt, wozu auch die Schaffung der Künste gehören kann, die ja bekanntlich zwar schön sind, aber auch Arbeit machen. Ebenso ist Liebesfähigkeit natürlich nicht auf die Fähigkeit der Ausführung des Geschlechtsverkehrs zu reduzieren, sondern kann unsere gesamten Fähigkeiten meinen, Beziehungen aufzubauen und zu pflegen, die Welt zu lieben, in der wir leben, sie liebevoll mitzugestalten, ohne sie uns untertan zu machen, auch die Liebe zur Musik, zu unserem Hund, dem Baum vor unserem Haus und natürlich auch zu uns selbst. So gesehen ist diese zunächst etwas trocken klingende Formulierung sehr umfassend und lebensnah.

Für die Aufgabenstellungen, die MusiktherapeutInnen sich zu eigen machen, ist das dennoch zu eng: Denken wir etwa an die Arbeit mit Frühgeborenen, mit alten Menschen oder mit Sterbenden, da passt beides nicht so recht. In der Arbeit mit schwer behinderten Menschen kann es zumindest in die Irre führen und wenn ich an unser Projekt „Durch Musik zur Sprache" denke, so geht es auch eher um die musiktherapeutische Gestaltung innerhalb eines Bildungs- und Entwicklungsraumes (s. Menebröcker/Jordan in diesem Band).

Ebenso geht es in Beratungs-, Coaching- und Supervisionsprozessen eher nicht um die generelle Liebes- und Arbeitsfähigkeit und unter vielen Arbeitsbedingungen von MusiktherapeutInnen erscheint diese Zielsetzung auch einfach zu groß: Wie soll man in wenigen Wochen oder ein paar Tagen der Begleitung eines Krankenhausaufenthaltes die Liebes- und Arbeitsfähigkeit eines Menschen bessern?

Gerade durch die immer neuen Arbeitsfelder der Musiktherapie, mit denen ich mich im Laufe meiner Unitätigkeit beschäftigt habe, rückte für mich immer wieder einmal der Begriff des Spielraums ins Zentrum: Spielräume zu schaffen, wieder zu finden oder zu erhalten schien mir immer wieder ein Gedanke zu sein, der vieles von dem erfasst und begrifflich zusammenfasst, was uns als MusiktherapeutInnen wichtig ist und ein Ziel unserer Arbeit. Der Begriff lässt in unserem Kontext natürlich sogleich an das berühmte Buch von Katja Loos aus der Arbeit mit Magersüchtigen denken, bei der das „Spiel-Raum schaffen" ja eine vielschichtige Bedeutung hat (Loos, 1986). Nicht ganz so bekannt ist ein weiteres Buch mit einem vergleichbaren Titel *Raum zum Spielen, Raum zum Verstehen* von Barbara Irle und Irene Müller, welches aus dem Studiengang in Münster heraus entstanden ist (Irle/Müller, 1996). In den beiden geschilderten Fallbeispielen aus der Arbeit mit Kindern bedarf es einerseits zunächst eines Spielraums, damit Verstehen möglich wird und zugleich eröffnet das Verstehen neue Spielräume, eine immer wieder spiralförmig ineinandergreifende Bewegung. Auch in dem aktuellen Lehrbuch der Musiktherapie mit Kindern und Jugendlichen „Spiel – Musik – Therapie" steht der Spielraum in vielfachem Sinne an zentraler Stelle (Lutz Hochreutener, 2009) (s. Aufsatz Lutz-Hochreutener in diesem Band).

Als Fragestellung nach dem Behandlungsauftrag scheint mir der Begriff des Spielraums für die sehr unterschiedlichen Arbeitsgebiete besser zu passen als vieles andere, und es rückt mit dem Spielen, dem Schöpferischen und Offenen, etwas in den Vordergrund, was mit dem Zentrum unserer Arbeit, der Musik, verbunden ist, ist sie uns doch Spiel und Arbeit zugleich. Die Frage nach dem Spielraum kann dabei helfen, einen vernünftigen und realisierbaren Behandlungsauftrag zu finden, der die Möglichkeiten der Musik spielerisch nutzen und vor Überforderung und Größenfantasien schützen kann.

Welchen Spielraum kann die Musiktherapie einem Kind verschaffen, das einsam im Isolierzimmer eines Krankenhauses liegt, immer wieder schmerzvolle Maßnahmen über sich ergehen lassen muss und dem der komplette Alltag geraubt wurde: die Freunde, das Draußen-Sein, die Eltern, das Spielen und ja sogar die doofe Schule? Da hilft sicherlich kein modularisiertes Programm. Eher geht es darum, den ersten Schrecken, die Angst und die Ohnmacht, die angesichts einer solchen Begegnung unweigerlich entstehen, zu überwinden und auf das zurückzugreifen, was ehemals zum Ergreifen des musiktherapeutischen Berufs motiviert hatte: Die Freude am Spielen, musikalisch und überhaupt.

Was ist, wenn der Spielraum alter Menschen in einem Altenheim sich durch die eigenen Beeinträchtigungen, den Verlust der Familie, den Verlust der Alltagstätigkeiten, durch das Nichts-mehr-alleine-Können, immer mehr einschränkt? Da geht es weder um eine Wiederherstellung der Arbeitsfähigkeit noch um die Heilung vom Alter, welches ja per se unheilbar ist, und eben auch keine Krankheit. Um die Liebe geht es natürlich schon und vielleicht auch vor allem. Und der Begriff des Erhalts der Lebensqualität ist hier ein sinnvoller Versuch, das „abrechenbar" zu machen. Wenn ich mir die eindrucksvollen Beispiele in Erinnerung rufe, die ich in Artikeln von Kolleginnen und Kollegen, in

Praktikumsberichten und Abschlussarbeiten lesen durfte, dann schien mir neben der Liebe – und zu ihrer Förderung – immer wieder wichtig zu sein, dass hier etwas spielerisch sein darf: spielerisch im Sinne des nicht-zielgerichteten und des zweckfreien Tuns und Zusammenseins. Erinnerungen entstehen, aufkommen zu lassen ist etwas anderes als ein demütigendes Gedächtnistraining durchzuführen. Frei schwebende Zuwendung, die mit springt, wohin es will und loslässt, wenn etwas wieder verschwinden will, ist das, wodurch hier die immer wieder so bewegenden Momente menschlicher Begegnung und kleinen Augenblicke des Glücks und der Stimmigkeit entstehen. In ihnen finden sich oft weitere Merkmale dessen, was Psychologen als Merkmale des (kindlichen) Spiels formulierten: die Nähe zum anderen und das gleichzeitige Bei-sich-Sein, Selbstmotiviertheit und innere Unendlichkeit, das Vertieftsein und die Verfassung höchster Konzentration, ohne dass man sich dafür anstrengen muss.

Es gibt aber auch ganz andere Bereiche, durch die ich immer wieder auf diesen Begriff als etwas für die Musiktherapie Zentrales gestoßen bin. Wenn ich musiktherapeutische Supervision anbiete oder auf Tagungen durch musiktherapeutische Methoden erweiterte Balintgruppen, dann arbeite ich dort meist mit Menschen, deren Liebes- und Arbeitsfähigkeit nicht sonderlich beeinträchtigt ist. Ebenso erlebe ich dies in den Improvisationsseminaren für Außenstehende, die irgendwo zwischen Workshop und Selbsterfahrung liegen und in denen oft geäußert wird, wie schön es sei, endlich mal selbst Musik machen zu dürfen. Neue Ideen, neue Erfahrungen, wie sie mit der musikalischen Improvisation möglich sind, Vertiefungen und Belebungen, sind etwas, was den Spielraum erweitern kann und wodurch man vielleicht mit neuem Schwung wieder in den Alltag nach einer Tagung zurückkehren kann in den eigenen Arbeitsbereich und Arbeitsalltag. „Musik gegen den Alltag" hat mein Mann, Manfred Kühn, das einmal in einem Aufsatz genannt. Musik, um sich einmal von dem Verstehens- und Reflexionsdruck der sozialen Berufe zu erholen, ohne gleich in ein Ablästern abzugleiten oder sich in „ganz anderes" retten zu müssen (Kühn, 1993). Und nicht zuletzt betrifft dies natürlich auch die Improvisationsseminare im Musiktherapiestudium, in denen es in mehrfacher Hinsicht darum geht, den Spielraum zu erweitern: musikalisch, persönlich, in der Form der Kommunikation untereinander und im Sinne der Erweiterung des musikalisch-psychologischen Verstehens.

Sich Spielräume immer wieder zu erkämpfen oder etwas zu unternehmen, damit sie einem nicht verloren gehen, fasst auch für mich vieles von dem zusammen, was ich in den 27 Jahren meiner Tätigkeit an der WWU immer wieder neu finden musste. Einen wichtigen Satz dazu habe ich von Irmgard Merkt, die an der Uni Dortmund die Musikausbildung der Sonderpädagogik leitete, die Initiative InTakt gründete und bei der ich mich 2005 habilitierte. Als sie schon Dekanin war und viel Erfahrung mit Institution hatte, sagte sie mir einmal: „Mit Institutionen muss man spielen." Ich glaube, sie meinte damit, dieses besondere Wechselspiel von Dranbleiben und Loslassen, die Kunst, bestehende Spielregeln zu erkennen, hinzunehmen und zu nutzen statt sich an ihnen aufzureiben, gegen sie anzugehen, weil sie willkürlich, ungerecht oder unsinnig erscheinen. Sie stattdessen hinzunehmen wie die Regeln des Mensch-ärgere-dich-nicht-Spiels, die man ja auch nicht hinterfragt, aber auch nicht zu persönlich nimmt, weil sie niemanden meinen. Das habe ich mir zu Herzen genommen. Es ist allerdings nicht so einfach und ich war froh, dass ich in der sehr schwierigen Zeit in der Phase zwischen Abschaffung des Diploms und dem Master Hilfe durch eine Supervisorin hatte, die sich mit den Spielregeln von Institutionen auskannte, den expliziten wie den schwer durchschaubaren unterschwelligen. So habe ich auch selbst immer wieder Supervision und Beratung genutzt, um mir einen Spielraum zu bewahren, vor allem auch den persönlichen.

So eine Uni ist eine sehr spezielle Mischung von sehr formalen Regulationen auf der einen Seite und viel mächtigeren unterschwelligen Machtverhältnissen, die mehr oder weniger anarchistisch sind, auf der anderen. Letzteres war es dann auch, was bei der zweiten Runde „Rettung des Studiengangs Musiktherapie“ dazu führte, dass es nun nicht weiter geht. Es gehört zum Spielen, dass man auch verlieren kann. Auf der persönlichen Ebene ist dies eine besondere Herausforderung, damit das Verlieren in der Sache nicht zu sehr zu einem persönlichen Verlieren wird.

Zum Schluss

Winnicott zeigte uns in seinem Buch „Vom Spiel zur Kreativität“, wie direkt unser Beruf und die ihm wesenhafte Kreativität aus dem kindlichen Spiel erwachsen sind. Wie für uns gemacht wirkt seine berühmte Formulierung:

> „Ich gehe von dem Grundsatz aus, dass sich Psychotherapie in der Überschneidung zweier Spielbereiche vollzieht, dem des Patienten und dem des Therapeuten. Wenn der Therapeut nicht spielen kann, ist er für die Arbeit nicht geeignet. Wenn der Patient nicht spielen kann, muss etwas unternommen werden, um ihm diese Fähigkeit zu geben. (…) Der Grund, weshalb das Spielen so wichtig ist, liegt darin, dass der Patient gerade im Spielen schöpferisch ist.“ (Winnicott, 1993, S. 65f)

Als gesellschaftlicher Auftrag der Künstlerischen Therapien, im Gesundheitswesen, in unserer Kultur allgemein wie in der Ausbildungslandschaft, ließe sich die Betonung des Spielerischen, des Künstlerischen auch formulieren als der Auftrag, sich einer auf Effizienz fixierten Welt und dem Diktat der Verwertbarkeit entgegenzustellen.

Literatur

Freud, Sigmund (1937): *Die endliche und die unendliche Analyse* Gesammelte Werke, Band XVI. Frankfurt am Main: Fischer.

Irle, Barbara; Müller, Irene (1996): *Raum zum Spielen, Raum zum Verstehen. Musiktherapie mit Kindern*. Münster: Lit.

Kühn, Manfred (1993): Musik gegen den Alltag. Zur Bewältigung von Krisen und Konflikten in sozialen Berufen. In: *Sozialtherapie. Zeitschrift für Theorie und Praxis der Sozialtherapie*, Zukunftswerkstatt Duisburg, Heft 6–7.

Loos, Gertrud Katja (1986): *Spiel-Räume. Musiktherapie mit einer Magersüchtigen und anderen frühgestörten Patienten.* Stuttgart/New York: Gustav Fischer. (2. Auflage 1994).

Lutz Hochreutener, Sandra (2009): *Spiel – Musik – Therapie. Methoden der Musiktherapie mit Kindern und Jugendlichen*. Göttingen: Hogrefe.

Petersen, Peter (2006): *Künstlerische Therapien – einige ihrer Prinzipien und mein wissenschaftliches Verständnis.* Vortrag in der Reihe „Künstlerische Therapien" innerhalb des Forums Kunst, Medizin und Künstlerische Therapien der Medizinischen Hochschule Hannover, Hannover 29. November 2006. Online verfügbar unter: www.uni-muenster.de/Musiktherapie/Literaturdienst/downloads.html.

Petzold, Leander (Hrsg.) (1994): *Musikmärchen*. Frankfurt am Main: Fischer-Taschenbuch.

Purschke, Hannah (2018): Die Reise ins (Un-)Bekannte – Eine psychologische Märchenanalyse. Masterarbeit Universität Münster. www.uni-muenster.de/Musiktherapie/Literaturdienst/bestellservice.html.

Tüpker, Rosemarie (1990): Einigung in Differenz. Zum Behandlungsauftrag in der Musiktherapie. In: *Einblicke*, Heft 14. Beiträge zur Musiktherapie. Berlin: BVM, 124–140 Reprint online: www.uni-muenster.de/imperia/md/content/musikpaedagogik/musiktherapie/pdf-dateien/rt_habil_band_2.pdf.

Tüpker, Rosemarie (2011). *Musik im Märchen*. Wiesbaden: Reichert.

Tüpker, Rosemarie (2013). *Ich singe, was ich nicht sagen kann. Zu einer morphologischen Grundlegung der Musiktherapie*. 3. aktualisierte Auflage. Norderstedt: BoD.

Winnicott, Donald W. (1993). *Vom Spiel zur Kreativität*. Stuttgart: Klett Cotta.

Die Töne schlagen Purzelbaum und die Flöte geht schlafen

Spielatmosphären in der Musiktherapie mit Kindern

Sandra Lutz Hochreutener

Kinder sind unendlich erfinderisch in ihren Spielen. Ihre Bilder, Geschichten und Szenen, die geheimnisvoll leise bis fulminant in der musiktherapeutischen Begegnung auftauchen, berühren und verzaubern jenseits von störungsspezifischen und prozessrelevanten Erwägungen immer wieder zutiefst.

Die folgenden Ausführungen werden denn nebst einigen wenigen Gedanken zu Aspekten des Spiels auf Atmosphären und Geschichten aus Therapieprozessen mit Kindern fokussieren: Wie die Töne gepurzelt sind, das Cello gelogen hat und die Flöte endlich schlafen gehen konnte.

Aspekte des Spiels

Das Spiel ist ein grundlegendes Phänomen des Lebens (Buytendijk, 1933/1997). Es ist fundamentales Element jeder Kultur, wie es Huizinga (1938) und auch Winnicott (2018) dezidiert ausführen. Mit seinen vielfältigen Erscheinungsformen gehört es unmittelbar zur Natur des Menschen: „[...] der Mensch spielt nur, wo er in voller Bedeutung des Worts Mensch ist, und er ist nur da ganz Mensch, wo er spielt" (Schiller, 1793/1997, S. 37). Diese existenzielle Bedeutung des Spiels zeigt sich auch darin, dass es nicht nur fundamentales Lebenssystem im Kindesalter ist, sondern in modifizierter Form im Erwachsenenalter erhalten bleibt.

Ausgehend von einem handlungstheoretischen Ansatz nennt Oerter (2011) drei besonders relevante Merkmale, die das Wesen des Spiels ausmachen: „Zweckfreiheit", „Wechsel des Realitätsbezugs" und „Wiederholung und Ritual". Sie werden im Folgenden im Hinblick auf das Kindesalter erläutert.

Zweckfreiheit: Spielen ist in seinem Wesen zweckfrei. Es ist intrinsisch motiviert, in diesem Sinne immer auch freiwillig. Die Dynamik im Spielverlauf, das Auf und Ab von Spannung und Entspannung (Heckhausen, 1978) und das dabei auftretende Flow-Erlebnis (Csikszentmihalyi, 2010, 2014) halten das Spiel aufrecht, ermöglich Eintauchen, Sich-ganz-drin-Fühlen, was sich bei selbstvergessen spielenden Kindern gut beobachten lässt. Tun und Bewusstsein verschmelzen, die Aufmerksamkeit ist auf ein beschränktes Stimulusfeld zentriert, die äußere Realität (auch Herausforderungen und Belastungen) verliert an Wichtigkeit, das Zeitgefühl verändert sich. Das Kind ist spielenderweise ganz im Hier und Jetzt. Sogenannte „Gegenwartsmomente“ (Stern, 2005) stellen sich ein, sein Existenzbewusstsein wird gestärkt, es erlebt sich als schöpferisch im Sinne von Winnicotts (2018, S. 69) „Ich-bin“, „Ich-lebe“, „Ich-bin-ich“.

Wechsel des Realitätsbezugs: Im Spiel kreieren Kinder eine neue Realität, in dem sie in Rollen schlüpfen und die (Spiel)Welt nach ihren eigenen Bedürfnissen gestalten. Die Grenzen der Alltagsrealität werden durchbrochen, Beschränkungen durch Alter und Fähigkeiten überwunden. Es wird möglich, ‚groß‘ zu sein wie die älteren Geschwister oder die erwachsenen Bezugspersonen. Aus der Erwachsenenperspektive wird in diesem Zusammenhang oft von einer Als-ob-Realität gesprochen, was der Erfahrungswelt des Kindes aber nicht entspricht, da es sich ganzheitlich im Spiel drin befindet (Mogel, 2013). Was auf den ersten Blick als Kompensationsleistung und Entfernung von der Alltagswirklichkeit erscheinen könnte, ist tatsächlich aber ein dichtes Erfahrungsfeld, um neue Fertigkeiten und Fähigkeiten zu entwickeln, mit Erfolg und Misserfolg umgehen zu lernen und sich als selbstwirksam zu erleben. Trotz der starken Identifikation mit der Spielrealität ist dem Kind in der Regel bewusst, dass es auch Teil der Alltagsrealität ist.

Wiederholung und Ritual: Spiele leben von Wiederholungen, wobei Kreativität in Variationen, Gleiches im Ähnlichen, zum Tragen kommen. Dadurch werden Halt und Sicherheit erlebt, Handlungen verdichtet und Emotionen intensiviert, aber auch Entwicklung von Neuem ermöglicht. Es lassen sich zwei Formen von Wiederholungen beobachten: mehrmaliges ähnliches Durchführen von Bewegungen und Spielszenarien sowie das Reinszenieren und Ausspielen von beeindruckenden oder einschneidenden Erlebnissen, die so bewältigt und integriert werden.

Auch Rituale, als spezielle Form von Wiederholungen kommen zum Tragen: Zum einen gibt es Spiele, die ritualisiert die gleichen Regeln und den gleichen Ablauf haben. Zum anderen werden Rituale aus dem Alltag wie Gute-Nacht-Lied, Geburtstagsfest, Hochzeit oder Beerdigung nachgespielt. Im Ritual erhält das Spiel eine paradoxe Färbung. Mit genau vorgegebenem Spielverlauf wird die Freiheit des Spiels dazu gebraucht, die eigene Handlungskreativität zu begrenzen. Dies übernimmt eine wichtige wachstumsfördernde Funktion: die festgelegte Ordnung ermöglicht Gefühle von Kontrolle, Geborgenheit und Sicherheit,– die Basis von der aus neue Verhaltensweisen erprobt werden können. Dies kann insbesondere bei tiefgreifenden Verunsicherungen nach erschütternden Erfahrungen existenziell wichtig sein.

Das Spiel in der Psychotherapie mit Kindern

Wie die Wesensmerkmale des Spiels gezeigt haben, vermag es wichtige Aspekte im kindlichen Leben zu berühren und hat in diesem Sinne auch zentrale Bedeutung für alle Bereiche der kindlichen Entwicklung: Kinder entdecken und begreifen das Leben spielenderweise. Im Spiel werden neue Fertigkeiten und Fähigkeiten erworben und geübt sowie Eindrücke, Erfahrungen und belastende Zustände verarbeitet. Und ganz wichtig: Es schafft Raum für Erholung, Entspannung, schöpferisches Gestalten und Erfahrungen von Selbstwirksamkeit. Nach Herzka (1996) setzt sich das Kind im Spiel mit den Widersprüchlichkeiten des Lebens auseinander: sich widersprechende Gefühle, Bedürfnisse und Haltungen, Realität und Phantasie, Selbstverwirklichung und Anpassung, Fremdes und Vertrautes. Es hilft ihm, diese Diskrepanzen zu bewältigen sowie für sich fruchtbar zu machen und so allmählich das Eigene zu finden und wertzuschätzen.

Aufgrund dieser Qualitäten ist das Spiel zentrales Medium in allen Richtungen der Kinderpsychotherapie (Lutz Hochreutener, 2009, S. 24–25).
Es werden ihm zum einen schulenübergreifend *diagnostische* Qualitäten zugeschrieben: Kinder drücken im Spiel real oder symbolisch aus, was sie innerlich und äußerlich beschäftigt. Damit zeigen sie, was ihnen fehlt und was sie benötigen.

Zum anderen übernimmt es auch verschiedene *therapeutische* Funktionen: In den Anfängen der Kinderpsychotherapie, die an die Lehren Freuds anknüpft, wird es primär als kathartisch entlastendes und verarbeitendes Tun beschrieben (A. Freud, 1993). Eine Wende führt Winnicott (2018) herbei, der das Spiel als einen an sich lebenswichtigen kreativen Prozess im Übergangsraum zwischen Innen und Außen bezeichnet und auf die Bedeutung des Gegenübers für die Entwicklung der Spielfähigkeit hinweist.

Damit erweitert er die bis anhin eher defizitär ausgerichtete Spieldefinition um ressourcenorientierte Aspekte, die in der Folge von Vertretern und Vertreterinnen sich später entwickelnder Ansätze (analytisch nach C. G. Jung; non-direktive/klienten-/personzentriert; Gestalt; integrativ; verhaltenstherapeutisch, systemisch orientiert) mit einbezogen werden:

Das Spiel wird als kreative Funktion der Psyche, als Symbolträger für innere Prozesse anerkannt und dient der Erlebniserweiterung und Wahrnehmungsvertiefung sowie der Verhaltensmodifikation. Es gibt dem Kind die Möglichkeit, verinnerlichte Atmosphären und innere Szenen auszudrücken, probehandelnd zu wandeln und Lösungen für die darin enthaltenen Aufgaben, Konflikte und Probleme zu entwickeln. In diesem Sinne ist es Medium für Selbstausdruck, Selbsterprobung, Selbstentfaltung und Selbstgestaltung sowie der Kontakt- und Beziehungsgestaltung. Ganz wichtig ist auch seine therapeutische Funktion im Hinblick auf Entspannung und Ausgleich (Axline, 2016; Goetze, 2002; Kalff, 2017; Petzold & Ramin, 1995; Metzmacher, Petzold & Zaepfel, 1996; Oaklander, 2016; Schmidtchen, 1999, 2001).

Das Spiel in der Musiktherapie

Auch in der Musiktherapie mit Kindern wird gespielt, wobei hier die Musik und die Musikinstrumente als zentrale Spielmedien einbezogen werden.
Das Spiel in der Musiktherapie hat viele Gesichter: experimentieren mit Stimme und Instrumenten; dem Wiegenlied lauschen und mit dem Stoffhund kuscheln; Trommeln wie die Indianer; sich bewegen zur Musik; bekannte Lieder singen und neue erfinden; mit Nonsens-Sprache experimentieren; eine Geschichte zur Musik erzählen; klatschen, stampfen und rappen; aus den Instrumenten eine Hütte bauen …

Diese vielen Spielformen erfordern eine weitreichende Definition von Musik und Musikspiel. Es müssen drei Aspekte mit einbezogen werden:

Akustische Schwingungsebene: das, was man hört, spürt und fühlt.

Vorgang der Musikerfindung und -erzeugung: experimentieren, gestalten und kommunizieren mit der Musik

Alle Spielhandlungen, die Musik auslöst, intensiviert oder begleitet, also beispielsweise Rollenspiele, Bewegung oder innere Bilder

Diese Verbindung von Musik und Musikspiel wird treffend wiedergegeben mit dem griechischen Begriff „Musikè“, der das prozesshafte Ineinanderwirken von Musik, Sprache, Szene und Bewegung umschreibt. Die erläuterten allgemeinen Wesensmerkmale des Spiels finden sich auch in diesem speziellen musikbetonten Spielgeschehen (Lutz Hochreutener, 2009, S. 28–35).

Im therapeutischen Prozess übernehmen die Musik und das Musikspiel analog zum Spiel in der Kinderpsychotherapie verschiedene Funktionen (Frohne-Hagemann & Pless-Adamczyk, 2005, S. 95–103; Lutz Hochreutener, 2009, S. 35–44): Sie vertiefen und erweitern die Wahrnehmung, dienen der Erlebniserweiterung sowie dem schöpferischen Ausdruck und der Gestaltung von Empfindungen, Gefühlen und Kognitionen, helfen sich zu regulieren, ermöglichen Symbolbildungsprozesse und Kommunikation in vielen Schattierungen und eröffnen ein weites Feld, intrapsychische Themen durchzuarbeiten sowie Verhalten spielerisch probehandelnd zu verändern und zu erweitern. Eine besondere Qualität des Musikspiels ist, frühe Atmosphären fühl- und wandelbar zu machen sowie Kontakt- und Beziehungsgestaltung zu ermöglichen, auch wenn die Sprache aus interkulturellen oder psychischen Gründen (noch) nicht vorhanden oder eingeschränkt ist.

Spielräume

Grundvoraussetzung für eine entwicklungsförderliche therapeutische Arbeit ist der Aufbau einer schützenden, Geborgenheit spendenden Atmosphäre, in der sich das Kind mit all seinen Seiten zeigen kann: den starken, mutigen, kreativen, aber auch den verletzten, rastlosen, verunsicherten und widerständigen. Ein stabiles, verbindliches Therapiesetting mit nachvollziehbaren Regelungen in einem gemütlichen Raum möglichst ohne Störungen von außen können dazu beitragen (Lutz Hochreutener, 2009, S. 94–98).

Die institutionelle Realität von Musiktherapeutinnen und Musiktherapeuten sieht im Hinblick auf die Räume, in denen die therapeutische Arbeit stattfinden muss, sehr unterschiedlich aus: Die einen haben einen eigens für Musiktherapie eingerichteten Raum, andere gehen mit einem Instrumentenwagen ans Bett. Manchmal muss in einem riesigen Mehrzweckraum, einem Schulzimmer oder wegen der Emissionen sogar in einem Kellerraum gearbeitet werden. Hier sind Erfindergeist und Flexibilität gefordert, um unabhängig von äußeren Bedingungen einen „Safe Place" (Katz-Bernstein, 1996) zu kreieren. Es geht darum, quasi einen Raum im Raum zu erschaffen. Dazu kann ein ‚Safe Place Koffer' hilfreich sein, in dem sich einige individuell auf die vorgefundenen Bedingungen abgestimmte Utensilien befinden. So können beispielsweise ein kleiner Teppich, ein Seil (für Raumbegrenzung), Tücher und Kissen, das eine oder andere ‚magische' Musikinstrument und ein „Bitte-nicht-Stören"-Schild, das zur Verfügung stehende Zimmer in einen gemütlichen Raum verwandeln (Lutz Hochreutener, 2018, S. 22). Auch die Kinder selber helfen da oft mit. Sie sind sehr erfindungsreich im Erschaffen von geborgenen Ecken und Nischen sowie von Hütten und Nestern in allen Variationen für sich oder die Therapiepuppen.

Der neunjährige Christian leidet unter der Scheidung seiner Eltern und hat Trennungsängste entwickelt, die an gewissen Tagen sogar zu Schulverweigerung führen.

Zu der Zeit arbeitete ich in einem sehr kleinen Therapieraum. Als er zum ersten Mal von seiner Mutter begleitet kommt, spüre ich sofort, dass die neue Situation mit den begrenzten räumlichen Bedingungen für ihn eine Herausforderung ist. Er setzt sich wie ein kleines Kind auf die Knie seiner Mutter, obwohl für ihn auch ein Stuhl da wäre. Spontan kommentiere ich die Situation, es käme mir vor als ob ihrer beider Stuhl ein Land wäre und hole ein Seil, um dies auch zu visualisieren: Das wäre die Grenze, die dürfe niemand übertreten. Danach spiele ich einige Instrumente an, erzähle etwas über sie und schlage dann als erstes Spiel vor, Instrumente zu sich in ihr Land zu holen. Sie sollten sich doch überlegen, was sie gerne bei sich haben möchten. Möglichst weit weg markiere ich mir ebenfalls ein Land und hole mir eine kleine Trommel. Die Mutter steigt sofort darauf ein und holt sich die Sansula, er schüttelt den Kopf und zeigt auf die Kinderharfe. Nachher lassen wir die Instrumente erklingen, wobei die ersten Male nur die Mutter spielt. Dieses Ritual wiederholt sich in den nächsten Stunden, wobei die Grenzen ihres Landes immer mehr erweitert werden müssen, da Christian so viele Instrumente zu sich holen will – bis er schließlich sogar die

Mutter ‚ausweist', sie solle sich ein eigenes Land legen respektive in der Stunde darauf, sie könne auch draußen auf ihn warten.

Christian beginnt nun sein Land immer gemütlicher zu gestalten, holt Kissen herein und den Eisbär, den er regelmäßig als Wächter an der Grenze postiert.

Über diese intensive Safe Place Arbeit konnte Christian so viel Vertrauen zu mir aufbauen, dass eine Lösung von seiner Mutter möglich wurde. Im weiteren Verlauf verwandelten sich die Länder in Kontinente, die er mit einem Schiff (Schlitztrommel) überquerte, um mich auf dem andern Kontinent zu besuchen. Dabei gab es viele Stürme zu überstehen, Seeräuber zu bekämpfen und gefährliche Seeungeheuer zu überwinden. Auf seine psychische Situation übertragen, könnte man sagen, dass es ihm möglich wurde, genügend innere Sicherheit und Selbstvertrauen aufzubauen, um zu neuen Ufern aufzubrechen – symbolisch, sich von der belastenden familiären Situation zu emanzipieren. Diese Entwicklung ließ völlig vergessen, dass wir uns in einem Raum von nur 20 Quadratmetern befanden.

Spielmaterial

Als Spielmaterial steht in der Musiktherapie eine breite, auf das jeweilige Praxisfeld abgestimmte Palette von Geräusch-, Klang-, Rhythmus-, Melodie- und Harmonieinstrumenten zur Verfügung, die einen hohen „Appellwert" (Decker-Voigt, 2008, 46–52) im Hinblick auf akustische, taktilkinästhetische, motorische und optische Parameter entfalten (Lutz Hochreutener, 2009, S. 68–70).

Sie werden ergänzt durch Materialien für Bewegungs- und Geschicklichkeitsspiele, Malutensilien, Handpuppen sowie Sing- und Bilderbücher. Auch hier gilt es, kritisch zu reflektieren, wieviel notwendig ist, um dem kindlichen Spiel- und Ausdrucksbedürfnis gerecht zu werden und wann es zu einer Überstimulierung führt.

Die Instrumente sind nicht nur zweckorientiert Mittel, um Musik zu erzeugen. Sie begleiten therapeutische Prozesse, vermögen sie auch zu initiieren oder sind stille Zeugen. Sie wirken anregend, ermutigend und selbstverstärkend, helfen Kontakt aufzunehmen und Beziehung zu gestalten. Sie können aber auch Angst auslösen und existenzielle Herausforderung bedeuten. In diesem Sinne übernehmen sie im therapeutischen Prozess wichtige therapeutische Funktionen (Lutz Hochreutener, 2009, S. 70–73; Lutz Hochreutener, 2013). Auf zwei dieser Aspekte wird im Folgenden anhand von zwei Szenen eines Praxisbeispiels näher eingegangen:

Das Instrument ist Co-Therapeutin. Im Gegensatz zu stummen Spielmaterialien wie beispielsweise Puppen, denen das Kind seine Stimme leihen muss, hat das Instrument eine eigene Stimme. Es gibt unmittelbar Antwort auf die Spielweise und wird so zum Gegenüber, das eigene innere Stimmen, Empfindungen und Gefühle quasi vis à vis hörbar macht und damit hilft, sie zu regulieren.

Mario, ein achtjähriger, leicht kognitiv beeinträchtigter Junge, ist heute das letzte Mal da. Wie üblich singen wir zuerst das Begrüßungslied. Er spielt dazu Cello, zuerst in ruhigem Streichen, dann zunehmend dynamischer bis chaotisch mit viel Druck, laut, schnell und kratzend. Dann erfindet er spontan einen neuen Text, in dem er das Instrument kreischend mit ihm schimpfen lässt: „Mario, du bist dumm und blöd, dumm und blöd, dumm und blöd …! Darum ist heute das letzte Mal und Sandra will nicht mehr mit dir arbeiten." Zwischendrin blickt er auf und weist mich an, refrainartig immer wieder zu singen: „Stop, Cello, du hast gelogen. Mario ist nicht dumm und blöd. Ich habe ihn gern."

Mit dieser Inszenierung wird ihm das Cello ein Gegenüber, das seine heftigen Gefühle zunächst spiegelt, dann stellvertretend auch in Worte ausdrücken muss. Auf diese Weise gibt er ihnen eine Gestalt und es wird eine innere Distanzierung möglich, die durch den Refrain, den er mir zuweist, verstärkt wird – eine höchst kreative Leistung, die der Junge da erbringt. Er wird ruhiger und wir können über den Abschied sprechen. Nachher wünscht er sich sein Lieblingsspiel, mit einem Zug von einer Station zur andern – mit Instrumenten gekennzeichnet – zu reisen. Er fährt auch an meinem Wohnort vorbei, der mit dem Monochord markiert ist, steigt dort aber nicht aus, sondern winkt mir nur zu beim Vorbeifahren. Symbolisch drückt er damit aus, dass er bereit ist, weiter zu reisen.

Zum Abschluss der Stunde wünscht sich Mario, Monochord mit mir zu spielen – er will also doch noch bei ‚meiner Station' aussteigen. Wir streichen beide über das Monochord und lauschen seinem Klang. Als die Zeit naht, beginne ich, zur Abrundung der Stunde dazu zu singen. Es entsteht folgender Dialog im Turntaking, diesmal als Mix aus spontanem Singen (Th/M) und gesprochener Sprache (M) zum tragenden Klang des Monochords:

Th singend: „Heute ist Mario das letzte Mal da."

M singend: „Ich bin traurig, sagt das …" – sprechend: „Kannst du mir sagen, was das Monochord sagt?"

Th singend: „Und das Monochord sagt: Ich bin traurig."

M sprechend: „Und die Töne, was sagen sie? Sind die Töne nicht traurig?"

Th singend: „Die Töne sagen: Juhui, wir gehen mit, wir gehen mit dir, mit dir nach Hause."

M singend: „Und das Monochord kommt auch mit!"

Th singend: „Das Monochord bleibt bei Sandra, aber die Töne gehen mit zu Mario. Heja, heja, heja."

M sprechend: „Und wenn das Monochord spielt, denkt es an Mario?"

Th singend: „Und wenn Sandra, wenn ich Monochord spiele, dann denke ich an Mario. Und Mario hört dann ganz viele Töne und er träumt vom Monochord."

M singend: „... und von Sandra."

Therapeutin: „... und von Sandra."

Hier wird das Instrument zum Übergangsobjekt. Sein Klang, seine Töne werden zu Übergangsphänomenen (Frohne-Hagemann & Pless-Adamczyk, 2005; Loos, 1986; Lutz Hochreutener, 2009; Winnicott, 2018). Als Symbole für den therapeutischen Intermediärraum und unsere Beziehung hilft es, die bevorstehende Distanz imaginativ zu überbrücken und den Abschied zu erleichtern. Ich war sehr berührt von seinem Ringen um Gestaltung des Abschieds. Im Sinne eines Sharings schien es mir wichtig, mich selber als Beteiligte einzubringen: nicht nur das Monochord denkt an ihn, sondern ich denke an ihn, wenn ich es spiele – was tatsächlich auch nach Jahren immer noch hin und wieder der Fall ist. So konnte ich ihm in gefasster Form mitteilen, dass mir unsere Beziehung auch etwas bedeutet. Er versteht und träumt nicht nur vom Monochord, sondern auch von Sandra. Damit hat sich der Kreis geschlossen.

Spielatmosphären und Spielprozesse

Wie die Praxisbeispiele mit Christian und Mario gezeigt haben, entwickeln sich Musikspiele immer vor dem Hintergrund der therapeutischen Beziehung. Mit einer resonanzbereiten Haltung (Gindl, 2002) von Offenheit, Respekt, Empathie und Authentizität muss eine Vertrauensbasis aufgebaut werden, damit eine Safe Place-Atmosphäre entstehen kann. Erst so entsteht ein Spielraum für Symbolisierungen, die im Dienste von Wandlungs- und Entwicklungsprozessen so fundamental wichtig sind.

Der Therapeut oder die Therapeutin stellt sich dem Gegenüber, hier dem Kind, als Du zur Verfügung, mit dem es neue förderliche Beziehungserfahrungen machen kann. Zwischen beiden weben wechselseitig Resonanzen, die sich manchmal auch verdichten und verzerren, sodass sich Übertragungs- und Gegenübertragungsphänomene einstellen.

Der Therapeut ist aber nicht nur Du für den Patienten, sondern auch als Ich involviert. Und das Kind ist ihm auch ein Du. So stehen sich zwei Menschen mit ihrer Geschichte, ihren Wesenheiten, ihren Erfahrungen und ihren Sehnsüchten gegenüber.

Spätestens hier wird klar, dass Kind und Therapeutin gleichermaßen in diesen Prozess einbezogen sind. Was immer entsteht und sich entwickelt, ist ein gemeinsamer Bedeutungsraum, eine Gemeinschaftserfahrung, ein Gemeinschaftswerk.

Aus diesem Feld entwickeln sich intuitive Einfälle, hier fällt dem/der Therapeut/in so manches zu, was unerwartetes Geschenk ist oder auch eine hohe Flexibilität erfordert.

Hierzu soll eine weitere Therapiesequenz vorgestellt werden.

Der zehnjährige Zodi ist mit seinen Eltern in die Schweiz geflüchtet und leidet unter einer posttraumatischen Belastungsstörung mit psychotischen Dekompensationen.

In den ersten Wochen ist er vor allem am Bauen interessiert und inszeniert damit Fluchtthemen: Es entstehen in allen Variationen Mauern und Abschrankungen aus Trommeln, die er überwinden muss. Irgendwie kommt er da nicht weiter. Die Blockierungen und Hindernisse scheinen ins Unermessliche zu wachsen, hören nie auf, sodass sich atmosphärisch – auch bei mir – zunehmend Erschöpfung breit macht.

Ich mache mir Gedanken, wie ich ihn unterstützen kann, am Thema dran zu bleiben, dabei aber selbstwirksam Entlastung zu finden. Eine Lösung scheint mir, ihn zum Bau von klingenden Murmelbahnen[1] zu ermuntern, einer Intervention, die sich bei mutistischen Kindern sehr bewährt hat, um symbolisch in Fluss, in Ausdruck zu kommen.

Zodi nimmt meine Anregung auf und baut nun zunehmend lustvoll und interaktiv engagiert Murmelbahnen in verschiedensten Facetten. Die Instrumente werden dabei miteinbezogen. So kann eine Bahn beispielsweise zuoberst am Gongständer beginnen, in Kehren über Conga, Djembe bis zum schräg gestellten Bassxylophon führen, darüber rollend warme Töne erzeugen und schließlich in einem ausgepolsterten Korb ankommen.

Beim Bauen muss er das richtige Gefälle herausfinden, damit die Kugeln nicht stecken bleiben. Zu große Murmeln, die bei Engpässen nicht weiter kommen, müssen gerettet werden. Sie müssen den Weg in Rohren mit größerem Durchmesser machen. Den kleinen und leichten, die bei flachen Wegstücken stehen bleiben, werden schwerere hinten nachgeschickt, die sie hinausschubsen. Immer aber muss es klingen, um der glücklichen Ankunft Nachdruck zu verleihen. Wenn das ausgepolsterte Nest nicht am richtigen Ort steht und die Murmeln da-

[1] Dazu eigenen sich biegbare Plastikrohre, wie sie Elektriker brauchen, um Leitungen hindurchzuziehen. Sie sind sehr günstig und man kann sie sich in gewünschten Längen zuschneiden lassen.

rüber hinaus fliegen, dann sammelt er sie ein und lässt sie den Weg wieder und wieder machen, bis der Korb am richtigen Ort steht und sie weich landen.

Einmal wendet er dabei ein offensichtlich neu gelerntes Wort an: Purzelbaum. Die Töne machen Purzelbaum, wenn die Murmel ankommt.

Zodi lernt bei diesen Spielen Ausdauer zu haben, nicht aufzugeben, wenn das Gefälle nicht stimmt und die Kugeln stecken bleiben. Zuerst braucht er viel Unterstützung, gibt schnell auf, mit der Zeit ist das aber nicht mehr nötig. Er muss klug überlegen, wie die Bahn am besten geführt wird, Rettungsaktionen durchführen und erfährt dadurch Selbstwirksamkeit. Seine Selbsteinschätzung wird realistischer, sein Selbstwertgefühl gestärkt. So beginnt er zwischen den Stunden schwierigste Konstruktionspläne zu zeichnen, die er dann in der Therapie beeindruckend gut umsetzt. Im Spiel und in der Begegnung mit mir wird er zunehmend lockerer. Er kann sich wieder und wieder freuen, selbstvergessen lachen, wenn die Murmeln gut ankommen.

Nach dieser viele Wochen dauernden Stabilisierungsphase konstelliert sich eine Situation, die uns beide erschüttert.

Eines Tages bin ich in einem Nebenraum am Telefonieren als er kommt. Wie er mich im Therapieraum nicht findet, ruft er laut meinen Namen. Sofort gehe ich hin und finde ihn sichtlich aufgeregt. Er erzählt eine wirre Geschichte, die ich aufgrund seiner noch eingeschränkten deutschen Sprachmöglichkeiten und der hohen Erregung mehr erraten muss, als dass ich sie verstehen kann. Es kristallisiert sich Folgendes heraus: Er habe seine zwei Vögel mitgebracht, habe sie mir zeigen wollen. Sie seien davon geflogen, weil es im Therapieraum zu kalt gewesen sei. Er habe Angst, dass er sie für immer verloren hätte, sie würden den Heimweg ja nicht kennen.

Dann nimmt er die Tinwhistle, beginnt pfeifend im Kreis herum zu gehen. Immer verzweifelter klingt es – er ist nicht mehr ansprechbar, scheint mich nicht mehr wahrzunehmen. Er kann sich sichtlich nicht mehr selber regulieren.

Ich gebe seinem Pfeifen mit einer tiefen Rahmentrommel pulsierend einen Boden, kommentiere sprechgesangartig sein Wandern und singe immer wieder seinen Namen. Als die Dynamik nach einer gefühlten Viertelstunde etwas nachlässt, begebe ich mich noch immer singend in sein Blickfeld und berühre ihn etwas später, seinen Namen nennend, achtsam am Arm. Er schaut mich an, pfeift noch ein paar Mal heftigst, als ob er mir etwas sagen möchte. Dann setzt er – immer noch im Kreis gehend – das Instrument ab, wird langsamer in seinen Schritten und legt irgendwann dann die Flöte aufs Fell: Sie gehe schlafen.

Noch etwas atemlos setzen wir uns zur Flöte, sitzen still da. Dann kommentiere ich den Ausgangspunkt des Geschehens: Ich war nicht da als du gekommen bist. Es tut mir leid. Ich war im Nebenraum und habe telefoniert – ich führe ihn dahin und zeige ihm das Telefon. Wieder zurück im Raum denke ich laut: Man kann schon ein bisschen erschrecken, wenn niemand da ist, und man fragt sich, ob die Stunde vergessen gegangen ist. Man kann auch ärgerlich werden. Hm, das darf nicht mehr vorkommen.

Der leere Therapieraum hat sichtlich Zodis Fluchterfahrung getriggert, seine Angst verlassen zu werden, seine Eltern, die zwei Vögel, zu verlieren, den Heimweg nicht mehr zu wissen, verloren zu gehen. Nebst der verzweifelten und hoch angstbesetzten Reaktion meinte ich auch leise Ansätze von Wut zu verspüren, insbesondere in seinen letzten Pfeiftönen, die er direkt an mich richtete. Dies schien mir positiv, war er dadurch doch nicht nur Opfer der Situation, sondern zumindest ansatzweise in der Lage, sich gegen mein Verhalten aufzulehnen. Glücklicherweise gelang es mir, ihn mit stabilisierenden und strukturierenden musikalischen Techniken des Groundings (Pulsation) und Containings (Situationslied, mit Namen ansprechen) zurück ins Hier und Jetzt zu holen.

Wieviel Zodi von meinen die Situation benennenden und deeskalierenden verbalen Interventionen in dem Moment tatsächlich verstanden hat, war nicht abzuschätzen. Sicherlich verstanden hatte er deren Atmosphäre. Jedenfalls war es ihm nachher auch möglich, noch eine kleine Murmelbahn zu bauen – im Sinne eines Anknüpfens an stärkende Erfahrungen.

Ich war hier in meiner Professionalität sehr gefordert, musste seine heftigen Emotionen mit aushalten und Hüterin des Geschehens bleiben. Auch Schuldgefühle waren da: Wie konnte ich in Erwartung eines solch vulnerablen Kindes noch einen Telefonanruf tätigen? Vielleicht war aber auch die Zeit für eine solche Koinzidenz einfach reif und es wäre so oder so zu einem solchen, letztlich notwendigen – die Not wendenden – Durchbruch seiner Thematik gekommen.

Der weitere Therapieprozess hat gezeigt, dass damit nach der Stabilisierungsphase die Therapiephase eröffnet war, in der viele mit seiner Thematik zusammenhängende Empfindungen, Emotionen und Kognitionen einer Bearbeitung zugänglich wurden – achtsam Schritt um Schritt, immer wieder auch mit herausfordernden Einbrüchen.

Quasi als Intermezzi zwischen den nach wie vor geliebten Sequenzen mit Murmelbahnbau – was ihn jeweils sichtlich stabilisiert – beginnt er, kurze bis längere Rollenspielsequenzen mit Murmeln als Figuren zu inszenieren. Diese verfolgen sich, kämpfen miteinander, suchen Zufluchtsorte, von wo sie aber wieder vertrieben werden. Eine Gruppe ist jeweils gut, die andere böse, wobei sich die Zuordnungen mitten im Spiel ändern können. Es kommt zu Folterungen, weitflächigen Zerstörungen von Landschaften und Heimatdörfern. Meine Funktion dabei ist, nach seinen Anweisungen mitzuspielen und gleichzeitig das Geschehen in Sprechgesang sachlich deeskalierend zu kommentieren, zu strukturieren und Lösungsvarianten ins Spiel zu bringen, wenn sich blockierte, aussichtslose Situ-

ationen ergeben. Manchmal fordert er mich auch auf, eine Szene instrumental zu begleiten.

Interessant war dabei, dass er sich nie personifizierte Figuren erschuf, sondern sie in Gruppen agieren ließ, die sich des Öfteren auch vermischten und es nicht mehr so klar war, wer zu wem gehörte – ein Abbild der Wirklichkeit in Kriegen, die ja seine noch kurze Biographie so einschneidend geprägt hatte, vielleicht aber auch eine Hilfe, intrapsychisch notwendige Distanz zu halten.

Beachtenswert ist auch, dass er als Spielfiguren die Murmeln auswählte und nicht Handpuppen oder Steine, die ebenfalls zur Verfügung standen. Einerseits waren sie durch ihre Kugelform nur schwer dirigierbar, sie rollten oft an andere Orte, wenn man sie irgendwo positionieren wollte – ob er so die Umstände seiner Flucht erlebt hat, absolut unbeeinflussbar mit unvorhersehbaren Bewegungen? Es könnte auch seinen inneren Zuständen entsprechen, die er als diffus und unberechenbar erleben dürfte. Andererseits knüpfte er damit ressourcenorientiert an den Murmelbahnbau an, der ihm immer wieder Gefühle von Selbstwirksamkeit und Verankerung im Hier und Jetzt vermittelte.

Letztlich bleiben solche Versuche, den Sinn von Spielphänomenen und -prozessen zu erschließen immer nur Annäherungen. Das ganze Geschehen ist zu komplex, um es eindeutig verstehen und einordnen zu können. Trotzdem ist die Reflexion wichtig. Sie signalisiert echtes Interesse sowie konzentrierte Hinwendung und kann den Blickwinkel weiten, was sich auf die Qualität der therapeutischen Beziehung und der Interventionen positiv auswirkt.

Rückwirkend kann gesagt werden, dass die Erfahrung, aus der Triggersituation quasi gerettet zu werden, die heftigen Gefühle mit therapeutischer Hilfe regulieren zu können und zur Ruhe zu kommen, einen Wendepunkt im therapeutischen Prozess darstellte. Letztlich war meine Unachtsamkeit, nicht rechtzeitig und mit meiner ganzen Präsenz für ihn da zu sein, im Sinne einer Realitätsprüfung Auslöser für eine positive Beziehungs- und Selbsterfahrung. Sie ermöglichte ihm, sich noch mehr zu öffnen und seine Verletzungen und Ängste symbolisch zu gestalten und – soweit dies überhaupt möglich ist – zu integrieren.

Ausklang

Die vorausgegangenen Praxisbeispiele haben gezeigt, wie vielfältig und komplex sich Spielprozesse gestalten können. Sie verlaufen nicht linear, sondern in unvorhersehbaren Bewegungen und Dynamiken. Intensive, berührende Momente können einhergehen mit Stagnationen, heftigen Widerständen und auch zähen bis ‚langweiligen' Phasen, in denen Therapeutinnen und Therapeuten in ihrer Reflexion sehr gefordert sind: Was braucht es, damit der Prozess wieder ins Fließen kommt? Weshalb verhält sich das Kind so, was will es mir damit sagen? Wie ist die auftretende Symbolik zu verstehen? Wie gehe ich mit dem Druck von außen um, dass sich nun endlich etwas verändern muss? Welche Bedeutung haben meine starken Gegenübertragungsgefühle? Bringe ich genügend Professionalität und authentische Zuwendung mit, um auch heftigste Prozesse mit durchstehen und durchtragen zu können?

Sich auf eine therapeutische Beziehung, einen therapeutischen Prozess einzulassen, bedeutet für beide Seiten, das Kind und den Therapeuten oder die Therapeutin gleichermaßen ein Wagnis – die Verantwortung für die Sicherung des gemeinsamen Weges liegt aber eindeutig bei letzteren (Petersen, 2000). Sie sind gefordert, sich mit allen Sinnen in die Botschaften des Kindes hinein zu horchen, auch das Unerhörte und Unhörbare wahrzunehmen und gemeinsam mit dem Kind die Bedeutung seiner Symbolbewegungen zu erschließen. Miteintauchen in Spielhöhen und -abgründe, in turbulente bis chaotische Szenen und gleichzeitig Hüter und Hüterinnen des Geschehens bleiben, Halt und Sicherheit vermitteln, Strukturen setzen, sind hohe Anforderungen.

Supervision, Fortbildungen und kollegialer Austausch sowie der achtsame Umgang mit eigenen Bedürfnissen und Grenzen sind hier wichtig, um offen bleiben zu können für die wundersamen Wendungen in den therapeutischen Prozessen mit Kindern sowie ihre unglaubliche Lebensfreude und Kreativität, die selbst angesichts großer Nöte immer wieder spürbar werden.

Literatur

Axline, Viriginia Mae (2016). *Kinder-Spieltherapie im nicht-direktiven Verfahren* (11. Aufl.). München: Reinhardt.

Boeck-Singelmann, Claudia; Ehlers, Beate; Hensel, Thomas; Kemper, Franz; & Monden-Engelhardt, Christiane (Hrsg.) (2002). *Personzentrierte Psychotherapie mit Kindern und Jugendlichen* (Bd. 1, 2. Aufl.). Göttingen: Hogrefe.

Buytendijk, Frederik (1933/1997). Die spielerische Dynamik. In H. Scheuerl: *Das Spiel. Theorien des Spiel* (12. Aufl., S. 134–142). Weinheim: Beltz.

Csikszentmihalyi, Mihaly (2010). *Das Flow-Erlebnis* (11. Aufl.). Stuttgart: Klett-Cotta.

Csikszentmihalyi, Mihaly (2014). *Flow und Kreativität.* Stuttgart: Klett-Cotta.

Freud, Anna (1993). *Wege und Irrwege in der kindlichen Entwicklung* (6. Aufl.). Bern/ Stuttgart: Huber/Klett.

Frohne-Hagemann, Isabelle & Pless-Adamczyk, Heino (2005). *Indikation Musiktherapie bei psychischen Problemen im Kindes- und Jugendalter.* Göttingen: Vandenhoeck & Ruprecht.

Goetze, Herbert (2002). *Handbuch der personenzentrierten Spieltherapie.* Göttingen: Hogrefe.

Gindl, Barbara (2002). *Anklang. Die Resonanz der Seele.* Paderborn: Junfermann.

Herzka, Heinz Stefan (1996). *Spielen als dialogische Lebensform.* Unveröffentlichtes Referat anlässlich des 7. Internationalen Kongresses der Ludotheken, Zürich.

Huizinga, Johan (1938). *Homo ludens.* Reinbek: Rowohlt.

Kalff, Dora (2017). *Sandspiel: seine therapeutische Wirkung auf die Psyche* (5. Aufl.). München: Reinhardt.

Katz-Bernstein, Nitza. (1996). Das Konzept des „Safe Place" – ein Beitrag zur Praxeologie Integrativer Kinderpsychotherapie. In G. Metzmacher, H. Petzold & H. Zaepfel (Hrsg.): *Praxis der Integrativen Kindertherapie* (Bd. 2, S. 111–141). Paderborn: Junfermann.

Klein, Melanie (1934). *Die Psychoanalyse des Kindes.* Wien: Internationaler Psychoanalytischer Verlag.

Loos, Gertrud (1986). *Spiel-Räume. Musiktherapie mit Magersüchtigen und anderen frühgestörten Patienten.* Stuttgart: Fischer.

Lutz Hochreutener, Sandra (2009). *Spiel – Musik – Therapie. Methoden der Musiktherapie mit Kindern.* Göttingen: Hogrefe.

Lutz Hochreutener, Sandra (2013). Das Potenzial der Musikinstrumente für Symbolisierungsprozesse. *Musiktherapeutische Umschau*, 34(4), 326–333.

Lutz Hochreutener, Sandra (2018). Musiktherapie im schulischen Kontext. Fakten – Herausforderungen – Chancen. In A. Jordan, E. Pfeifer, T. Stegemann & S. Lutz Hochreutener: *Musiktherapie in pädagogischen Settings. Impulse aus Praxis, Theorie und Forschung* (S. 15–30). Münster: Waxmann.

Metzmacher, Bruno, Petzold, Hilarion & Zaepfel, Helmut (Hrsg.) (1996). *Praxis der Integrativen Kindertherapie. Integrative Kindertherapie in Theorie und Praxis* (Bd. 2). Paderborn: Junfermann.

Mogel, Hans (2013). *Psychologie des Kinderspiels* (2. akt. u. überarb. Aufl.). Berlin/Heidelberg: Springer.

Oaklander, Violet (2016). *Gestalttherapie mit Kindern* (17. Aufl.). Stuttgart: Klett-Cotta.

Oerter, Rolf (2011). *Psychologie des Spiels.* Weinheim/Basel: Beltz.

Petersen, Peter (2000). *Der Therapeut als Künstler. Ein integrales Konzept von Künstlerischen Therapien und Psychotherapien* (Neuauflage). Berlin: Info3 Verlag.

Petzold, Hilarion & Ramin, Gabriele (1995). Integrative Therapie mit Kindern. In H. Petzold & G. Ramin: *Schulen der Kinderpsychotherapie* (3. Aufl., S. 359–426). Paderborn: Junfermann.

Schiller, Friedrich (1793/1997). Spiel und Freiheit – der ästhetische Zustand. In H. Scheuerl: *Das Spiel. Theorien des Spiel* (12. Aufl., S. 34–40). Weinheim: Beltz.

Schlarb, Angelika A. & Stavemann, Harlich H. (2011). *Einführung in die KVT mit Kindern und Jugendlichen*. Weinheim: Beltz.

Schmidtchen, Stefan (1999). *Klientenzentrierte Spiel- und Familientherapie* (4. Aufl.). Weinheim: Beltz.

Schmidtchen, Stefan (2001). *Allgemeine Psychotherapie für Kinder, Jugendliche und Familien: ein Lehrbuch*. Stuttgart: Kohlhammer.

Stern, Daniel N. (2005). *Der Gegenwartsmoment*. Frankfurt a. M.: Brandes & Apsel.

Winnicott, Donald W. (2018). *Vom Spiel zur Kreativität* (15. Aufl.). Stuttgart: Klett Cotta.

Kisum im Legeips von Leips – Musik im Spiegel von Spiel

Bernd Reichert

Spielen – das ist in der Musiktherapie ein ständig gebrauchter Begriff. Jeder verwendet ihn, jeder weiß oder meint zu wissen, was damit gemeint ist. In der Kindertherapie ist das Spiel schon seit Anna Freud und Melanie Klein essentieller Bestandteil der Behandlung. In unterschiedlichen Konzepten und unter den theoretischen Vorstellungen der Psychoanalyse, der Klienten-zentrierten Therapie oder der humanistischen Ansätze wurde Spielen seither im therapeutischen Rahmen als Mittel der Wahl angewandt. Je nach theoretischer Orientierung von Musiktherapeutinnen und Musiktherapeuten setzen sich diese selbstverständlich auch mit spieltherapeutischen Konzepten auseinander (vgl. Petersen & Thiel, 2001). So bedarf es einer Differenzierung zwischen Musikspiel und anderen Formen von Spiel ebenso wie einer konzeptionellen Überlegung, ob und wie diese beiden ‚Spielarten' in der Therapie ihren Platz haben sollen. Lutz Hochreutener hat hierzu vertiefende Aspekte und Erfahrungen vorgestellt (2009, S. 17–90).

In der (Musik-) Therapie mit Jugendlichen stellt sich die Frage nach Spielen anders. Sie sind dem kindlichen Spiel entwachsen, befinden sich im Umbruch, sind mit dem ‚Umbau des Gehirns' beschäftigt, ‚reife' Formen des Umgangs im Sinne von ‚gepflegtem sprachlichem Austausch' und Reflexionsfähigkeit sind zumindest nicht die Regel. Hier liegt der Gedanke nahe, dass Musiktherapie ein geeignetes Verfahren sein könnte. Aber ist Spielen überhaupt für jugendliche Patienten noch interessant? Für sie ist z. B. Spielen mit der Konsole, auf dem Handy oder online alltäglich, aber spielen mit Musikinstrumenten? Analog?

Im Umgang mit den oft schwierigen Patienten kann eine spielerische Haltung auf Seiten des Therapeuten sowohl in der Musiktherapie, als auch in anderen Therapieverfahren eine hilfreiche Atmosphäre schaffen und den Zugang erleichtern.

Die folgenden Überlegungen setzen sich mit dem Spiel-Begriff auseinander und folgen im Wesentlichen einer Darstellung von Popitz (1994). Es ist der Versuch, eine Vorstellung vom Spielen und seinen unterschiedlichen Ausprägungen noch *vor* jeder psychologisierenden oder funktionalisierenden Einordnung zu entwickeln. Es soll also nichts gesagt werden darüber, wofür das Spielen gut sein könnte, weder für die spätere Entwicklung (*man übt oder lernt was fürs Leben*) noch für irgendeinen therapeutischen *Zweck*.

Was hat es mit Spielen auf sich? Spielen kann vieles sein: Mit einem Bleistift herumspielen, Schach spielen, Steinchen bewegen, Ball spielen, klimpern, und, und, und. „Spielen kann man fast jederzeit. Eine Alltäglichkeit also, doch eine alltäglich mögliche Erfahrung des Außeralltäglichen“ (Popitz, 1994, S. 5).

Eine einfache Unterscheidung von Formen

Funktionsspiele (oder auch: Übungsspiele) entstehen früh: spielähnliche Körperbewegungen, Lallmonologe, Fallen-Lassen, Rasseln-Lassen, Schwimmen-Lassen. Hierzu gehören auch die bekannten Interaktionsspiele: das ‚Guck-guck-Spiel‘ und Verstecken spielen. Und schließlich gehören in diese Rubrik: Geschicklichkeits- und Geduldsspiele, Klettern, (nicht regelgebundene) Spiele mit Bällen, Kreiseln usw.

Zweitens *Phantasiespiele* (auch: Illusionsspiele, Fiktionsspiele, Symbolspiele): der Reiz liegt hier im Vermögen, „reale Abläufe in eigener Regie zu wiederholen, zurechtzurücken, umzudichten und auch frei zu erfinden, in der Machtvollkommenheit also, etwas nach eigenem Gutdünken passieren zu lassen“ (ebd., S. 6). Ein Tisch wird zur Höhle, die Schwester zur Prinzessin, der Xylophonschlägel zum Gewehr. „Prekäre Erfahrungen werden zu Triumphen, das Unbegreifliche gewinnt vertraute Gestalt“ (ebd., S. 6). Hier wäre noch ein Subtypus zu nennen, nämlich die Rollenspiele.

Schließlich als dritte grobe Kategorie gibt es die *Regelspiele* (Wettspiele, Glücksspiele). Hier geht es um die Lust am Gewinnen und die Unlust am Verlieren. „Der gereifte homo ludens spielt Skat“ (ebd., S. 7).

Es ist ja verbreitet üblich und es gibt eine Menge Literatur darüber, kindlichen Spielen eine Funktion ‚für später‘ zuschreiben, also aus den Aktivitäten Zweckmäßigkeiten zu erkennen, die irgendwelchen späteren Bewältigungen dienen. Dies gilt aber natürlich für ziemlich vieles, was Kinder tun. Früh erworbene Handlungskompetenzen, sei es in der Freizeit oder in der Schule, lassen sich oft auf spätere Lebensbewältigungen beziehen. Wenn das also das Wesen von Spiel wäre, etwas ‚für später‘ zu lernen und nicht etwas in der Tätigkeit selbst zu finden, dann verlöre es mit Überschreiten von Entwicklungsphasen seinen Sinn. Für eine umfassendere Bestimmung von Spielen reichen diese Konzepte nicht aus. Deshalb geht es vielleicht eher darum, aus Spielen Kompetenzen abzuleiten, die *nur* aus Spielerfahrungen zu gewinnen sind.

George Herbert Mead (1968) zum Beispiel sieht kindliches Rollenspiel als Baustein in der Entstehung des Selbstbewusstseins. Das Kind lerne, sich selbst mit den Augen anderer zu sehen und die Perspektive des anderen ins eigene Bewusstsein hineinzunehmen. Circa 100 Jahre später taucht dieser Gedanke im Mentalisierungskonzept wieder auf.

Weiter sind hier zu nennen: Anna Freuds Interpretation der ‚Identifizierung mit dem Angreifer' und Piagets Äußerung, beim Spiel handle es sich um einen Tätigkeitsbereich, „dessen Motivation nicht Anpassung an das Wirkliche, sondern im Gegenteil die Anpassung des Wirklichen an das Ich ist" (Piaget & Infelder, 1993, zit. n. Popitz, a.a.O., S. 9).

Eine weitere Bedingung: die Spielstimmung

Spielen macht Spaß. Es ist die Spiellust, die alle bisher genannten Spielformen durchzieht. „Heiterkeit, rauschhaftes Hingerissensein, ruhiges Versinken im Spielfluss, Vergnügen am Austricksen des Gegners" (ebd., S. 10). Damit Spiellust entstehen kann, braucht Spielen Freiwilligkeit und eine gewisse Zweckfreiheit. Natürlich gibt es auch Zwecke von Spiel, z. B. im Casino, in der Arena, auf dem Rennplatz. Aber jenseits aller Zwecke ist Spiel auch eine Erfüllung in sich selbst. Es ist luxuriös, in gewisser Weise überschüssig.

Daraus entsteht die Empfindung eines ‚Außerhalb', eines Andersseins als das gewöhnliche Leben.

Man muss einen Unterschied machen zwischen *Spiel* und *spielerischem Verhalten*. Spielerisches Verhalten ist zum Beispiel in Füttersituationen oder in Rhythmisierungen bei der Arbeit zu beobachten. Spielerische Elemente werden hierbei in (Alltags-) Tätigkeiten hineingemischt um diese zu erleichtern, interessanter oder erträglicher zu machen, es handelt sich dabei aber im Kern eben nicht um ein Spiel.

Spielform

Konstituierend zum Spiel gehört, sich spielend einzulassen auf eine bestimmte Struktur eines Handlungsablaufs. Das kennzeichnet die verschiedensten Spielarten und rechtfertigt, die Vielfalt der Formen in einem Begriff des „Spiels als Einheit des Vielfältigen" (ebd., S. 13) herauszuheben. Welche formalen Strukturen lassen sich identifizieren?

Die Wiederholungserfahrung: Spiel ermöglicht die Entdeckung und wiederholte Bestätigung, dass die Welt regelmäßig, erwartbar, begreifbar und voraussehbar reagiert.

Es bestätigt die Verlässlichkeit, dass es Dinge gibt, die sich wiederholen lassen, zum Beispiel beim Spiel mit dem Ball oder mit Kieseln, die man in immer gleicher Weise herabfallen lässt, oder bei einer Murmelbahn. „Begreifbar, erwartbar werden die Dinge in dem Grade, in dem wir auf sie vertrauen dürfen" (ebd., S. 14). Parallel dazu entsteht ein Gefühl für die eigene Wirksamkeit, eigenes Können, die eigene Fähigkeit, erwartbare Wiederholungen auszulösen.

Wiederholung ist die Keimform für alle Spielformen, für die Funktions-, die Phantasie- und die Regelspiele.

Das reicht aber noch nicht aus, um ein Spiel zu konstituieren. Was fehlt noch?

Ebenso wie die Wiederholung gehören die *Modifikation, der Dialog und die Ungewissheit* zum Spiel.

Die *Abwandlung* der wiederholten Handlungen lässt ein Spiel interessant bleiben, kleine Abänderungen entwickeln neue Herausforderungen. Spannungsmodifikation ist eine beliebte Steigerungsmöglichkeit: „Jetzt kommt's drauf an".

„Spielen ist stets ein Spiel *mit etwas*; einem Etwas, das auch mit dem Spielenden spielt" (Buytendijk, 1933, zit. n. Popitz a.a.O., S. 16). Der Spieler tritt in einen *Dialog* mit dem Spielgegenstand und lässt sich von diesem wiederum auch ‚führen'. „Die Dinge bewegen sich, kooperieren oder trotzen, verschwinden und kommen wieder, schlafen und wachen auf, geben Töne aller Art von sich, und vor allem, sie sprechen häufig auch noch" (ebd., 16).

Schließlich die *Ungewissheit:* Überraschungen sind notwendig, eine Variabilität des Möglichen. Das hängt zusammen mit der dialogischen Struktur, „man kann nie ganz sicher sein, wie das „Etwas" mit dem man spielt, zurückspielt" (ebd., S. 17). Gibt es keine Überraschung, keine Ungewissheit mehr, verschwindet auch die Spielstimmung.

So formuliert Popitz zusammenfassend: „Die formale Struktur des Spiels ist die modifizierte Wiederholung im ungewissen Dialog" (ebd., S. 18).

Motive

Popitz beansprucht keine allgemeine Typologie von Spielthemen. Alles kann zum Spiel werden. Häufig handelt es sich thematisch um eine Auswahl vorspielerischer Erfahrungen: Alltagserfahrungen, Phantasieerfahrungen, Traumerfahrungen. So soll keine umfassende Typologie identifiziert werden, wohl aber lassen sich wiederkehrende Motive auffinden.

- Freude am Können *(z. B. in Funktionsspielen)*
- die Welt nach eigener Facon interpretieren *(z. B. in Phantasiespielen)*
- ambivalente Erfahrung des Gewinnens und Verlierens *(bei konstruierter Chancengleichheit)*
- sein Glück aufs Spiel setzen *(Reiz des Glücksspiels in Unbeteiligtheit des Spielers am Erfolg – Würfeln, Kartenspielen, Abzählreime)*
- Lust an der Verwandlung *(vor sich selbst, vor anderen, für andere, in andere)*
- Rausch *(Drehung, Stürzen und Schweben im Raum, Schaukeln, Herunterspringen)*

Nun könnte man einwenden, dass all dies auch bekannt ist durch außerspielerische Erfahrungen. Was braucht es außer dem Heraustrennen aus bekannten Zusammenhängen um daraus ein Spiel werden zu lassen und auch sicherzustellen, dass es ein Spiel bleibt? Zum einen ist eine *Entschärfung* von Alltagsrisiken und realen Grenzüberschreitungen nötig – es darf nicht wirklich etwas passieren. Zum anderen braucht es die *Verdichtung*, so dass z. B. Wegelagerer, „die die Prinzessin rauben wollen, nicht tagelang auf der Lauer liegen [müssen]. Die Prinzessin kommt demnächst“ (ebd., S. 23).

Die Motive fasst Popitz in zwei Grundmustern zusammen: Mehr-Sein und Anders-sein.

Ergänzend findet er noch eine weitere Kategorie, die die bisherigen Motive erweitern kann: er nennt sie *allozentrische Spiele*. Bei diesen sind die Motive eher ein Interesse an der Andersartigkeit des Anderen, das Bedürfnis und die Erfahrung, sich spielend vom Eigensinn des Andersseins führen lassen.

Entwurf einer anderen Wirklichkeit

Wir setzen im Spiel Stücke der Lebensrealität außer Kraft. In Funktionsspielen kommt es zu einer Unterbrechung der normalen Abläufe, z. B. durch stete Wiederholung. In Phantasiespielen gelten gewöhnliche Kriterien und ‚Gesetze‘ nicht. Was wir sehen, hören, schmecken, riechen, tasten können wir ‚in den Wind schlagen‘. Bei Regelspielen ist gerade die Nicht-Voraussehbarkeit, die Neu-Konstruktion von Ordnungen ein Prinzip. Täuschungen z. B. können geradezu Spielprinzip und Aufgabe sein, ganz im Gegensatz zum Grundprinzip sozialer Ordnungen, wo es genau um die Herstellung von Voraussehbarkeit des Handelns geht.

So können also in jedem Spiel Stücke der Lebensrealität außer Kraft gesetzt werden und jedes Spiel ist eine „innovative Konstruktion von Realität“ (ebd., S. 28), eine erfinderische Leistung.

Als letzten Gedanken zum Spiel als Entwurf einer anderen Wirklichkeit formuliert Popitz die Möglichkeit, im Spiel der Realität *die Möglichkeit der Sinnlosigkeit* entgegenzusetzen, die er „anarchisches Spiel“ nennt.

> „Diese anarchischen Spiele sind der radikalste Protest gegen die Realität, den das Kind erfinden kann, der Versuch, etwas auf die Beine zu stellen, was ‚nicht von dieser Welt‘ ist. Etwas nicht Interpretierbares. Die Utopie einer sinnfreien Realität“ (ebd., S. 29).

Abschließend widmet sich Popitz den unterschiedlichen menschlichen Vermögen zu gestalterischer Tätigkeit. Er sieht große Verwandtschaft, nimmt aber auch eine Differenzierung zwischen Spielen, Gestalten und Erkunden vor. Das Spielen umfasst Funktions-, Phantasie- und Regelspiel. Im künstlerischen Gestalten zeigt sich die „Objektivationskraft der menschlichen Subjektivität“ (ebd., S. 30). Das ‚Einbilden‘ von Vorstellungen, Ideen, Imaginationen in die Außenwelt als kreativer Akt. Das Erkunden wiederum widmet sich der Innovation von Wissen.

> „Spielen, Gestalten, Erkunden sind eigenständige Formen des menschlichen Vermögens, Urheber zu sein“ (ebd., S. 30).

> „Spielend bringen wir nichts Bleibendes hervor, weder ein Werk noch ein neues Wissen. Der ‚Ertrag‘ des Spiels erschöpft sich in der Erfahrung eines im Tun erfüllten Sinns. Wir setzen nichts Neues in die Welt und bekommen nichts Neues über die Welt heraus. Der Spielende hinterläßt kein Ergebnis, kein Produkt seines Tuns. Im Spiel ist der Mensch auf unproduktive Weise kreativ. Das ist die eigentümliche, die eigentümlich bezaubernde Dimension des Spielens: daß der Mensch unproduktiv kreativ sein kann“ (ebd., S. 31).

Spiel und Musik

Im gemeinsamen Handeln mit Kindern und Jugendlichen in der Musiktherapie, im Spielen auf und mit Instrumenten, oder auch ohne dieselben, lassen sich Übergänge und Überschneidungen zwischen den oben genannten Formen und musikalischen Interaktionen auffinden. Schon die frühen Funktionsspiele sind ja häufig Spiel-Lieder (z. B. „Hoppe-Reiter“, „Steigt ein Bübchen auf den Baum“, usw.).

Dieser Text versteht sich als eine kleine Anregung zum Nachdenken über die verschiedenen Spielformen und ihre Funktion. Mit diesen Unterscheidungen unterschiedlichster Spielarten im Hinterkopf eröffnen sich viele Handlungsoptionen auch in der Musiktherapie. Es ist dies ein Plädoyer für eine offene Haltung, die nicht vorschnell psychologische Interpretationen ins Spiel bringt, sondern mit der man sich spielend einlassen kann, im Wissen um die Unterschiedlichkeit von Spiel-Arten. So kann die Erfahrung eines „unproduktiven Kreativ-Seins“ entstehen, die sich eben in keiner anderen Tätigkeit entfalten kann. Den Rahmen für eine solche Erfahrung zu bieten lohnt sich sowohl in der Therapie mit Kindern als auch mit Jugendlichen, und das beantwortet – wenn es denn gelingt – letztlich die Frage, ob Spielen noch ‚Sinn macht‘, aus sich selbst heraus.

Vignette

Die 12-jährige Senay war wegen Compliance-Problemen bei der Ernährung im Rahmen ihrer Ahornsiruperkrankung stationär in einer Kinderpsychosomatik. Die Ahornsirupkrankheit – der Name stammt vom typischen Uringeruch bei unbehandelten Patienten – ist eine angeborene, seltene Stoffwechselerkrankung, bei der bestimmte Bausteine von Proteinen (Leucine) vom Körper nicht abgebaut werden können. Unerkannt führt die Erkrankung schon nach wenigen Tagen zu schweren Hirnschäden und schließlich zum Tod. Betroffene müssen lebenslang eine bestimmte Diät halten, genau die Zufuhr an Proteinen berechnen, was die Auswahl an Nahrungsmitteln deutlich einschränkt und zusätzlich Leucine in Pulverform zu sich nehmen. Bei Kindern ist hier selbstverständlich den Eltern eine massive Verantwortung auferlegt. Bei Senay wurde die Erkrankung rechtzeitig erkannt und behandelt. So konnte sie sich zu einem normal intelligenten Mädchen entwickeln. Größere Probleme begannen im Laufe ihres elften Lebensjahres. Sie machte immer häufiger Diätfehler, aß ihr für die Schule mitgegebenes Essen nicht, hatte ‚keinen Bock mehr' auf die immer gleichen Nudeln. Das intensiv und sehr extrem nach Maggi oder Curry pur schmeckende, aber lebensnotwendige Pulver hat sie nur noch unter großem Druck (und vermutlich manchmal überhaupt nicht) zu sich genommen. Die Folge waren häufige Entgleisungen, stationäre Aufnahmen in der Kinderklinik, z. T. mit Dialysenotwendigkeit und dadurch natürlich Schulausfälle, Verlust von Kontakten und von normalem Alltag. Die komplexe Behandlungsgeschichte, zu der neben einer umfassenden ‚Alltags-Behandlung' mit enger Begleitung der Essens-Zubereitung, die sozialtherapeutischen Maßnahmen und natürlich die Eltern- und Familienarbeit, sowie die Einzeltherapie gehörten, soll hier nicht weiter ausgeführt werden.

Lediglich ein Spiel aus der Einzelpsychotherapie mit den (wenigen) Gesprächen und musiktherapeutischen Interaktionen soll herausgehoben werden. Es ist entstanden aus einer ursprünglich etwas aggressiv gefärbten Handlung, nämlich den Therapeuten mit einem mittelgroßen Gongklöppel abzuwerfen. Dieser konnte ihn aber auffangen. Daraus entwickelte sich ein Wurfspiel bei dem zwei solcher Klöppel immer gleichzeitig gegenseitig zugeworfen werden mussten (die Regeln bestimmte selbstverständlich Senay!). Da die Klöppel schwere Köpfchen und einen vergleichsweise leichten Stiel hatten, war sowohl die Flugweite, als auch die Flugbahn und die Position, in der sie zum Fangen ankamen, schwer zu berechnen und es bedurfte einiger Übung, bis man das konnte. Mit großer Ausdauer – die sie sonst nicht an den Tag legte – wurde das Spiel ausgebaut und variiert, man musste eine bestimmte Zahl an Würfen erreichen, ohne dass ein Klöppel zu Boden fiel, Wurf- und Fanghand wurden festgelegt usw. Dieses eigentlich ziemlich banale Spiel wurde über die gesamte Behandlung immer wieder aufgegriffen. Zuerst fand der Therapeut das Spiel mit etwas wenig therapeutischem Sinn behaftet. Doch dann wurde klar: In seiner Banalität enthielt es vielfältige und für Senay wichtige Elemente: Den immer wieder neuen Versuch, schwer Kontrollierbares zu kontrollieren, die Regeln selbst festzulegen, seine Impulsivität im Griff zu haben, denn wenn man zu heftig warf, war es dem Gegenüber unmöglich, zu fangen und es sollten doch Punkte zusammenkommen – und es machte beiden Beteiligten Spaß. Vor allem das Thema Kontrolle war zentral, griff doch die Fremdbestimmung durch die Erkrankung massiv in Senays Leben ein. Nebenbei bot sich auch noch die Gelegenheit, schwierige und sonst vermiedene Themen zu besprechen. Die Behandlung von Senay ist gut verlaufen und das Mädchen konnte in gutem körperlichem und seelischem Zustand gefestigt nach Hause gehen. Dieses unspektakuläre ‚Spielchen' trug letztlich zu einem gelungenen Verlauf bei.

Literatur

Lutz Hochreutener, Sandra (2009). *Spiel – Musik – Therapie. Methoden der Musiktherapie mit Kindern und Jugendlichen*. Göttingen: Hogrefe.

Petersen, Dietrich & Thiel, Eckhard (2001). *Tonarten, Spielarten, Eigenarten. Kreative Elemente in der Musiktherapie mit Kindern und Jugendlichen*. Göttingen: Vandenhoeck & Ruprecht.

Popitz, Heinrich (1994). *Spielen*. Göttingen: Wallstein.

Durch Musik zur Sprache – Musiktherapeutische Sprachförderung in der Schule

Spielräume erkennen und nutzen[1]

Erika Menebröcker, Anne-Katrin Jordan

1 Eine Idee – zwei Forschungsprojekte

Sowohl im vorschulischen als auch schulischen Bereich muss immer wieder die erschreckende Feststellung gemacht werden, dass ein großer Teil der Kinder nicht über eine altersgemäße Sprachentwicklung verfügt. Was bedeutet es für die Schullaufbahn der Kinder, wenn sie so früh in ihren sprachlichen und kommunikativen Ausdrucksmöglichkeiten eingeschränkt sind? Haben sie überhaupt eine Chance, den Anforderungen der weiterführenden Schulen zu genügen? Auch in der Öffentlichkeit werden diese und ähnliche Fragen seit langem heftig diskutiert – eine zufriedenstellende Lösung wurde bisher jedoch noch nicht gefunden (Tüpker, 2009).

Ausgehend von dieser Problemstellung entwickelte Prof. Dr. Rosemarie Tüpker das Forschungsprojekt *Durch Musik zur Sprache – ein Projekt zur Förderung der Sprachfähigkeit von Vorschulkindern,* das über einen Zeitraum von einem Jahr in neun Kindergärten erfolgreich erprobt wurde (vgl. Tüpker, 2009).

Die positiven Ergebnisse des Vorschulprojekts veranlassten die Verfasserinnen dieses Beitrags, in einem zweiten Forschungsprojekt das inhaltliche Konzept auf den Grundschulbereich zu übertragen. Im Rahmen eines schulischen Angebots erhielten folglich 38 Grundschulkinder im Jahr 2011 eine einjährige Sprachförderung, welche sich primär auf die emotionalen und kommunikativen Aspekte einer gelungenen Sprachentwicklung konzentrierte und in Kleingruppen von sechs bis acht Kindern stattfand. Beide Projekte wurden mit quantitativen und qualitativen Methoden evaluiert. Zur Beurteilung der sprachlichen und sozial-emotionalen Fähigkeiten wurden im Vorschulbereich der Sprachtest SET 5–10 und der Beobachtungsbogen „perik“ (Mayr & Ulich, 2009) eingesetzt (vgl. Keller, 2014). Im Grundschulprojekt wurden ebenfalls der Sprachtest SET 5–10 und der „Beobachtungsbogen zum sozial-emotio-

[1] Dieser Beitrag ist in leicht geänderter Version bereits erschienen: Menebröcker, E. & Jordan, A.-K. (2014): Durch Musik zur Sprache –Musiktherapeutische Sprachförderung in Kita, Schule oder freier Praxis. In S. Sallat; M. Spreer & C. W. Glück (Hrsg.): *Sprache professionell fördern. kompetent-vernetzt-innovativ*. (S. 444–453) Idstein: Schulz-Kirchner.

nalen Entwicklungsstand und Sprechverhalten des Kindes“ (Menebröcker & Jordan, 2012) verwendet. Auffällig ist, dass beide Projekte ähnliche positive Veränderungen im sprachlichen und vor allem sozial-emotionalen Bereich aufzeigen konnten, wobei die Wirkung des Projekts am größten in den Bereichen Selbstbehauptung, Stressregulierung, Sprechfreude und Sprechsicherheit zu sein scheint.[2]

2 Was ist das Besondere an der Projektidee?

Durch Musik zur Sprache reagiert auf die eingangs skizzierte Problemlage, indem es nach den emotionalen und kommunikativen Aspekten einer gelungenen Sprachentwicklung fragt (Tüpker, 2009). Es knüpft an Untersuchungen von Pathe (2008) an, in denen die Autorin anhand der aktuellen wissenschaftlichen Literatur die Parallelen zwischen sprachlicher und musikalischer Entwicklung aufzeigt. Musiktherapeutische Erfahrungen legen ebenfalls nahe, dass der Weg über die Musik eine wesentliche Brückenfunktion zur Sprache haben kann (Tüpker, 2009). Das Angebot versteht sich nicht als Ersatz, sondern als Ergänzung gezielter pädagogischer Sprachförderungen, wobei musiktherapeutische und musikpädagogische Erfahrungen miteinander verbunden werden (ebd.). Es ist gleichermaßen für deutschsprachig aufgewachsene Kinder wie für Kinder mit Migrationshintergrund geeignet. Mit Hilfe der Musik soll den Kindern Sprache als Ausdrucks- und Beziehungsmedium erfahrbar gemacht werden. Das gemeinsame Musizieren, insbesondere die musikalische Improvisation, regt die Kreativität und die Phantasie an und fördert die Fähigkeit, auf sich und andere zu hören und kann zu einer verbesserten Affektregulation führen. Es soll den Kindern ermöglicht werden, sich und das, was sie erleben, mitteilen zu können und auf Verständnis zu stoßen, von sich erzählen zu können und gehört zu werden.

3 Das methodische Vorgehen

3.1 Erfahrungen aus Musiktherapie und Musikpädagogik

Das methodische Vorgehen verbindet musiktherapeutische und musikpädagogische Erfahrungen: Aus der Musiktherapie wird die Erfahrung übernommen, dass die einzelnen Kinder und die Gruppe selbst um die entwicklungsfördernde Richtung des Geschehens „wissen“ und die Musiktherapeutin sich von diesem tendenziell unbewussten Wissen leiten lässt. Konkret heißt dies, dass zwar Spielideen und Rituale eingeführt werden, gleichzeitig aber darauf geach-

[2] Die ausführlichen Ergebnisse der Evaluation können bei Keller (2014) und Jordan, Menebröcker & Keil (2016) nachgelesen werden.

tet und auch gefragt wird, was die Kinder sich wünschen. Es gibt demzufolge kein festes Programm: Es wird vielmehr auf Wiederholung dessen gesetzt, woran die Kinder spontan „hängen bleiben", da grundsätzlich davon ausgegangen wird, dass dies das ist, was die Kinder gerade für ihre Entwicklung brauchen. Aus der Musikpädagogik werden die Erfahrungen genutzt, welche musikalischen Spielformen in dem jeweiligen Alter angeboten werden können. Es werden allgemeine Regeln und Vereinbarungen getroffen, wie untereinander, aber auch mit den Instrumenten, umgegangen werden sollte. Rituale, die von der Therapeutin eingeführt werden oder in der Gruppe entstehen, geben dem Stundenablauf einen vorhersehbaren Rahmen und schaffen gerade für unsichere, gehemmte Kinder Sicherheit und Orientierung (vgl. Tüpker, 2009, S. 22–35).

3.2 Das Spiele-Repertoire

Das zur Verfügung stehende Spielerepertoire wurde in einer anderthalbjährigen Vorbereitungsphase von der Projektgruppe zusammengetragen und in einem Handbuch veröffentlicht (Tüpker, 2009). Es besteht aus Spielideen der Musiktherapie und Musikpädagogik, die einen Bezug zur Förderung der Sprachentwicklung haben. Ihnen liegen verschiedene psychologische entwicklungsfördernde Aspekte zugrunde (vgl. Tüpker, ebd., S. 54–124).

Alle Spielideen sind so offen konzipiert, dass sie von den Kindern verändert, erweitert oder nach den eigenen Bedürfnissen umgestaltet werden können. Der Phantasie sind dabei kaum Grenzen gesetzt, was letztendlich dazu führt, dass jede Gruppe die Spiele auf ihre eigene, spezielle Art und Weise spielt. Ein Lieblingsspiel fast aller Kinder ist der „Kranke König" (Spielidee nach Lilli Friedemann, 1983):

> *Ein Kind spielt den kranken König (oder die kranke Königin). Es sitzt mit einem Musikinstrument auf einem geschmückten Stuhl. Ein Diener (oder eine Dienerin) steht ihm „respektvoll" zur Seite. In angemessenem Abstand sitzen die anderen Kinder, die „Heiler", herbeigerufen aus der ganzen Welt. Der König klagt den Ärzten zunächst sein ganzes Leid, indem er ihnen etwas auf seinem Instrument vorspielt. Er darf nach Herzenslust jammern und klagen! Die Heiler suchen sich ein oder zwei Instrumente aus, von denen sie glauben, dass diese den König heilen können.*
>
> *Nacheinander werden die Heiler nun zum König gerufen und versuchen ihr Glück. Der König antwortet dann auf das Spiel des Heilers mit seinem Instrument: Ist er weiterhin leidend, wird der nächste Arzt gerufen – tritt eine Heilung ein, dann hört man dieses ganz deutlich auch an seiner Spielweise und alle schließen sich seiner „Genesungsmusik" an, um gemeinsam ein Freudenfest zu feiern!*

Da die Kinder mit entscheiden können, welche Spiele in den Stunden wiederholt werden, begleitet der „Kranke König“ fast alle Gruppen durch mehrere Stunden. Die meisten Kinder genießen es offensichtlich, ausgiebig „krank“ zu sein und sich von allen umsorgen zu lassen. Die Kinder in der Rolle der Heiler fühlen sich in das Leiden anderer ein und erleben sowohl den Erfolg ihrer Empathie als auch die Vergeblichkeit. Aber auch die Rolle des Dieners als Vertreter des schwächelnden Königs ist sehr beliebt: Als Diener kann man die Ärzte herbeirufen und wieder wegschicken, Einfluss auf den König nehmen, den Ablauf des Spiels entscheidend mitbestimmen.[3]

4 Die Umsetzung in der schulischen Praxis (Erika Menebröcker)

Als Musiktherapeutin und Lehrerin an einer niedersächsischen Grundschule arbeite ich seit mehr als zehn Jahren im Spannungsfeld von Therapie und Pädagogik. Schon seit längerem gilt meine besondere Aufmerksamkeit den sogenannten „stillen Kindern“:

Gemeint sind Kinder, die nur selten etwas von sich erzählen; Kinder, die sich nicht im Unterricht melden; Kinder, die auf die Schnelle nur selten die „richtigen“ Worte finden können; Kinder, denen es schwerfällt, zu anderen Kindern oder Erwachsenen Kontakt aufzunehmen. Wenn überhaupt, dann fallen sie erst auf den zweiten Blick auf, da sie im Prinzip weder ihre Lehrer noch ihre Mitschüler stören. Alle diese Kinder sind zweifelsohne in ihren sprachlichen und kommunikativen Ausdrucksmöglichkeiten eingeschränkt. Es fällt ihnen schwer, sich selbst zu behaupten bzw. eigene Interessen und Bedürfnisse zu vertreten. Da das Pilotprojekt aus dem Vorschulbereich signifikante Verbesserungen im Bereich der „Selbstbehauptung“ aufzeigen konnte (vgl. Keller, 2014, S. 146), findet diese Zielgruppe eine ganz besondere Berücksichtigung im schulischen Konzept von *Durch Musik zur Sprache*.

Wie auch beim Vorschulprojekt, findet die Förderung einmal wöchentlich in Kleingruppen von sechs bis acht Kindern statt.

4.1 Zur Auswahl der Kinder

Die allgemeinen schulischen Fähigkeiten der geförderten Kinder reichen von tendenziell lernschwach bis hin zu überdurchschnittlich begabt. Die Auswahl der Kinder erfolgt demzufolge unabhängig von ihrem grundsätzlichen Lernvermögen. Entscheidend ist vielmehr, ob bei den Kindern Auffälligkeiten im sprachlichen Bereich und im sozial-emotionalen Verhalten beobachtet werden können.

---

[3] Die psychologische Bedeutsamkeit des Spiels wird im Fallbeispiel dieses Berichtes weiter vertieft.

Zur Veranschaulichung einige Beispiele:

Sven ist 8 Jahre alt und geht in die dritte Klasse. Er gehört zu den leistungsstärksten Kindern des Jahrgangs und ist sehr beliebt bei seinen Mitschülern. Dennoch ist Sven sehr schnell zu verunsichern: Einerseits kann ihn eine falsche Antwort, andererseits aber auch ein vergessenes Schulbrot schnell aus der Fassung und zum Weinen bringen. Er meldet sich zwar regelmäßig, gelegentlich findet er aber keine Worte – und beginnt dann ebenfalls zu weinen. Nach einem solchen Misserfolg bleibt sein Finger für den Rest des Tages unten …

Felix, ein eher durchschnittlicher Schüler und 10 Jahre alt, geht ebenfalls in die dritte Klasse. Er überlegt sich im Unterricht jede Antwort ganz genau, bevor er sich meldet. Felix hat große Angst davor, etwas Falsches zu sagen. Erhält er das Wort, so dauert es meist sehr lange, bis er zu sprechen beginnt. Ungeduldige Bemerkungen von Seiten der Mitschüler verunsichern ihn noch mehr. Manchmal gerät er beim Überlegen so sehr unter Stress, dass er rot anläuft und unruhig auf seinem Stuhl hin und her rutscht …

Ghariba, ein kurdisches Mädchen, 10 Jahre alt, geht in die dritte Klasse. In der zweiten Klasse musste sie oft von der Schule abgeholt werden, da sie unerklärliches Bauchweh bekam. Ghariba spricht nur sehr selten mit den LehrerInnen und ihren Mitschülern, meist beschränken sich ihre Reaktionen auf ein Nicken oder Kopfschütteln. In den Pausen spielt Ghariba fast immer nur mit ihren Cousinen. Trotz ihrer Schweigsamkeit ist sie auch bei den deutschen Mädchen sehr beliebt, sie würden gerne mit ihr spielen, Ghariba lässt sich aber nicht darauf ein …

Murat geht in die zweite Klasse. Er ist erst seit vier Jahren in Deutschland, versteht die deutsche Sprache gut, mag sie aber nicht gerne sprechen. Bei Gruppenarbeiten steht er häufig abseits, an Klassengesprächen beteiligt er sich nie. Auf dem Schulhof kommt es gelegentlich zu kleinen Rangeleien, da er sich schnell von anderen Kindern provoziert fühlt. Wenn er sich aufregt, vermischen sich kurdische und deutsche Wörter, was ihn regelrecht verzweifeln lässt. Sein aktiver deutscher Wortschatz reicht nicht aus, um Konflikte friedlich mit Worten klären zu können …

Keines der oben beschriebenen Kinder gilt offiziell als „therapiebedürftig“ – auch wenn es offensichtlich ist, dass sie dringend Unterstützung in ihrer Entwicklung benötigen. Genau hier setzt *Durch Musik zur Sprache* an: Im Sinne der Prävention sollen die Kinder Hilfen erhalten, bevor sich soziale und emotionale Entwicklungsblockaden verfestigt haben.

4.2 Ein Fallbeispiel: Marvin

Marvin ist das älteste von vier Kindern. Zu Beginn der musiktherapeutischen Förderung ist er zehn Jahre alt. Obwohl er die dritte Klasse wiederholt, gehört er zu den leistungsschwächsten Schülern seines Jahrgangs.

Marvin arbeitet ausgesprochen langsam. Während seine Mitschüler am Arbeiten sind, sitzt er oftmals einfach nur da und schaut aus dem Fenster. Marvin meldet sich nicht im Unterricht, erzählt auch nichts im Gesprächskreis. Er vermeidet es, im Mittelpunkt zu stehen, in freien Phasen beschäftigt er sich meist allein. Zu den Jungen der Klasse hat Marvin kaum Kontakt, er mag sich an deren „wilden" Spielen offensichtlich nicht beteiligen. In den Pausen spielt er meist mit den jüngeren Kindern, bevorzugt mit Mädchen. Er kümmert sich ausgesprochen fürsorglich um diejenigen Kinder, die sich auf dem Schulhof kleine Verletzungen zuziehen.

1.–6. Woche

In der musiktherapeutischen Fördergruppe befinden sich drei Mädchen und vier Jungen des dritten Jahrgangs. Es erstaunt mich[4] sehr, wie intensiv Marvin die Stunden von Beginn an für seine Bedürfnisse nutzt: Er trommelt teilweise so laut, dass sich andere Kinder die Ohren zuhalten müssen. In manchen Stunden trommelt er „wie im Rausch", so wild, dass ihm hinterher die Hände wehtun. Trotzdem genießt er offensichtlich jede Minute.

Ab der dritten Stunde sucht er sich meist einen Jungen, mit dem er sich dann „verbündet" und gemeinsam „aufdreht". Immer wieder wünscht Marvin sich ganz besonders laute, wilde Spiele.

Ich erkenne die Bedeutung des „Spielraumes", den sich Marvin in den Stunden regelrecht „erobert", und deute seine Aktivitäten als verzweifelte Suche nach Selbstausdruck und Selbstwirksamkeit.

Bei den Gesprächsrunden zeigt sich Marvin ähnlich wie im Unterricht: Er mag nichts erzählen, äußert sich auch nicht zu den Erzählungen der anderen Kinder. Auf mich wirkt er dann abwesend, unbeteiligt. Sobald die Kinder jedoch nach ihren Wünschen für die Stunde gefragt werden, meldet sich Marvin sofort zu Wort …

7.–10. Woche

Marvin ist nicht mehr ganz so aufgedreht, für einige Stunden gefällt ihm das „Dirigentenspiel"[5] am besten. Er nimmt bei diesem Spiel eine Rolle ein, die er sonst konsequent vermeidet: Er steht hier im Mittelpunkt, wird von den anderen Kindern angeschaut und bestimmt über den gemeinsamen Spielverlauf. Je häu-

---

4 Erika Menebröcker, Spielleiterin.

5 Alle Kinder wählen sich ein Instrument aus. Jeweils ein Kind übernimmt die Rolle des Dirigenten und darf für eine Weile über das Orchester bestimmen. Alle müssen den Anweisungen des Dirigenten folgen.

figer Marvin sich in dieser Rolle probiert, umso besser scheint sie ihm zu gefallen. Immer länger werden die musikalischen Phasen, die er als „Bestimmer“ anleitet.

Als ich das Spiel vom „Kranken König“ einführe, engagiert sich Marvin nach allen Regeln der Kunst als „behandelnder Arzt“. Er gibt sich die allergrößte Mühe, den jeweiligen kranken König zu heilen. Die Rollen des Königs oder des Dieners zu übernehmen, lehnt er zunächst jedoch vehement ab.

Marvin beginnt mehr zu reden. Er berichtet immer noch nichts Persönliches, es macht ihm jedoch Spaß, für die Mädchen der Gruppe verbal den „Kasper“ zu spielen.

11.–15. Woche

Marvin möchte nun am liebsten jede Stunde der König sein und lässt sich ausgiebig Zeit beim „gesund werden“. Er genießt es sehr, umsorgt zu werden. Bei den „wilderen Spielen“ macht Marvin nach wie vor gerne mit, sie scheinen ihm aber nicht mehr so wichtig zu sein, da er sich in der Eingangsrunde immer wieder das Spiel vom „Kranken König“ wünscht.

16.–21. Woche

Marvin haben es jetzt Rollenspiele der verschiedensten Art angetan: Er genießt es z. B., der Diener des „Kranken Königs“ zu sein und die Ärzte zu befehligen. Die Rolle des „Kranken Königs“ möchte er nun aber nicht mehr übernehmen! Nachdem er längere Zeit das „passive Leiden“ und das „Umsorgt werden“ genossen hat, interessiert Marvin sich jetzt eher für die aktiveren Rollen mit deutlich mehr Sprechanteilen.

In den Gesprächsrunden zu Beginn der Stunden beginnt Marvin, sich kurz und knapp zum zurückliegenden Wochenende zu äußern.

Auch seine Klassenlehrerin berichtet in der 20. Woche, dass Marvin sich nun ab und zu im Unterricht melde. Gelegentlich schließe er sich sogar einer der Arbeitsgruppen an, verhalte sich dort aber weiterhin eher passiv.

22.–26. Woche

Marvins Verhalten in der Gruppe verändert sich sehr, als seine kleine Schwester geboren wird. Bei dem neuen Lieblingsspiel der Gruppe („Zwerge und Riese“[6]) werden seine regressiven Bedürfnisse deutlich: In mehreren Stunden bestimmt Marvin sich zum „Baby-Zwerg“ und verhält sich entsprechend „sprach- und hilflos“. Wie schon beim Spiel des „Kranken Königs“ sucht und findet Marvin

[6] Grundidee des Spiels: In einem Wald lebt seit vielen Jahren ein Zwergenvolk. Die Zwerge lieben es, gemeinsam durch den Wald zu streifen und dabei Musik erklingen zu lassen. Zu ihrem großen Kummer hat sich nun jedoch ein großer Riese in ihrem Wald niedergelassen, der Riese mag weder Zwerge noch Musik. Er möchte einfach nur seine Ruhe haben und schlafen. Die Zwerge trauen sich nicht mehr aus ihrem Haus heraus, zu groß ist ihre Angst vor dem Riesen. Andererseits möchten sie sich aber wieder frei in ihrem Wald bewegen. So überlegen sie gemeinsam: Wollen wir uns mit dem Riesen anfreunden? Oder soll der Riese mit viel Krach verjagt werden?

im Spiel die Zuwendung, die er so dringend benötigt: Seine „Zwergenfamilie“ umsorgt ihn wunschgemäß fürsorglich, dafür sorgen vor allem die drei Mädchen der Gruppe.

Ein weiteres Bedürfnis verlangt in diesen Stunden nach Ausdruck: Nach einigen „ruhigen“ Wochen möchte Marvin nun auch wieder die lauten Spiele der ersten Stunden spielen: Am liebsten würde er die ganze Stunde trommeln. Ich spüre die große Anspannung unter der Marvin steht und versuche, ihm den entsprechenden Raum zu geben.

27.–32. Woche

In den letzten Stunden möchten die Kinder vor allem offene Rollenspiele spielen, in denen sich jeder selbst eine Rolle aussuchen kann. Während bei den anderen Kindern Märchenfiguren sehr beliebt sind (z. B. Riese, Fee, Königin, Prinzessin), entscheidet Marvin sich weiterhin für Rollen mit regressiven Anteilen, z. B. Baby-Hund, Baby-Dino, Baby-Zwerg. Ich nehme jedoch eine Veränderung in seinem Spiel war: Nach und nach scheint Marvin (quasi in Identifikation mit seinen Figuren) innerlich zu wachsen, zu reifen. Seine Figuren verlassen langsam das Babyalter, ihre Redeanteile in den Rollenspielen nehmen zu: Nach einer kurzen Phase der „Sprachlosigkeit“ (22.–26. Woche) lässt Marvin seine Figuren nach und nach wieder „zur Sprache kommen“.

Reflexion

Marvin vermag schon in den ersten Stunden die Musik als alternatives Ausdrucksmedium zu nutzen. Die Intensität, mit der er trommelt, macht seine innere Anspannung und seinen Wunsch nach Entlastung deutlich. Im Schutz der Gruppenaktivität bzw. des gleichzeitigen gemeinsamen Trommelns kann er seinen Bedürfnissen nachkommen, ohne sich exponieren zu müssen. Deutlich wird Marvins Bedürfnis nach Bewegung und kreativem Ausdruck. Im Gegensatz zum Schulalltag, in dem er sich „möglichst unsichtbar“ macht und die „wilden“ Spiele der Jungen meidet (Eindruck der Lehrerin), zeigt er sich in der Fördergruppe durchaus an wilden Spielen interessiert und zunehmend kontaktfreudig.[7]

In der Kleingruppe probiert Marvin aus, wozu ihm im Klassenverband noch der Mut fehlt. Er übt Kontakt zu anderen Kindern herzustellen, im Mittelpunkt zu stehen (Kranker König, Dirigentenspiel), eine führende Rolle zu übernehmen (Dirigentenspiel), seine Position zu behaupten (Äußerung von Wünschen).

Im Spiel „Der Kranke König“ wird Marvins Bedürftigkeit besonders deutlich. Als ältestes von vier Kindern ist Marvin vermutlich gewohnt, eigene Bedürfnisse zugunsten seiner Geschwister zurückzustellen. Seine Rolle ist es, für andere da zu sein, für sie zu sorgen. Diese Rolle führt er in der Schule fort, in-

[7] Diese Diskrepanz scheint ein grundsätzliches Dilemma vieler „stiller Kinder“ zu sein: Während sie von ihren Eltern als grundsätzlich „temperamentvoll und/oder redefreudig“ beschrieben werden, zeigen sie sich in der Schule „schüchtern und schweigsam“. (Anmerkung Menebröcker).

dem er sich fürsorglich um die Erstklässler kümmert. So liegt es nahe, dass er sich beim Spiel „Der Kranke König" auch zunächst die Rolle eines Arztes aussucht. Im Laufe einer Entwicklung, in der Marvin zunehmend in Kontakt mit seinen eigenen Bedürfnissen kommt und diese nach Ausdruck drängen, verlässt er seine gewohnte Rolle, um sich als „Kranker König" ausgiebig umsorgen zu lassen, bis er dann selbstbewusst genug ist, um auch als „Diener des Königs" den Ablauf des Spiels zu organisieren.

Seine Entwicklung gerät ins Stocken, als ein weiteres Geschwisterkind geboren wird. Regressive Bedürfnisse stehen im Vordergrund, Marvin ist innerlich sehr mit der neuen familiären Situation beschäftigt. Im Gegensatz zu früher verliert er sich jedoch nicht im inneren Rückzug, sondern nutzt die Gruppe, um seiner inneren Anspannung Ausdruck zu verleihen (lautstarkes Trommeln) und sich emotional (als „Baby-Zwerg") umsorgen zu lassen. Die Aktivitäten in der Gruppe helfen Marvin letztendlich dabei, seinen inneren Konflikt zu bewältigen.

4.3 Fazit

Im vorliegenden Beitrag wurde anhand von Falldarstellungen verdeutlicht, dass sich das Schulprojekt ebenso wie das Vorschulprojekt positiv auf die sozial-emotionale Entwicklung und die Sprachfähigkeit von Kindern auswirkt.

Das Medium Musik in seiner Brückenfunktion erreicht die Kinder auf einer emotionalen Ebene und ermöglicht Erfahrungen, die eine ins Stocken geratene Entwicklung wieder ins Fließen bringt. Die Kinder machen Interaktionserfahrungen, die sie in ihrer Identität wachsen lassen und zu mehr Selbstbewusstsein führen. Wünschenswert wäre es nun, neben den kurzfristig gezeigten Effekten auch zu überprüfen, ob es langfristige Effekte gibt und demnach auch eine nachhaltige Entwicklung gewährleistet ist.

5 Ausblick

Nach der positiven Evaluation des Projekts stellt sich nun die Frage, wie das Konzept seine umfassendere Verbreitung finden kann. Hierfür bedarf es vor allem einer weit größeren Anzahl qualifizierter „SpielleiterInnen".

Durch die Vernetzung verschiedener Institutionen aus Bildung und Wissenschaft haben sich seit der Projektentwicklung im Jahr 2007 erfreulicherweise bereits vielfältige Verbreitungsansätze ergeben.

So konnte das Projekt u. a. an der Schule, an der die Erprobung stattfand, nahtlos fortgesetzt werden, da es die Anerkennung durch die niedersächsische Schulbehörde fand. Bereits mehrere niedersächsische Schulen haben das gesamte Kollegium in diesem Konzept im Rahmen schulinterner Fortbildungen fortbilden lassen.[8] Die Anerkennung und das Nutzen der vorhandenen Spielräume an weiteren Schulen sind wünschenswert. Immer interessanter wird das Projekt seit einigen Jahren auch für die schulische Arbeit mit geflüchteten Kindern. Die Autorinnen arbeiten daran, diesen Aspekt weiter auszubauen. Seit dem Frühjahr 2013 wird an der Universität Münster unter Leitung von Rosemarie Tüpker eine berufsbegleitende Weiterbildung in diesem besonderen Sprachförderkonzept angeboten (https://weiterbildung.uni-muenster.de/zertifikatsstudiengaenge/durch-musik-zur-sprache/). Weitere Fortbildungsmöglichkeiten werden auf der Homepage des Bremer Instituts für Musiktherapie (BIM) veröffentlicht (www.musik-bim.de).

Abschließend lässt sich feststellen, dass das Konzept *Durch Musik zur Sprache* in therapeutischen und pädagogischen Fachkreisen auf sehr großes Interesse gestoßen ist. Es bestätigt das Projektteam in seiner Grundannahme, dass emotionale und kommunikative Aspekte bei der Sprachförderung verstärkt Berücksichtigung finden sollten und lässt darauf hoffen, dass immer mehr qualifizierte TherapeutInnen und PädagogInnen das Konzept als Multiplikatoren in weitere Grundschulen, Kindertagesstätten oder pädagogische Einrichtungen weitertragen werden und sich Spielräume eröffnen, dass das Konzept auch Anwendung finden kann.

Literatur

Friedemann, Lilli (1983). *Trommeln - Tanzen - Tönen – 33 Spiele für Große und Kleine.* Wien: Universal Edition Rote Reihe.

Jordan, Anne-Katrin; Menebröcker, Erika & Keil, Niklas (2016). Zur Sprache finden. Evaluation eines integrativen musiktherapeutischen Förderprojekts in der Grundschule. *Musiktherapeutische Umschau,* 37/2, 125–137.

Keller, Barbara (2014). *Zur Sprache kommen – Konzeptualisierung und Evaluierung eines musiktherapeutischen Förderangebotes.* Norderstedt: BoD.

Mayr, Toni & Ulich, Michaela (2006). *perik. Positive Entwicklung und Resilienz im Kindergartenalltag. Beobachtungsbogen.* Freiburg: Herder.

Menebröcker, Erika & Jordan, Anne-Katrin (2011). Beobachtungsbogen zum sozialemotionalen Entwicklungsstand und Sprechverhalten des Kindes. (Zu beziehen über die Verfasserinnen dieses Beitrages)

Pathe, Regina (2009). *Zusammenhänge musikalischen und sprachlichen Lernens.* Regensburg: Conbrio.

Tüpker, Rosemarie; Hippel, Natalie & Laabs, Friedemann (Hrsg.) (2005): *Musiktherapie in der Schule.* Wiesbaden: Reichert.

Tüpker, Rosemarie (2009). *Durch Musik zur Sprache. Handbuch.* Norderstedt: BoD.

[8] Bei Interesse können Sie gern Kontakt zu Erika Menebröcker aufnehmen.

Wenn der Spielraum durch eine Behinderung verloren geht

Oliver Paul

Der Raum ist gefüllt mit ansprechenden Instrumenten. Auch genügend Zeit steht zur Verfügung. Die Musiktherapie ist durch Vorgespräche und Vorüberlegungen gut vorbereitet. Ich freue mich auf die Stunde, auf die Musik und auf das Spiel. Die Musiktherapie beginnt, ich spiele das Begrüßungslied und mein Klient – ja, was macht mein Klient? Er guckt mich missmutig an und scheint abzuwarten. Während ich mein Spiel anregend fortsetze, scheint überhaupt kein Kontakt zustande zu kommen. Ich unterbreche mein Spiel und reiche ihm ein Instrument zum Mitspielen. Doch statt mitzuspielen, beginnt mein Klient darauf herumzukauen. Oder er wirft es durch den Raum. Während ich noch irgendwie versuche, das Ganze zu retten, scheint sich mein Gegenüber auf überhaupt kein Spiel einzulassen. Es scheint, gar kein Spielraum zur Verfügung zu stehen. Es scheint jeglicher Spielraum verloren.

Wenn der Spielraum verloren geht

Spielszenen, wie zuvor dargestellt, sind in der Lage, die Musiktherapeutin oder den Musiktherapeuten zu irritieren und erheblich zu verunsichern: Eigentlich müsste hier doch Spielen möglich sein. Warum gelingt es aber nicht, ein gemeinsames Spiel bzw. eine gemeinsame Musik zu finden, die einen Spielraum eröffnet?

In der Musiktherapie mit Menschen mit Behinderungen erlebe ich es wiederkehrend, dass der Spielraum in dieser Form verloren geht. Es findet kein Spiel statt, wodurch auch kein Spielraum zustande kommt, innerhalb dessen sich die gemeinsame Beziehung miteinander entwickeln könnte. Die Behinderung scheint auf allem zulasten und die Reinszenierung behinderungsbedingter Einschränkungen scheint alles zu blockieren.

Daher ist dieses Thema zum Leitmotiv meines Forschungsprojekts mit gleichnamigen Titel („Wenn der Spielraum verloren geht“) an der Universität Münster geworden (vgl. Paul, 2016).

Um der Frage nachzugehen, warum der Spielraum in der Musiktherapie verloren gehen kann, sei zunächst der Blick auf die betroffenen Familien gerichtet, die eines Tages von der niederschmetternden Diagnose der Behinderung ihres Kindes getroffen wurden. Oftmals wird ihnen dabei jeglicher Spielraum mit ihrem Kind entrissen.

Familien mit behinderten Kindern

In Deutschland leben derzeit 1,3 Millionen Kinder und Jugendliche mit Beeinträchtigungen (insgesamt 10 % aller Kinder und Jugendlichen), darunter 0,3 Millionen (2 %) mit einer amtlich festgestellten Behinderung (vgl. BMAS: Teilhabebericht, 2013, S. 51). Schätzungsweise 130.000 bis 140.000 Familien haben ein Kind oder mehrere Kinder mit geistiger Behinderung.

Familien mit einem behinderten Kind sind im Vergleich mit anderen Familien im beträchtlichen Maße zusätzlich belastet. Als Belastungsfaktoren lassen sich dabei soziale Faktoren von Alltagsbelastungen sowie von psychisch-emotionalen Belastungen unterscheiden. Vor allem letztere Belastungsfaktoren sind dazu geeignet, die Beziehung zwischen Eltern und Kind so tiefgreifend zu erschüttern, dass der Spielraum verloren gehen kann.

In Bezug auf die psychischen Belastungen ist zuvorderst das Diagnoseereignis zu benennen, das die betroffenen Familien zumeist in ihren Grundfesten erschüttert. Beinahe die Hälfte aller betroffenen Eltern werden mit ersten Verdachtsmomenten oder einer konkreten Diagnose innerhalb der ersten Lebenswoche ihres Kindes konfrontiert (vgl. Raila, 2012, S. 122). Mütter, die gerade die Strapazen der Geburt überstanden haben, und sich nun in kurzer Zeit körperlich-hormonell umstellen müssen, erleben die Diagnosemitteilung zu diesem Zeitpunkt meist schockierend und traumatisierend. Manche Betroffene berichten, dass dadurch die Annahme des Kindes sehr schwierig wurde (vgl. ebd., S. 123). Statt ihr neugeborenes Kind in der Familie willkommen zu heißen, wird bei vielen betroffenen Eltern durch die Diagnose ein Trauerprozess eingeleitet. Diese Trauer bezieht sich dabei nicht nur auf die Traurigkeit über die Behinderung des Kindes an sich, sondern auch auf den Abschied und die Trauer um das bis dato als gesund imaginierte Wunschkind, zu dem bereits vorgeburtlich eine Bindung aufgebaut wurde (vgl. Sarimski, 2014, S. 612; vgl. Pianta & Marvin, 1993, S. 4).

Aber auch lange Verdachtsphasen, die eine späte Diagnostik nach sich ziehen, zeichnen sich als ausgesprochen belastend für die betroffenen Familien ab. 20 % aller Eltern warten bis zu zwei Jahre auf eine ärztliche Diagnose der Behinderung ihres Kindes, nachdem erste Verdachtsmomente ausgesprochen wurden (vgl. Raila, 2012, S. 125). In ihrer Emotionalität schwanken die Familien in dieser kräftezehrenden Zeit zwischen Hoffen und Bangen, als *Schrecken ohne Ende*, um dann doch schließlich vom gefürchteten *Ende mit Schrecken* „überrollt“ zu werden, das immer noch im gleichen Maße geeignet ist, Schockzustände auszulösen und zu traumatisieren. Als wenig hilfreich und das Trauma verstärkend stellt es sich in diesem Zusammenhang dar, dass die Diagnose von Ärztinnen und Ärzten mitgeteilt wird, die oftmals mit dem Überbringen einer solch erschütternden Nachricht heillos überfordert scheinen. Von 919 befragten Eltern gaben im Jahr 2008 lediglich 19 % an, dass ihnen die Behinderungsdiagnose warm und einfühlend mitgeteilt wurde; 55 % erinnern eine sachlich-neutrale und 18 % sogar eine kalte und herzlose Diagnosemitteilung (vgl. Raila, 2012, S. 131).

Durch die Behinderungsdiagnose „potenziell traumatisiert“ (Sarimski, 2005, S. 175) beginnt für die betroffenen Eltern dann die Behinderungsverarbeitung, womit der bewusste und unbewusste Auseinandersetzungsprozess gemeint ist, die Diagnose und Trauer um das imaginierte Kind zu verarbeiten. Der Prozess der Behinderungsverarbeitung dauert meist viele Jahre, wobei abgeschlossen geglaubte, psychische oder emotionale Belastungen wieder neu reaktiviert werden können. Manchen Betroffenen gelingt es dabei, das Diagnosetrauma aufzulösen, während dies bei anderen Eltern fehlt (vgl. Pianta & Marvin, 1993). Viele Betroffene gehen durch Phasen der Abwehr, Verleugnung, Aggression oder Depression, bevor ihnen die Annahme des Kindes gelingt (vgl. Schuchardt, 1999, S. 39). Eine phasenhafte Abfolge der Behinderungsverarbeitung, innerhalb derer alle Eltern die einzelnen Phasen nacheinander zu durchleben hätten, gilt heute allerdings als widerlegt, da davon ausgegangen wird, dass der Verarbeitungsprozess jeweils individuell anders verläuft (vgl. Wagatha, 2006, S. 35ff). Auch unterscheiden sich Väter hier beträchtlich von Müttern. Während Mütter im Zuge der Diagnostik emotional reagierten, z. B. mit Niedergeschlagenheit, Selbstbeschuldigung oder Ängsten, seien die Reaktionen der Väter eher vom „Zugangsverbot nach innen“ gekennzeichnet (vgl. Hinze, 1993, S. 149; vgl. Heinrich, 2015, S. 40). Väter lenkten sich eher durch ihre Arbeit ab (vgl. Hinze, 1993, S. 93). Mütter gelinge es weitaus besser als Vätern, Trost, Anerkennung und Hilfe bei außerfamiliären Beziehungspersonen und Fachleuten zu finden (ebd., S. 128). Väter sprächen demgegenüber, wenn überhaupt, dann nur mit ihren Ehefrauen über die Behinderung des Kindes (vgl. ebd., S. 125).

Neben der Behinderungsverarbeitung sind in den betroffenen Familien noch weitere emotionale und psychische Belastungen zu konstatieren, so z. B. die punktuell wiederkehrenden Zukunftsängste: Was wird aus dem Kind? Darüber hinaus auch Einwirkungen auf das Selbstwertgefühl, Schuldgefühle, Sinnfragen, Erschöpfungszustände und somatoforme Folgeerkrankungen, wie z. B. Kopf-/Rückenschmerzen, oder Depressionen (vgl. Retzlaff, 2010, S. 60).

Als soziale Belastungsfaktoren sind die Momente der Ausgrenzung und Stigmatisierung der Familien zu benennen (vgl. Paul, 2007, S. 14–29), unter denen vor allem Betroffene zu leiden haben, bei denen eine offen sichtbare Behinderung des Kindes oder auffällige Verhaltensweisen die Behinderung begleiten und dazu führen, dass die Familien unangenehm in der Öffentlichkeit exponiert werden. Auch wenn es durch die Behinderung des Kindes dann meist zu keiner sozialen Isolation der betroffenen Familie käme, finde dennoch eine Veränderung und Verdichtung der sozialen Beziehungen statt (vgl. Eckert, 2012, S. 8): Freundschaften würden davon abhängig gemacht, ob das Kind und dessen Behinderung akzeptiert werden. Die Paarbeziehung der Eltern sei ebenfalls durch die Behinderung des Kindes belastet, da häufig die Gefahr einer Art „Monopolstellung“ der Mutter für ihr Kind bestehe (Heckmann, 2004, S. 37), was zu Konflikten führen könne.

Fehlende zeitliche Ressourcen für einen selbst und den Partner sowie die anhaltenden Alltagsbelastungen können ebenfalls die Partnerschaft und das Familienleben einschränken. Für den Mehraufwand an Förderung, Assistenz und Pflege des Kindes, an Arzt- und Therapeutinnenbesuchen sowie für Betreuung und Spiel sei der Zeitaufwand um bis zu 75 % gegenüber nicht behinderten Kindern erhöht (vgl. ebd., S. 25). Auch der Freizeit- und Ruhebereich der Eltern ist somit betroffen: In knapp 30 % aller Familien, also ebenfalls denen mit älteren Kindern, werde die Ruhe in jeder Nacht, zum Teil mehrfach unterbrochen, so dass die Zeiträume zur Erholung und Regeneration in Mitleidenschaft geraten (vgl. Hirchert, 2002, S. 93).

Während manche Familien unter den Belastungen der Behinderungsverarbeitung und den weiteren, beschriebenen Anforderungen zerbrechen, stehen in anderen Familien Bewältigungsfähigkeiten und Ressourcen zur Verfügung, mit der Behinderung des Kindes „fertig zu werden“. Hier sei insbesondere die individuelle und familiäre Resilienz zu berücksichtigen, Krisen und Erkrankungen zu bewältigen, der konstruktive Austausch der Eltern als Partner, die Unterstützung durch die weitere Familie (vgl. Retzlaff, 2010, S. 46) sowie das „Familienkohärenzgefühl“ (ebd., S. 137). Hilfreich ist der Erwerb von behinderungsrelevantem Wissen über Fördermöglichkeiten und Hilfen, um sinnvolle Entscheidungen für das Kind zu treffen und um eine realistische Zukunftsperspektive für das Kind zu entwickeln (vgl. Sarimski, 2005, S. 135). Auch die Tatkraft der Betroffenen ist ein wichtiger Faktor, so dass das Gefühl der Selbstwirksamkeit und Handlungsfähigkeit trotz der Endgültigkeit der Diagnose nicht verloren geht. Die Tatkraft ist darüber hinaus bedeutsam, um im „familiären Zeitmanagement“ (Eckert, 2012, S. 6) der Behinderung, die vielfältigen Belastungen im Alltag hinreichend zu bewältigen.

Wenn der Spielraum zwischen Eltern und Kind verloren geht

Während manche Familien auf partnerschaftliche, familiäre, soziale, emotionale, kognitive und nicht zuletzt auch materielle Ressourcen zurückgreifen können, mit denen sie die Behinderung des Kindes verarbeiten und bewältigen, hadern andere Betroffene lange mit ihrem Schicksal. Die Wucht der Behinderungsdiagnose wirft sie derart „aus der Bahn“, dass in ihrer Behinderungsverarbeitung die Traumatisierung nicht aufgelöst werden kann. Dies wird in einer ganzen Reihe von Studien aus den USA, den Niederlanden, Israel und Serbien mit dem *Reaction to Diagnosis Interview* untersucht (nach Pianta & Marvin 1993). Insbesondere bei Eltern von Kindern mit geistiger Behinderung ist der Anteil fehlender Auflösung des Diagnosetraumas erhöht und liegt bei ca. 60–70 % (vgl. Barak-Levy & Atzaba-Poria, 2013 und Feniger-Schaal & Oppenheim, 2013). Bei anderen Behinderungsarten, die weniger gravierend in ihren Auswirkungen sind, liegt dieser Anteil zum Teil deutlich geringer, z. B. bei Cerebralparese in Höhe von ca. 20 % fehlender Auflösung (vgl. z. B. Schuengel, et al. 2009). Hier ist zu berücksichtigen, dass im Falle von Cerebralparese nur etwa die Hälfte der Kinder auch in ihrer Intelligenzentwicklung beeinträchtigt ist. Warum stellen sich neurologische Beeinträchtigungen als so herausfordernd dar, das Diagnosetrauma aufzulösen (vgl. Barnett et al., 2006, S. 104)? Warum ist insbesondere die Diagnose der „geistigen Behinderung" so schwerwiegend?

In unserer modernen, leistungsorientierten und auf Aufklärung bedachten Gesellschaft sind es vor allem die Fähigkeiten des Geistes, die eine hohe Wertschätzung genießen. Für viele steht der Geist des Menschen stellvertretend für das Menschsein an sich. Im Gegenzug gehört das Verlieren des Geists, z. B. durch einen Schlagfall oder Demenz, für viele Menschen zu den gefürchtetsten Ereignissen; viele empfinden dies schlimmer als den eigenen Tod. Eine solche Angst, wird dann – genau wie die Angst vor dem Tod – unbewusst abgewehrt.

Menschen mit geistiger Behinderung können allein durch ihre Lautäußerungen beim „erwachsenen Geist" Ängste hervorrufen, selbst so zu werden, weswegen sie z. B. „im Witz" durch das „Nachäffen" der Laute abgewehrt werden (vgl. Niedecken, 2003, S. 20f). Durch ihr bloßes So-Sein sind Menschen mit geistiger Behinderung in der Lage, abgewehrte und verdrängte Angstgefühle auszulösen. Dies kann die Angst vor dem Verlieren des eigenen Geistes sein, ebenso wie die Angst vor dem Tod, vor Erkrankungen oder Pflegebedürftigkeit. Durch die Angst, selbst so zu werden, seine Identität als gereifte, rationale Erwachsenenpersönlichkeit einzubüßen und die in zurückliegenden Zeiten hart erkämpfte, innere Autonomie zu verlieren, wird es notwendig, die Andersartigkeit „dieser Menschen" zu betonen (vgl. Niedecken, 2003, S. 20f). Durch die Andersartigkeit der geistig Behinderten wird die eigene Normalität sichergestellt.

Als das Phantasma geistiger Behinderung wirke die abgewehrte Angst aber aus dem Unbewussten weiter (vgl. ebd., S. 19). Sie bewirke einen unbewussten Tötungswunsch geistig behinderten Menschen gegenüber (vgl. ebd.), der kollektiv an die betroffenen Eltern delegiert werde. Mit diesem „gesellschaftlichen Mordauftrag" (vgl. ebd., S. 48) entscheiden sich heute tatsächlich über 90 % aller Eltern für einen Schwangerschaftsabbruch, wenn pränatal Trisomie 21 diagnostiziert wird (vgl. Lenhard, 2004, S. 64). Auch wenn dieser „Auftrag" normalerweise nicht offen ausgesprochen wird, berichten betroffene Eltern sehr wohl darüber, im Nachhinein den Hinweis erhalten zu haben, „dass durch eine Fruchtwasseruntersuchung das Kind hätte nicht zur Welt gebracht werden müssen" (Raila, 2012, S. 231). So geraten Familien mit behinderten Kindern unter Rechtfertigungsdruck, während der Rest der Gesellschaft frei jeder Schuld bleibt. Es ist ein perfider Mechanismus, mit dem diese „ungeheuerliche Kollektivschuld“ (Niedecken, 2003, S. 19) in eine Individualschuld transformiert wird. In den betroffenen Familien wirken dann die abgewehrten Angst- und Schuldgefühle weiter, und in der Beziehung zwischen Eltern und Kind geht der Spielraum verloren, der ansonsten zur Verfügung stünde.

Auch wenn in unserer Gesellschaft viele positive Entwicklungen stattgefunden haben, es heute ein Antidiskriminierungsgesetz gibt, Inklusion an den Schulen stattfindet und Behindertenfeindlichkeit in der Öffentlichkeit geächtet wird, stellt eine geistige Behinderung immer noch ein Merkmal dar, das stigmatisiert (vgl. Goffman, 2016 [1967], S. 13). Die Stigmatisierung findet statt, weil damit die psychologische Funktion kollektiver Angstabwehr erfolgt. Betroffen sind von der Stigmatisierung aber nicht nur die Behinderten selbst, sondern auch ihre Familien durch das „Stigma by Courtesy“ (ebd., S. 43ff), weswegen die betroffenen Familien auch als „Behindertenfamilien“ stigmatisiert werden. Trotz aller Bemühungen um Teilhabe und Inklusion haben die betroffenen Familien täglich mit Ausgrenzungen zu tun, haben mit Schuldzuweisungen und Rechtfertigungsdruck zu leben, mit Scham, eigenen Ängsten um das Kind und um sich selbst. In öffentlichen Situationen werden die Blicke auf das Kind gerichtet und beizeiten werden Nachfragen nach dem *Benehmen* des Kindes geäußert. Vielleicht auch mitleidige Blicke, allerdings nicht so mitleidig, dass ein aufrichtiges Interesse zustande kommt, um das hier erlebte Leid mitzufühlen und mitzuleiden. Psychologisch ist es nicht ungefährlich, „diese Menschen“ zu nah an die eigene Gefühlswelt heranzulassen.

So geht Eltern in der Beziehung mit ihrem behinderten Kind Spielraum verloren: Spielraum für positive Gefühle und für ein einfühlendes Miterleben mit dem Kind; Spielraum, emotional für das Kind zur Verfügung zu stehen und feinfühlig mit dem Kind zu spielen; Spielraum, eine sichere Bindung zum Kind aufzubauen; Spielraum, den Alltag und die Freizeit ausgeglichen zu gestalten sowie uneingeschränkt am normalen öffentlichen Leben teilzuhaben, einkaufen zu gehen, ein Schwimmbad zu besuchen, ein Eis zu essen oder mit dem Bus zu fahren.

Neben diesen sozialpsychologischen Implikationen geistiger Behinderung sind die Entwicklungsbesonderheiten der Kinder selbst nicht zu vergessen, die aus den behinderungsbedingten Einschränkungen erwachsen und die ebenfalls geeignet sind, die Beziehung zwischen Eltern und Kind zu verunsichern. So erfolgt die Kontaktaufnahme der Kinder normalerweise später, und sie vokalisieren weniger; es bestehen Probleme in der dialogischen Aufmerksamkeitsabstimmung. Kleinkinder mit geistiger Behinderung sind weniger responsiv, initiativ, aktiv, engagiert, spontan und zielgerichtet (vgl. Marfo et al., 1998, S. 639). Insgesamt ist ein verzögerter Verlauf sämtlicher Entwicklungsschritte zu erwarten (vgl. Sarimski, 2003, S. 218), weswegen Eltern später und dann vielleicht auch länger *zuverlässig* zur Verfügung stehen müssen, was insgesamt betrachtet wiederum neue Risiken für den sich aufbauenden Spielraum zwischen Eltern und Kind birgt. In der Folge dieser Besonderheiten entwickeln Eltern wiederum oftmals ein Spielverhalten, das im höheren Maße direktiv, initiativ und kontrollierend ist. Im Alltag sind darüber hinaus auch vielfältige Unterstützungsmaßnahmen und Hilfsstellungen erforderlich, was ein überprotektives Elternverhalten begünstigt und die Autonomieentwicklung der Kinder erschwert.

Wenn der Spielraum in der Musiktherapie verloren geht

Wie einleitend dargestellt ist es in der musiktherapeutischen Beziehungsgestaltung möglich, dass auch hier der Spielraum verloren gehen kann. Im Verständnis psychoanalytisch orientierter Musiktherapie bilden sich dann Spielszenen ab, die es im Szenischen Verstehen (Lorenzer, 1983, S. 113) zu entschlüsseln gilt. Demnach reinszenieren sich in der Übertragungsbeziehung zwischen Kind und Musiktherapeutin bzw. -therapeut die frühen Beziehungserfahrungen, die in den vielfältig erschwerten Ausgangsbedingungen der Eltern-Kind-Beziehung fußen, wie es zuvor beschrieben wurde. Genauso vielfältig und individuell wie dabei der Behinderungsverarbeitungsprozess der Eltern ist, wie sie die sozialen und Alltagsbelastungen bewältigen und wie es ihnen gelingt, sich auf die Entwicklungsbesonderheiten ihres Kindes einzustellen, wird sich auch das Spiel in der Musiktherapie gestalten. Und in den Bereichen, in denen kein Handlungs- und Entwicklungsspielraum in der Eltern-Kind-Beziehung zur Verfügung stand, wird dieses *Scheitern* auch in der Musiktherapie nachzuerleben sein. Ein *Scheitern*, dessen Ursachen wohlgemerkt nicht in einer Individualschuld zu suchen sind – sondern in der Kollektivschuld der ganzen Gesellschaft!

Sicherlich ist es in der Musiktherapie dazu notwendig, überhaupt das *Scheitern zuzulassen*, dass der Spielraum verloren gehen *darf*. Mit einem fertigen Förderkonzept und einem zielorientierten Therapieplan, mit dem „nichts schiefgehen kann“, wird es wohl nur schwer möglich sein, den Raum so zu öffnen, dass in der „Mitbewegung“ (Tüpker, 2001, S. 73), im Miterleben und Fühlen der Gegenübertragung ein Verstehensvorgang eröffnet werden kann. Gelingt es jedoch, gemeinsam mit dem Kind zu *scheitern*, dann ist an dieser Stelle auch der Ansatzpunkt gegeben, in der Musiktherapie Spielraum zu entdecken oder wiederzuentdecken. Durch die Fähigkeit der Therapeutin bzw. des Therapeuten, „mit dem Scheitern umzugehen“ (Lang-Langer, 2014, S. 18), durch deren bzw. dessen „Unzerstörbarkeit“ (Niedecken, 2003, S. 158f) und Halt kann es dann gelingen, dass sich die Spielbereiche zwischen beiden zu überschneiden beginnen und Stück für Stück neuer Spielraum eröffnet wird (vgl. Winnicott, 1993, S. 59).

Fallrekonstruktion aus dem Forschungsprojekt

Im angesprochenen Forschungsprojekt wird empirisch untersucht, wie in betroffenen Familien Spielraum verloren gegangen ist und welche Auswirkungen dies gegebenenfalls auf das Spiel in der Musiktherapie hat: Lässt sich auch hier nachvollziehen, unter welchen Belastungen die Beziehung zwischen Eltern und Kind stand und steht? Geht auch in der Musiktherapie im Spiel und in der Beziehung zwischen Therapeut und Kind Spielraum verloren?

Um diesen Fragen nachzugehen, führe ich mit den Müttern und Vätern der am Projekt teilnehmenden Familien Interviews durch; diese bestehen aus einem qualitativen Teil und aus einem halbstrukturierten Interviewteil, dem *Reaction to Diagnosis Interview* (nach Pianta & Marvin, 1993). Das *Reaction to Diagnosis Interview* wird im Rahmen der Studie erstmals im deutschen Sprachraum verwendet. Ziel ist es, zum einen die Familien kennenzulernen, die gegebenen Belastungen sowie vorhandenen Bewältigungsfähigkeiten. Zum anderen soll auch der individuelle und familiäre Behinderungsverarbeitungsprozess weiter untersucht und der Auflösungsstatus festgestellt werden. Mit den Kindern der teilnehmenden Familien führe ich eine Musiktherapiesitzung durch, die videografiert und u. a. mit Hilfe von QDA-Software detailgetreu ausgewertet wird (vgl. Paul, 2016). Exemplarisch soll im Weiteren der Fall einer am Projekt teilnehmenden Familie rekonstruiert werden.

Die darzustellende Familie stammt aus einer Kleinstadt aus dem Münsterland; in der Kernfamilie gibt es neben Mutter und Vater insgesamt drei Kinder. Samuel ist mit 7 Jahren das älteste der Kinder und aufgrund einer seltenen Stoffwechselerkrankung geistig behindert. Die Familie ist als bildungsnah zu kennzeichnen, verfügt nach eigenen Angaben über ein gutes Familieneinkommen und bewohnt ein eigenes Haus mit Garten.

Im Interview können beide Eltern ihr Erleben der Behinderungsdiagnose sehr genau beschreiben. Sowohl die Mutter wie auch der Vater können die medizinischen Details zur Diagnostik und zu den frühen Ereignissen im Krankenhaus genauestens wiedergeben und berichten sehr ausführlich von den Geschehnissen. Angesprochen auf ihre erlebten Gefühle neigt die Mutter jedoch dazu, ihre Antworten zu „verschleiern“ und eigentlich erschütternde Inhalte positiv umzudeuten. Auch der Vater äußert kaum Gefühle im Interview; konkret darauf angesprochen versachlicht er immer wieder die Gesprächsinhalte und „doziert“ stattdessen über den medizinischen Kontext. In der Auswertung des *Reaction to Diagnosis Interviews*, die selbstverständlich weitaus umfänglicher ist, als hier darstellbar, werden beide Eltern mit „fehlender Auflösung“ eingeordnet (vgl. Pianta &Marvin, 1993). Die Aussagen beider Eltern lassen sich als Subtyp „emotionaler Abschottung“ („Neutralizing“, ebd.) klassifizieren. Im Zuge ihrer Behinderungsverarbeitung haben sie das Diagnosetrauma nicht aufgelöst, sondern sich der Diagnose gegenüber affektiv abgeschottet, um im Alltag mit ihrem Kind handlungsfähig zu bleiben und die Behinderung zu bewältigen.

In der weiteren Auswertung der qualitativen Interviews wird deutlich, dass beide Eltern die Behinderung derart verarbeitet haben, ihr den Sinn einer *Bestimmung*, einer Art *religiöser Aufgabe* zu geben. Die konstruktive Seite dieser Verarbeitung ist die tröstliche Perspektive der erhaltenen *Aufgabe* und außerdem der geteilte Glauben, gemeinsam zur Bewältigung der *Aufgabe bestimmt* worden zu sein, wodurch u. a. eine positive Zukunftssicht ermöglicht und die Handlungskontrolle wiedererlangt werden kann – was nachweisbar als resilienzfördernd gilt (vgl. Retzlaff, 2010, S. 96–110). Nicht unproblematisch ist hingegen, dass eine tiefere Betrachtung ihrer Begründungen dabei nahelegt, es verbärgen sich tiefsitzende, unbewusste Schuldgefühle hinter ihrer *Aufgabe*, die darin besteht, alles für das Kind zu tun und es so gut, wie es irgend geht, zu fördern. Vor allem die Mutter stellt hier dar, wie sie ihr Kind von Beginn an stundenlang gefördert habe („täglich zwei Stunden"), auch wenn Samuel zu verstehen gegeben habe, dass er nicht mitmachen wolle („Aber er musste es ja."). Der Behinderungsdiagnose gegenüber emotional abgeschottet und getrieben vom unbewussten Gefühl, schuld an der Behinderung des Kindes zu sein, ist so in der Eltern-Kind-Beziehung der Spielraum verloren gegangen.

In der Musiktherapie lerne ich ein musikalisch interessiertes und begeisterungsfähiges Kind kennen. Samuel erfreut sich lautstark an den Klängen, Rhythmen und an seiner Selbstwirksamkeit. Auch wenn seine Verbalsprache im Vergleich mit seinen restlichen Fähigkeiten schwach entwickelt ist, und er nur einige Laute benutzt, verdeutlicht er nonverbal sein großes Interesse an der Musik. Die Sitzung wird durch eine extrem hohe Zahl an Handlungsimpulsen des Jungen bestimmt. In den 38 Minuten der Musiktherapie sind in der QDA-Auswertung insgesamt 201 Handlungsimpulse des Jungen codiert. Damit sind alle Handlungen gemeint, die das Kind trotz der bis dato durchgeführten Tätigkeit neu initiiert, was in vielen Fällen dann auch zum Abbruch des bis zu diesem Moment vollzogenen Spiels, des Rhythmus oder Klangs führt.

Exemplarisch dafür eine Spielszene der Sitzung (00:19:28–00:20:24):

Nach einer Phase des gemeinsamen Schlagzeugspiels reicht Samuel mir seine Schlägel mit den Worten „Da-da" (00:19:37). Er geht in die andere Ecke des Raums und beginnt die Chimes zu spielen (00:19:47). Ich setze mich ans Klavier; bevor ich jedoch den ersten Ton spielen kann, beginnt Samuel, die Chimes in Richtung Boden zu kippen (00:19:52). Daraufhin unterbreche ich mein Vorhaben, bewege mich schnell zu ihm und lege gemeinsam mit ihm die Chimes auf den Boden, wobei ich sage: „Vorsichtig." Samuel spielt mit der Chimes auf dem Teppich weiter (00:20:04), greift und spielt dann weitere Instrumente vom Regal (00:20:09; 00:20:18; 00:20:24) während ich zugucke und sprachlich das Geschehen begleite.

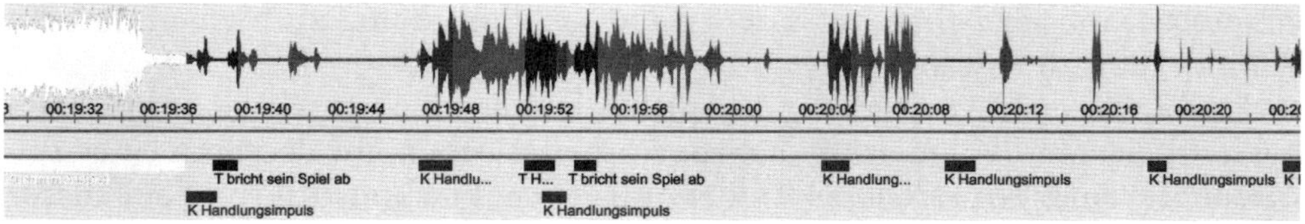

Abb. 1: Handlungsimpulse des Kindes und Spielabbrüche

Die Vielzahl an Handlungsimpulsen führt dazu, dass Musikspiele immer wieder unterbrochen oder abgebrochen werden. Als Therapeut erlebe ich mich getrieben von der Handlungssteuerung meines Gegenübers. Spielfreude, die in mir manchmal aufkeimt, wird „im Keim erstickt", da ich mein Spiel an den Handlungsimpulsen des Kindes ausrichte; manchmal auch ausrichten muss, damit etwas nicht kaputt geht, wie die Chimes in der dargestellten Sequenz. Meine eigenen Spielwünsche und Spielinteressen verliere ich dabei aus dem Blick, zumal bei Samuel durch seinen Fokus auf seine Selbstwirksamkeit ausschließlich sein eigenes Spiel im Mittelpunkt des Interesses steht – was bei mir zu Frustration führt. Frustration entsteht aber auch beim Kind im Verlauf der weiteren Sitzung durch kommunikative Missverständnisse: In der Auswertung wird deutlich, dass Samuel eigentlich früher die Musiktherapie beenden wollte, dass ihm jedoch keine Möglichkeit gegeben war, mir diesen Wunsch verständlich zu machen. Statt mir seinen Unmut nun mit einer Form deutlicher Verweigerung zu zeigen oder „Nein!" zu sagen, beginnt er Handlungsmuster der Provokation, indem er z. B. Stöcke auf den Boden wirft oder Bücher aus einem Regal zieht und sie dann ebenfalls hinwirft. Obwohl es in der Musiktherapie auch Spielsituationen gibt, in denen ein gemeinsames Spiel stattfindet, wird anhand der beschriebenen Spielszenen deutlich, wie der Spielraum in der Musiktherapie mit Samuel verloren geht, in welchen Situationen ein *Scheitern* stattfindet.

Im Wissen um die familiäre Verarbeitung und Bewältigung der Behinderung entfalten die dargestellten Spielszenen ihren Sinn und lassen sich verstehen: Zunächst wird hier die Ohnmacht des Kindes nachvollziehbar, an Therapien und Förderungen teilnehmen zu müssen, ohne die Möglichkeit sich zu verweigern und „Nein" sagen zu können („er musste es ja."). Scheinbar hat es sich für ihn diesbezüglich als hilfreicher herausgestellt, mit provokativen Handlungen die Sache zu beenden, statt mit einem direkt geäußerten Beendigungswunsch. Darüber hinaus wird in der Inszenierung die Beziehungsgestaltung mit einem Elternteil nachvollziehbar, das affektiv abgeschottet ist, aber dennoch die *Aufgabe* hat, so gut, wie irgend möglich, zu fördern: In meinem Erleben in der emotionalen Rolle des Jungen reinszeniert sich so für mich das für ihn normale Alltagsgeschehen, affektiv kaum wahrgenommen zu werden, getrieben von den Handlungen eines Gegenübers und frustriert zurückbleibend mit eigenen Spielwünschen, die ignoriert oder „im Keim erstickt" werden.

Der offene Rahmen in der Musiktherapie, innerhalb dessen Samuel seinen ureigenen Handlungsimpulsen freien Lauf lassen kann, führt dann auf der einen Seite zum lustvollen Erleben der eigenen Selbstwirksamkeit. Die Handlungssteuerung in gemeinsamen Spiel-, Förder- oder Therapiesituationen von außen gewohnt, und ungeübt darin, selbst die Handlung zu steuern, führt dies auf der anderen Seite aber auch zum beschriebenen Zustand extrem vieler Handlungsimpulse und fehlender Handlungskontrolle.

Wird nun noch berücksichtigt, dass sich die Eltern im Interview darüber beklagen, mit welchen „Eigensinn" und welcher Sturheit der Junge ausgestattet sei, zeichnet sich in der häuslichen Interaktion folgendes Handlungsmuster ab, das sich als Spirale von Abschottung, Frustration und Selbstbehauptung darstellt.

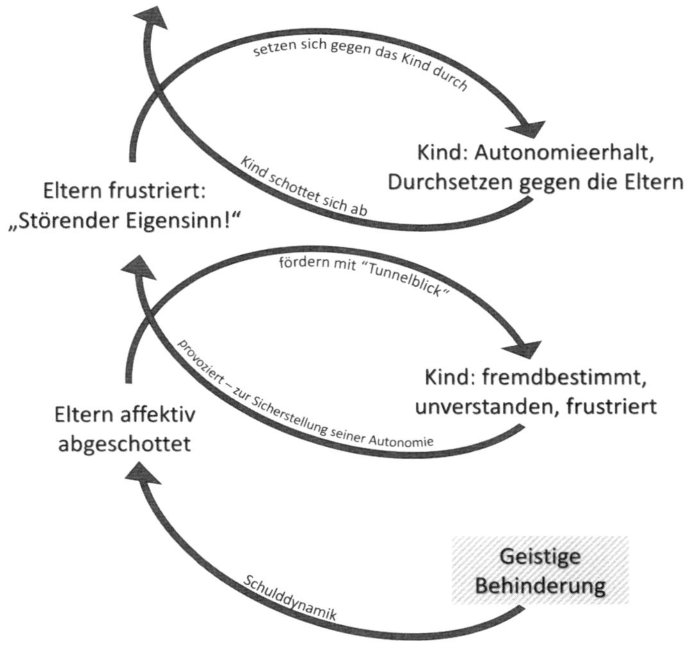

Abb. 2: Spirale von Abschottung, Frustration und Selbstbehauptung

Entwicklungsmöglichkeiten in der Musiktherapie

Wenn es wie beschrieben gelingt, gemeinsam in der Musiktherapie zu *scheitern* – wenn der Spielraum verloren geht – dann können auch neue Entwicklungen in Gang gesetzt werden. Um die dargestellte Spirale in der musiktherapeutischen Beziehungsgestaltung zu durchbrechen, um aus dem Agieren der Gegenübertragung hinaus zu finden, ist es zunächst notwendig, sich affektiv zu öffnen und sich in den Jungen einzufühlen. Samuel sollte sich so viel wie möglich in seiner Selbstwirksamkeit und autonomen Handlungssteuerung erleben, begleitet vom Miterleben und der Mitbewegung des Therapeuten. Als nächstes ist hier Halt zu geben, was auch ein Aus-halten der eigenen Frustration beinhaltet, unzerstörbar zu bleiben und sich für die erlebten Gefühle nicht zu „rächen" (Winnicott, 1993, S. 107). Frustration auf Seiten des Jungen ist hingegen sicherlich so gut es geht zu vermeiden, indem z. B. seine Impulse feinfühlig wahrgenommen werden, wenn er sich das Ende der Musiktherapiesitzung wünscht; hier ließe sich sicherlich klären, dass ein „Nein!" akzeptiert wird und vielleicht kompromissweise als Reaktion auf das „Nein!" nur noch die Schlussmusik miteinander musiziert wird. Die Spielsituationen, in denen bereits ein gemeinsames Spiel stattfindet, sind hingegen gleichermaßen Indikator wie Prädiktor für gemeinsamen Spielraum; durch die für den Jungen attraktive Gestaltung des instrumentellen Angebots, der Spielideen, der Klänge und Rhythmen kann das Ziel erreicht werden, dass Samuel mehr und mehr den Spielbereich eines musiktherapeutischen Gegenübers in seiner Attraktivität wahrnehmen und betreten wird (vgl. ebd., S. 59).

Die therapiebegleitende Elternberatung ist für die weiteren Entwicklungsmöglichkeiten des Jungen ebenfalls sehr bedeutsam. Wichtig ist, dass es hier sicherlich nicht um die Aufdeckung der zurückliegend ausgeführten Zusammenhänge einer Spirale von Abschottung, Frustration und Selbstbehauptung geht! Vielmehr ist der Respekt vor der Behinderungsverarbeitung der Eltern zu wahren (vgl. Sarimski, 2014, S. 626), als aktive Bewältigungsleistung! Durch eine wertschätzende Haltung für die Bemühungen der Eltern um das Kind und für ihre erbrachten Leistungen um ihre *Aufgabe*, kann es aber vielleicht eines Tages gelingen, dass *die Schuld* abgetragen ist. Auf dem Weg dahin kann sich dennoch der ein oder andere Hinweis als hilfreich herausstellen, wie bedeutsam Samuels Eigensinn und Sturheit für seine Autonomieentwicklung sind und dass seine Selbstbehauptung, wie anstrengend sie auch sei, für seine Selbstständigkeitsentwicklung wichtig ist.

Literatur

Barak-Levy, Yael &Atzaba-Poria, Na'ama (2013). Paternal versus maternal coping styles with child diagnosis of developmental delay. *Research in developmental disabilities* 34(6), S. 2040–2046.

Barnett, Douglas et al. (2006). Maternal resolution of child diagnosis. Stability and relations with child attachment across the toddler to preschooler transition. *Journal of family psychology. JFP. Journal of the Division of Family Psychology of the American Psychological Association* (Division 43) 20(1), S. 100–107.

Burack, Jacob A. (Hrsg.) (1998). *Handbook of mental retardation and development.* Cambridge: Cambridge Univ. Press.

Decker-Voigt, Hans-Helmut (Hrsg.) (2001). *Schulen der Musiktherapie.* München u. a.: Reinhardt.

Eckert, Andreas (2012). *Familie und Behinderung. Studien zur Lebenssituation von Familien mit einem behinderten Kind.* Hamburg: Kova.

Feniger-Schaal, Rinat & Oppenheim, David (2013). Resolution of the diagnosis and maternal sensitivity among mothers of children with Intellectual Disability. *Research in developmental disabilities* 34(1), S. 306–313.

Goffman, Erving (2016 [Erstveröffentlichung 1967]). *Stigma. Über Techniken der Bewältigung beschädigter Identität.* 23. Auflage. Frankfurt am Main: Suhrkamp.

Heckmann, Christoph (2004). *Die Belastungssituation von Familien mit behinderten Kindern. Soziales Netzwerk und professionelle Dienste als Bedingungen für die Bewältigung.* Heidelberg: Winter (Edition S).

Heinrich, Felix (2015). *Behindertes Kind – gekränkter Vater? Hilfsangebote für Väter eines Kindes mit Behinderung.* Hamburg: Diplomica.

Hinze, Dieter (1993). *Väter und Mütter behinderter Kinder. Der Prozeß der Auseinandersetzung im Vergleich.* 2., veränd. Aufl. Heidelberg: HVA Ed. Schindele.

Hirchert, Annette (2002). Die Sicht der Eltern. In Walter Thimm & Grit Wachtel (Hrsg.): *Familien mit behinderten Kindern. Wege der Unterstützung und Impulse zur Weiterentwicklung regionaler Hilfesysteme.* (S. 74–102) Weinheim: Juventa.

Lang-Langer, Ellen (2014). *Spielraum und Rahmen. Abstinenz und Agieren in der psychoanalytischen Behandlung von Kindern und Jugendlichen.* Göttingen: Vandenhoeck & Ruprecht.

Lenhard, Wolfgang (2004). *Die psychosoziale Stellung von Eltern behinderter Kinder im Zeitalter der Pränataldiagnostik.* Dissertation. Würzburg: Julius-Maximilians-Universität.

Lorenzer, Alfred (1983). Sprache, Lebenspraxis und szenisches Verstehen in der psychoanalytischen Therapie. *Psyche* 37(2), S. 97–115.

Marfo, Kofi; Dedrick, Cynthia F. & Barbour, Nancy (1998). Mother-child interactions and the development of children with mental retardition. In Jacob A. Burack (Hrsg.): *Handbook of mental retardation and development.* (S. 637–668). Cambridge: Cambridge Univ. Press.

Niedecken, Dietmut (2003). *Namenlos. Geistig Behinderte verstehen.* 4., überarb. Aufl. Weinheim, Basel, Berlin: Beltz.

Papoušek, Mechthild (Hrsg.) (2003). *Spiel und Kreativität in der frühen Kindheit.* Stuttgart: Pfeiffer bei Klett-Cotta.

Paul, Oliver (2007). *Unbehandelbar. Musiktherapie-Studie mit einem „geistigbehinderten Kind".* Norderstedt: BoD.

Pianta, Robert C. & Marvin, Robert S. (1993). *Manual for classification of the reaction to diagnosis interview.* Charlottesville: University of Virginia.

Raila, Petronilla (2012). *„… und es beginnt ein neues Leben!". Eine empirische Untersuchung zur Veränderung der innerweltlichen Situation von Familien durch die Geburt eines behinderten Kindes.* Augsburg: Context.

Retzlaff, Rüdiger (2010). *Familien-Stärken. Behinderung, Resilienz und systemische Therapie.* Stuttgart: Klett-Cotta.

Sarimski, Klaus (2003). Entwicklungsbeurteilung und Förderung im Spiel mit geistig behinderten Kleinkindern. In Mechthild Papoušek (Hrsg.): *Spiel und Kreativität in der frühen Kindheit.* (S. 215–236) Stuttgart: Pfeiffer bei Klett-Cotta.

Sarimski, Klaus (2005). *Psychische Störungen bei behinderten Kindern und Jugendlichen.* Göttingen u. a.: Hogrefe.

Sarimski, Klaus (2014). *Entwicklungspsychologie genetischer Syndrome.* 4., überarb. u. erw. Aufl. Göttingen u. a.: Hogrefe.

Schuchardt, Erika (1999). *Warum gerade ich …? Leben lernen in Krisen – Leiden und Glaube.* Göttingen: Vandenhoeck & Ruprecht.

Schuengel, C. et al. (2009). Parents' reactions to the diagnosis of cerebral palsy. Associations between resolution, age and severity of disability. *Child: care, health and development* 35(5), S. 673–680.

Thimm, Walter & Wachtel, Grit (2002) (Hrsg.). *Familien mit behinderten Kindern. Wege der Unterstützung und Impulse zur Weiterentwicklung regionaler Hilfesysteme.* Weinheim: Juventa.

Tüpker, Rosemarie (2001). Morphologisch orientierte Musiktherapie. In Hans-Helmut Decker-Voigt (Hrsg.): *Schulen der Musiktherapie* (S. 55–77). München u. a.: Reinhardt.

Wagatha, Petra (2006). *Partnerschaft und kindliche Behinderung. Eine empirische Untersuchung mit Implikationen für die Beratungspraxis.* Hamburg: Kovac (Schriftenreihe Studien zur Familienforschung, 18).

Winnicott, Donald W. (1993): *Vom Spiel zur Kreativität.* 7. Aufl. Stuttgart: Klett-Cotta.

Internetquellen (Alle abgerufen am 7. September 2018)

Bundesministerium für Arbeit und Soziales (Hrsg.) (2013): Teilhabebericht der Bundesregierung über die Lebenslagen von Menschen mit Beeinträchtigungen. Teilhabe – Beeinträchtigung – Behinderung. www.bmas.de/SharedDocs/Downloads/DE/PDF-Publikationen/a125-13-teilhabebericht.pdf?__blob=publicationFile&v=2.

Paul, Oliver (2016): *Beschreibung des Forschungsprojekts: Wenn der Spielraum verloren geht. Forschungsprojekt zum Belastungserleben von Eltern geistig behinderter Kinder und zum kurativen Potential der Musiktherapie.* www.uni-muenster.de/Musiktherapie/Forschung/musiktherapie-mit-geistig-behinderten.html.

Vom gleichzeitigen „Herumgeklimpere“ zum gemeinsamen Spielen

Spielraumerfahrungen aus der psychosomatischen Gruppenmusiktherapie mit Erwachsenen

Susanne Bauer

Spielraum erleben, Spielraum erfahren und miteinander spielen – das klingt einfacher als es ist … die einen tun es gerne und genießen es, andere aber haben Vorbehalte und vermeiden jede Art von Spiel. Dazu gehören auch viele meiner psychosomatischen erwachsenen Patienten und Patientinnen. Spielen ist für sie mit unangenehmen Gefühlen verbunden, statt Leichtigkeit löst es Verunsicherung und Unwohlsein aus und wenn sie könnten, würden sie es ganz vermeiden. Spielen als Herausforderung also? Musiktherapie geht ohne Spielen nicht, im doppelten Sinne des Wortes: auf Instrumenten und miteinander. Deshalb müssen wir Musiktherapeutinnen uns die Frage stellen, warum es bestimmten Menschen so schwer fällt, sich auf das Spielen mit und ohne Regeln einzulassen, dem etwas Lustvolles abzugewinnen, es interessant bis heilsam zu empfinden.

Spielraumerfahrungen sind handlungs- und wahrnehmungsgerichtet und setzen Denkprozesse in Gang. Was die Musiktherapie betrifft, ist das Handeln u. a. mit der Auswahl eines Instrumentes verbunden, damit, es auszuprobieren und es zu spielen. Entscheidungen können passend oder unpassend sein, man kann sich irren oder sich in der Auswahl bestätigt fühlen – Voraussetzung hierfür ist, eine Entscheidung getroffen zu haben. Manch einer greift nach dem erstbesten Instrument, das in der Nähe steht oder lässt sich von anderen ein beliebiges reichen, andere greifen nach einem ihnen bekannten Instrument in der Hoffnung, auf diese Art nichts falsch machen zu können. Wahrnehmung findet auf verschiedenen Ebenen statt. Das Instrument zum Klingen bringen, führt in einem Gruppengeschehen dazu, sich selber und die anderen zu hören und gehört zu werden. Klänge können akustisch körperlich wahrgenommen und gespürt werden. Die Wahrnehmung kann als angenehm oder unangenehm, als zu laut oder zu leise, als stressauslösend oder beruhigend empfunden werden. Handlungen und Wahrnehmungen regen zur Reflexion an: Woher kommen Anspannung, Stimmung und Gefühl? Welche Bedürfnisse und welche Konflikte stehen womöglich „dahinter“? Aber auch: Welche Beziehungsangebote möchte ich annehmen, mit welchen Klängen möchte ich Kontakt aufnehmen, welchen ausweichen und warum? Welches sind die dynamischen Zusammenhänge und welches die Ursachen meines Handelns und Wahrnehmens? Worin bestehen meine Veränderungsmöglichkeiten und wieviel Angst machen diese mir? Von der Beschreibung bis zum Verstehen ist es oft ein langer Weg.

Was es mit dem Spielen auf sich hat und wie gerade das musiktherapeutische Setting dazu beitragen kann, dass Spielraumerfahrungen als etwas Gutes und Gewinnbringendes, seelische-Verletzungen-Heilendes, erlebt werden können, soll im Folgenden untersucht und anhand eines Fallbeispiels veranschaulicht werden.

Zum theoretischen Verständnis meiner Ausführungen möchte ich allen voran die Gedanken des niederländischen Kulturanthropologen und Historikers Johan Huizinga, Autor des 1938 erschienenen Buches „Homo ludens“, stellen. Huizinga beschäftigt sich hierin intensiv mit dem Spielverhalten des Menschen. Er versteht das Spielen als „conditio humana“ und inneren Zustand, Spielverhalten als angeborene, dem Menschen mitgegebene seelische Verfassung. Spielen setze Freiwilligkeit voraus, es verziere das Leben und ergänze andere wichtige menschliche Funktionen. Spielen steigere die Lebensqualität und bringe ästhetische und psychologische Genugtuung mit sich (Huizinga, 1973, S. 12f). Für Huizinga findet Spiel in einem zweckfreien, raum- und zeitbegrenzten Rahmen statt, es hat einen Anfang und auch ein Ende. Spiel [sei] „nicht das „gewöhnliche“ oder das „eigentliche“ Leben, sondern ein aus dem Leben Heraustreten in eine zeitweilige Sphäre von Aktivitäten mit einem eigenen Ziel“ (Huizinga, 1938, zit. nach Wils, S. 54). Umberto Eco kritisiert im Vorwort zur italienischen Ausgabe von 1973 die Tatsache, dass Huizinga mit seinem Begriff „spielen“ zwei unterschiedliche Zustände zusammenfasst, statt, wie in der englischer Sprache üblich, zwischen „play“ und „game“, zu unterscheiden: „play“ in seiner Bedeutung als das „Spielen-an-sich“, das in Verbindung mit Genuss und Auflösung steht und „game“ als das „Spielen als solches“, bei dem Regeln und Wettbewerb eine größere Rolle spielen. Für die Musiktherapie ist diese Unterscheidung durchaus sinnvoll, wenn wir an die Möglichkeit der freien Improvisation einerseits, die Improvisation-mit-Spielregeln oder thematische Improvisation andererseits, denken. Erstere ist dem englischen „play“ sehr nahe, für letzteres trifft der Begriff „game“ besser zu. Beide lösen unterschiedliche innere Zustände bei den Spielenden aus; beide tragen zur Entstehung von Musiktherapiekultur bei.

Ein weiterer bedeutender, ebenfalls niederländischer Autor, ist der Sozialwissenschaftler Lex Wils, dessen Gedanken und Hypothesen zum Thema Spielen in dem Buch „Spielenderweise“ (Wils, 1976) festgehalten sind. Wils geht von einer phänomenologischen Betrachtungsweise aus und beschreibt den werdenden Menschen als einen, der sich die (eigene) Welt durch sinnlich-körperlichen Umgang (mit ihr) erschafft, das heißt, greifend und spürend, dann begreifend und verstehend, oder auch gleichzeitig greifend-begreifend (ebd., S. 30f.). Vom

„Umgang-mit" der Welt hängt die Beschaffenheit der Wirklichkeit ab: ob schnell und überstürzt, ob langsam und vorsichtig, ängstlich oder zutraulich ... Mit Worten lege der heranwachsende Mensch sich und seine Wirklichkeit dann fest, ordnend und wertend, wodurch Formen und Normen, Systeme und Kultur entstünden. Wirklichkeiten könnten auf diese Weise abgerufen und ausgedrückt werden. Wils spricht von „Ver-Wirklichung" und meint damit das Gesamt dieses komplexen Schaffensvorgangs: Begreifen und Festlegen auf der einen Seite, neues Schaffen auf der anderen. Letzteres vollziehe sich, indem neue Verbindungen eingegangen, neue Verhältnismöglichkeiten zugelassen und das Verhältnis zwischen Selbst und Wirklichkeit verschoben würden. Damit Neues entstehen kann, muss Mensch sich auf einen unbekannten „Umgang-mit" einlassen und riskieren. Wils verbindet Risiko mit Kreativität und hält die Welt-Ich-Verbundenheit für eine der Grundvoraussetzungen dafür, dass der Schritt in Richtung Unbekanntes gegangen werden kann (ebd., S. 42f.). Dass der Mensch neben dem Gewohnten immer auch Neues sucht, zeigen Kinder tagtäglich, deren angeborene Neugier sie auch in gefährliche Situationen bringt. Es bedarf einer „guten Führung", um dem natürlichen Bedürfnis nach Veränderung nachzugeben und gleichzeitig Schutz zu gewähren.

Menschliches Dasein wird bestimmt vom Wunsch nach Geborgenheit und Wohlbefinden und der gleichzeitigen Suche nach dem Unbekannten. Die Suche könne nur und erst dann zu einem guten Ende, d. h. Entwicklung und Wachstum, führen, wenn die Welt-Ich-Verbundenheit stehe. Letztere sei der Garant für „Ruhe am Ort" schlechthin (ebd., S. 54). Menschen schaffen Verbindungen zwischen dem Innen und dem Außen. Indem sie dies auf sinn-volle Art und Weise, d. h., die Sinne beanspruchend, tun, entsteht Kreativität. Der heranwachsende Mensch bedient sich seiner spielenden Fähigkeiten, um Verbindungen herzustellen und sie wieder aufzulösen. Das „Auflösen der Welt in Möglichkeiten" wird von Wils als „lust- und leidvoll" zugleich beschrieben. Loslassen und Festhalten sind, wie wir später noch sehen werden, unabdingbar und gehören zum Entwicklungsrepertoire eines jeden Menschen. Aber: Wer Grenzen auflöst, darf keine Existenzangst haben und angstfrei kann nur sein, wer ein sinn-volles Dasein führt, wer spielend sich im Hin und Her zwischen Innen und Außen zu bewegen vermag. Spielen wiederum kann nur, wem es gelingt, echte Welt-Ich-Verbundenheit herzustellen. Wils geht noch einen Schritt weiter, wenn er dafür plädiert, dass Kultur das Ergebnis spielerischen, kreativen und angstfreien Umgangs mit Welt sei. Sie sei „Heimat" der Menschheit ... das Gewebe von Erlebnis und Sinn, worin der Mensch zum Selbst wird und existiert" (ebd., S. 37).

Die amerikanischen Psychoanalytiker und Familientherapeuten Murray Bowen und Michael Kerr sprechen von zwei die Menschen in ihren Beziehungen bestimmenden Kräften, „Togetherness" – dem Wunsch nach Zugehörigkeit, und „Individuality" – dem Wunsch nach Unabhängigkeit (Kerr &

Bowen, 1988, S. 59ff). Beide Wünsche oder Richtungen knüpfen an die vorher erwähnten entwicklungsfördernden Notwendigkeiten des „Festhaltens“ und „Loslassens“ an. Menschen haben das Bedürfnis sich zu verbinden und gleichzeitig eigene Wege zu gehen. Der Wunsch nach Verschmelzung steht deshalb auch nur im scheinbaren Gegensatz zur Suche nach dem Neuem. Beide Kräfte umgeben und bewegen uns. Die Kunst des Lebens scheint darin zu bestehen, ins „emotionale Lot“ zu kommen und die Ko-existenz gegensätzlicher Bedürfnisse zu akzeptieren, statt eines von ihnen zu bekämpfen.

Nach Bowen bestimmt das Verhältnis zwischen emotionalem und intellektuellem System das Maß an Differenzierung des Selbst (ebd., S. 89ff.). Differenzierung, sprich individuelle Entwicklung und persönlicher Wachstum, erfolgt im familiären Kontext. Da, wo emotionale Verbindungen und Abhängigkeiten zu sogenannten „signifikanten Anderen“ bestehen, in Ursprungsfamilie, Partnerschaft und eigener Familie, kann Differenzierung und Individuation geübt werden. Ein gesundes Maß an „Togetherness“ und „Individuality“ setzt Gemeinschaft und Abhängigkeit voraus und kann sich auch nur im Beziehungsgeschehen entwickeln. Individueller und relationaler Prozess bedingen sich gegenseitig. Der Familientherapeut Helm Stierlin bezeichnet diesen Prozess auch als „bezogene Individuation“ (vgl. Ritscher, 2006, S. 7).

Bei einem guten Verlauf der Differenzierung können Individuen zwischen eigenen und fremden Gefühlen unterscheiden, Verantwortung übernehmen für eigenes Tun und Denken, Entscheidungen eigenständig treffen und Risikobereitschaft zeigen. Voraussetzung hierfür ist ein gesundes Grundvertrauen. In Anlehnung an die weiter oben beschriebenen Ausführungen von Lex Wils ist zu vermuten, dass hiermit die wachsende Welt-Ich-Verbundenheit gemeint ist: Austausch, Risiko und Kreativität gehen zusammen, das Wesen ist zum Spielen bereit, „game“ und „play“, es kann beides: loslassen und festhalten. Es hat erlebt, dass es gut-geführt und gut-gelassen wurde.

Bei einem ungünstigen Verlauf ist das Gegenteil der Fall. Zu starke „Togetherness“ oder zu starke „Individuality“ führen, statt zu Differenzierung, zu Verschmelzung und fehlender Autonomie oder zu Isolation und Pseudoautonomie. Der Mensch befindet sich wie in einem selbst bereiteten „emotionalen Gefängnis“ und ist nur eingeschränkt handlungs- und denkfähig. Gegenüber signifikanten Anderen verspürt er Angst und erlebt bedrohliche Gefühle. Risiken können nicht wirklich eingegangen werden, denn da, wo kein Halt ist, kann nicht losgelassen werden. Aus Halten wird Klammern, Loslassen wird zu Verlassen, Führen zu Ver-führen. Die Welt-Ich-Verbundenheit ist brüchig, die Spielverfassung eingeschränkt und Spielen mit Angst besetzt.

Unser erstes Fazit muss deshalb an dieser Stelle lauten: Welt-Ich-Verbundenheit und Beheimatung sind Voraussetzungen zum freien Spiel(en): play. Sie sollten beim Therapeuten als Grundausrüstung vorhanden sein, beim beziehungs-leidenden „unbeheimateten“ Menschen müssen sie jedoch erst noch entwickelt werden. Für die musiktherapeutische Behandlung bedeutet dies, dass „play“ zunächst als Ziel und nicht als Voraussetzung gegeben ist. Erste Spielangebote könnten auf der Ebene von „game“ gemacht werden.

Der von der Psychoanalytikerin Eva Jaeggi (1989) als spezifischer Wirkfaktor der Psychotherapie bezeichnete zweckfreie, die präsentative Symbolik begünstigende Raum, ist in der Musiktherapie ebenfalls vorhanden. Der musiktherapeutische musikalisch-relational-emotionale Spielraum kann derart beschaffen sein, dass zwischen Festhalten an und Loslösen von Tönen oder Instrumenten handelnd, fühlend oder denkend sich hin und her bewegt wird. Um zum Spielen-des-Spielens-wegen oder zweckfreiem Spielen zu gelangen, muss Vorarbeit in Form von „gutem Halt“ geleistet werden. Zum Beispiel, indem Grundbedürfnisse erkannt und durch die Haltung des Therapeuten und der Therapeutin adäquat „bedient“ werden. Nach Grawe (2004) handelt es sich um die Bedürfnisse nach Bindung, Kontrolle und Orientierung, Selbstwerterhöhung und Lustgewinn. Nichtbefriedigung führt zu Inkonsistenz, zu unauflösbaren Spannungen, Ängsten, innerer Unruhe und ständiger „Suche-nach“. Dass eine Welt-Ich-Verbundenheit und „Ruhe am Ort“, wie oben beschrieben, nicht eintreten können, während der Mensch auf der Suche nach Befriedigung existentieller Grundbedürfnissen ist, ist nachvollziehbar. Für uns und die musiktherapeutische Praxis bedeutet es Befangenheit und eingeschränktes Spielverhalten bei Patient und Patientin bei einer Spielverfassung, die Exploration und Improvisation nicht unmittelbar zulässt.

Beheimatung im musiktherapeutischen Spielraum – wie kann das vor sich gehen? Wie können Umgang mit- und Behandlung von Wirklichkeit derart gestaltet sein, dass ein nahrhafter Boden, ein fester Grund und eine stabile Bühne geschaffen werden?

Ein Beispiel aus der Gruppenmusiktherapie soll einen Einblick in die allmähliche Werdung einer angstfreien Spielverfassung gewähren.

Das Beispiel ist einer Kurzzeitgruppenmusiktherapie von insgesamt sechs Sitzungen entnommen. Von den sieben Patientinnen waren fünf stationär und zwei tagesklinisch in einer psychosomatisch-psychotherapeutischen Klinik untergebracht. Bis auf eine von ihnen (48) lag das Alter zwischen 21 und 31 Jahren. Es handelte sich um eine geschlossene Gruppe und die Patientinnen nahmen neben der Musiktherapie in der gleichen Gruppenzusammensetzung einmal wöchentlich an der Analytischen Gruppe teil. Die analytischen Einzeltherapiesitzungen fanden dreimal wöchentlich statt. Die Störungen gingen von somatischen Beschwerden wie Übelkeit und Schmerzsymptomatik bis hin zur depressiven Episode, Panikattacke, Zwangssymptomatik oder Essstörung. Bei allen Patientinnen deutete sich eine schwere Selbstwertproblematik an bei gleichzeitig hohem Leistungsanspruch. Einige Patientinnen hatten intrafamiliäre Gewalt erlebt, alle kamen aus dysfunktionalen Familien. Das Strukturniveau nach OPD-2 war als niedrig bis mittel eingestuft.

Alle sechs Sitzungen und ihre Abläufe werden zusammenfassend beschrieben. Im Mittelpunkt stehen das Was und das Wie der von der Gruppe erlebten Handlungs- und Wahrnehmungsprozesse, ebenso die auf „Umgang-mit" und Aneignung bezogenen Reflexionen. Die für das seelische Wachstum als unerlässlich erachtete therapeutische Haltung sollte aus den Beschreibungen ebenfalls hervorgehen, von der Wertschätzung und einem angemessenen Maß an „guter Führung" (Halten), um Stabilität und Entwicklung von Urvertrauen zu begünstigen, bis zur Ermöglichung von Selbstwirksamkeit (Loslassen) und Autonomie ohne Überforderung (letzteres würde bedeuten: die Patientinnen zu früh sich selbst zu überlassen, sie zu verlassen).

Fallbeispiel

Therapiebeginn: *die Patientinnen werden vor Gruppenstart von der Musiktherapeutin zu einem Vorgespräch eingeladen. Dieses findet im Musiktherapieraum statt und dient dem Zwecke des gegenseitigen Kennenlernens, der Orientierung und der Bekanntschaft mit dem Spielraum als solchem. Die Musiktherapeutin erhebt eine kurze musikbiografische Anamnese und gibt der Patientin die Möglichkeit, Fragen im vorab zu klären.*

Spielraumerfahrung I: *das WAS erkunden, heißt, den Spielraum kennenlernen, Material und Personen wahrnehmen, sich mit der Situation multisensorisch befassen, sie er-fassen und be-greifen.*

Sitzung 1: Die Patientinnen sind eingeladen, die Instrumente kennenzulernen und durch Anfassen, Ertasten und Berühren zum Klingen zu bringen. Es geht um eigenständige Erkundigung und Exploration, dann um die Vorstellung des ausgewählten Instrumentes, die Beschreibung des Klanges – Was habe ich gehört? Was habe ich gemacht? – und die Überlegung, was mich zu diesem Instrument geführt hat. In einer zweiten Runde soll eine „Klangkette" gebildet werden, indem die Klänge aller Teilnehmerinnen wortlos aneinandergereiht werden. Die Aufmerksamkeit ist gezielt auf die Wahrnehmung der unterschiedlichen Klangqualitäten gerichtet und darauf, wie die Klänge sich folgen, was sie miteinander zu tun haben. Auch hier folgen erste Beschreibungen zum Erleben, mit wenigen Worten geben die Patientinnen ihre ersten Eindrücke wieder. Anschließend die Einladung, in den Zweierkontakt zu gehen und sich im Dialog auszuprobieren. Zwei, die nebeneinander sitzen, sollen zusammen spielen, gleichzeitig oder abwechselnd, während die anderen zuhören und später beschreiben, was sie gehört und gesehen haben. Als letzte Intervention gibt die Therapeutin einen Rhythmus vor, der von allen aufgenommen werden soll.

Instrumentenwahl: 2 kleine Rainmaker, 2 Rasseln, 1 Holzbox, 2 Djemben; die Therapeutin: Djembe. Die Spielweise: Spielbereitschaft bei gleichzeitiger Angst und Hemmung, vorsichtiges, leises und gebremstes Spiel.

***Spielraumerfahrung II**: das WAS und das WIE genauer erkunden, heißt, den Spielraum zu erweitern und den „Umgang-mit" – mit sich, den anderen und den Instrumenten – beobachten. Sich und andere erleben, sich mit den anderen erleben, Wirkungen und Einwirkungen nachspüren.*

In der 2. Sitzung geht es um noch mehr Erkundigung und Umgang-mit Wirklichkeit, dazu gehören u. a. die Variationen des Zusammenspiels. Die Sitzung beginnt, an die vorige Sitzung anschließend, mit einem rhythmischen Zusammenspiel. Im Anschluss soll ein Imitationsspiel stattfinden, in dem jede Teilnehmerin einen eigenen Rhythmus findet, den die anderen imitieren. Das heißt, was und wie muss ich spielen, damit die anderen mir folgen können? Es folgen instrumentale Dialoge, die Erfahrung der letzten Sitzung festigend, danach als neue Intervention: Zu-dritt-Spielen oder Trio. Auch hier: Wie muss ich mich verhalten und welche Rolle habe ich im Dreiergefüge?

Instrumentenwahl Trio 1: Arquin[1]*, Schellenring, Kalimba; Trio 2: kleine Rassel, Kantele, Djembe.*

Beim Spielen im Trio entstehen die ersten lustvollen Erfahrungen. Gleichzeitig fördert es die Entstehung eigener Gedanken und Reflexionen. Es zeigt, wie die einzelnen Teilnehmerinnen sich entweder ganz anpassen oder „als Dritte im Bunde" isoliert spielen und nicht wissen, „wie ´reinzukommen". Das Ende der Trios scheint willkürlich, die Teilnehmerinnen beschreiben es als „einfach aufhören", „Instrument einfach weglegen" oder „flutsch, da war es weg". Unverbundenheit wird spürbar, sowie fehlende Zugehörigkeit, wodurch keine „gute" Trennung möglich zu sein scheint. Diese könnte im besten Fall durch allmähliches gemeinsames langsamer – oder leiser werden eingeleitet werden. Sich bedingende Hilflosigkeit in Bindung und Trennung tauchen auf; in dem einen Trio wird das schnelle Trommeln als Flucht wahrgenommen.

***Spielraumerfahrung III**: sich als Teil der Welt wahrnehmen, darin die eigene Identität spüren und entwickeln, ihr den genügenden Raum geben, sich abzugrenzen und die Einheiten „meins", „deins", „unseres" spüren. In der Gruppe aufgehen und vertrauen, ohne sich zu verlieren.*

In der 3. Sitzung geht es um die differenzierte Erkundung von Klangqualitäten, indem auf zwei verschiedenen selber ausgewählten Instrumenten zarte und harte Klänge ausprobiert werden sollen. Der zarte Klang soll dann an die anderen abgegeben und die Rolle der Gebenden und der Bekommenden/Nehmenden erlebt werden. Die spielend-gebende Teilnehmerin geht hinter den anderen im Kreis entlang und bespielt diese mit ihrem Ton. Was ist mir angenehmer: geben oder nehmen? Dann auch: Wie nahe muss ich herangehen oder wie viel Distanz

---

[1] Chilenisches Stabglockenspiel.

muss ich wahren, damit der Klang die andere „gut" erreicht. Nähe-Distanz-Regulierung und Mentalisierung sind gefördert. Danach folgt die Einladung zum gemeinsamen crescendo-decrescendo-Spiel mit der anschließenden Frage: Wie lustvoll können leises und lautes Spiel sein? Was kann ich zulassen? Wieviel Vertrauen ist da, um „mitzugehen" und wie viel Kontrolle ist weiterhin nötig?

***Spielraumerfahrung IV:** Reflexion und Verstehen, Gegensätzliches akzeptieren und aushalten können, die eigene Identität stärken, Autonomie und Selbstwirksamkeit fördern, „geregelte Freiheit".*

Die 4. Sitzung beginnt mit einem Gespräch darüber, was Musiktherapie ist. Die Patientinnen wollen noch besser verstehen, was sich abspielt. Dann sollen sie ihr bisheriges Lieblingsinstrument auswählen und spielen. Die Gruppe gibt Rückmeldungen: Worin könnte die Verbindung zwischen Person und Instrument bestehen? Stimmen Selbst- und Fremdwahrnehmung überein? Wie erleben mich die anderen? Beispiele: „Außen hart, innen zart und weich" (Arquin); „klein aber schrill" (Triangel); „harmlos, aber mit aggressivem Potential" (Glockenspiel); „unscheinbar und doch interessant" (Frosch). In einer gemeinsamen Improvisation soll das von einer Patientin gewünschte „Chaos" eingebaut werden: Auf einen gleichförmigen Rhythmusteil (A) soll ein Chaosteil (B) folgen, danach wieder (A). Die Therapeutin greift den Wunsch der Patientin auf und materialisiert ihn, sie muss den Rest der Gruppe zum Ausprobieren ermuntern, gleichzeitig die Angst einzelner vor dem Chaosspiel ernst nehmen. Das Aushandeln der Spielregel unter Berücksichtigung verschiedener Wünsche wirkt kohäsiv und vertrauensstärkend.

***Spielraumerfahrung V:** Selbstwirksamkeit, Reflexion und Verstehen, eigene Identität finden, Nähe und Distanzregulierung, Bedürfnis nach Zugehörigkeit und Autonomie wahrnehmen.*

Die 5. Sitzung ist für 4 Patientinnen gleichzeitig die Abschiedssitzung. Drei von ihnen haben eine Musik mitgebracht, die sie den anderen vorspielen werden. Sie zeigen sich durch ihre Musik, lassen andere an ihrer inneren Welt teilhaben. Die Gruppenmitglieder tauschen nach dem Hören ihre Eindrücke aus. Sie sind eingeladen, sich gegenseitig Fragen zu stellen und sich aufeinander zu beziehen. Eigenes darf/soll ausgesprochen und dem der anderen gegenübergestellt werden. Die Musikbeschreibungen sind wertfrei und aussagestark. Beschreibung Stück 1: „kraftvoll nachdenklich"; Beschreibung Stück 2: „Kraft und Schmerz"; Beschreibung Stück 3: „Verbot und Lust". Als Abschiedsritual soll eine horizontale Instrumentenskulptur gebildet werden. Jede kann ein oder mehrere Instrumente so platzieren, dass sie sich an diesem Ort gut fühlt und sich identifiziert. Einige Instrumente bleiben unverbunden, liegen ganz einfach nebeneinander da, andere stehen in direktem Kontakte zueinander: Drei Djemben stehen aufrecht nebeneinander und sollen Schutz bieten, der Frosch sitzt auf einer der Djemben und schaut hinunter, er soll den Überblick behalten, das Arquin ist an eine der

Djemben angelehnt und stützt sich ab, die Kantele liegt in der Mitte und soll von da aus auch etwas oder jemanden beschützen, der Stab der Triangel dringt in diese ein. Die Gruppe nennt die Gestalt am Ende: „vorsichtige Annäherung“.

***In der 6. Sitzung** werden weitere drei Stücke angehört und, wie in der vorigen Sitzung, verbal-emotional beschrieben und bearbeitet. Die Beschreibungen sind folgende: Stück 1: „Außen Prinzessin – innen Rumpelstilzchen“; Stück 2: „Außen hart – innen weich“; Stück 3: „Liebevoll und direkt“.*

Danach verbleiben 20 Minuten Zeit und die Therapeutin lädt die Patientinnen ein, etwas Eigenes selbst zu gestalten, sich abzusprechen. Sie wünschen sich eine kurze Pause, da das vorangehende Anhören und Besprechen sehr intensiv waren. Am Ende wünschen sie sich ein gemeinsames Abschlussstück. Instrumentenwahl: Klanghölzer, Arquin, Kantele und Glockenspiel. Therapeutin: Djembe. In der ersten Minute kommen die Töne einzeln aufeinander zu, sehr vorsichtig und zart, sich suchend. Allmählich klingt es zielgerichteter und intentionaler. Nach einer Minute spielt die Therapeutin einen sanften stabilen Rhythmus auf der Djembe dazu, die Klanghölzer nehmen den Rhythmus an, zart begleitend. Die Kantele spielt ebenso zart und luftig, ebenso das Arquin. Auffallend bei diesem Instrument, dass es das Ganze im Alleingang beendet, und dabei über den Grundton hinaus spielt, wie unvollendet. Das Glockenspiel tapst während der ganzen freien Improvisation sehr unsicher durch die Musik, mit einzelnen scheinbar unabhängigen Tönen, wird aber von den anderen mitgetragen. Die Musik wird aufgenommen und angehört. Eine Patientin beschreibt sie danach als „Spiegel der Gruppendynamik“: erst ungeordnet und getrennt, dann mehr zusammen und kräftiger („Vom gleichzeitigen Herumgeklimpere zum gemeinsamen Spielen“). Das Gegenübertragungsgefühl der Therapeutin ist das der Fürsorge. Sie sieht sich als Betreuerin – nicht als Mutter – einer Gruppe kleiner Kinder, die noch bei der Hand genommen werden müssen: um zusammen zu kommen und eine Weile zusammen zu bleiben (gemeinsam Spielen).

Wenngleich die Gruppe nur in sehr kleinen Schritten vorangekommen ist, hat sich bei den meisten Teilnehmerinnen etwas bewegt. Erste Ansätze zumindest einer Bezogenheit, einer Verbundenheit und zunehmendes Vertrauen in die eigene Person haben in unterschiedlichem Maße stattgefunden – immer noch weit entfernt von der zu Anfang beschriebenen existentiellen „Ver-Wirklichung“ und echten Kreativität, im Sinne von Neues schaffen durch Loslassen und neue Verbindungen eingehen. Dem zarten Selbst steht die harte Wirklichkeit gegenüber, die abgewehrt werden muss, um nicht noch mehr Schaden zu erfahren. Musiktherapeutinnen können zur Entwicklung und Stärkung des verletzten Selbst beitragen, wenn sie vom „Spielen als-solches“ (game) erst allmählich in das „Spielen-an-sich“ (play) übergehen, wenn sie musikalischen Halt und Boden geben, statt überfordernde Freiheit anzubieten. Die kann erst dann beginnen, wenn Wurzeln geschlagen sind.

Literatur

Grawe, Klaus (2004). *Neuropsychotherapie.* Bern, Göttingen: Hogrefe.

Huizinga, Johan (1973). *Homo Ludens.* Torino: Einaudi.

Jaeggi, Eva (1989). Das präsentative Symbol als Wirkfaktor in der Psychotherapie. *Forum der Psychoanalyse* 5(2), S. 140–152.

Kerr, Michael & Bowen, Murray (1988). *Family Evaluation.* New York: Norton.

Ritscher, Wolf (2006). Das Tun des Einen ist das Tun des Anderen. Helm Stierlins Beiträge zur Entwicklung von Theorie und Praxis der Familientherapie. *KONTEXT – Mitgliedszeitschrift der Deutschen Gesellschaft für Systemische Therapie, Beratung und Familientherapie* e. V. 37,1, 5–22.

Wils, Lex (Hrsg.) (1977). *Spielenderweise.* Wuppertal: Hans Putty.

Spielräume wiederfinden – Musiktherapie mit ängstlichen Patienten

Katharina Nowack

Wir alle kennen Ängste in einem kleineren oder größeren Ausmaß: Einige haben Angst vor dem Zahnarzt, andere sind ängstlich oder haben Lampenfieber vor einem Konzert oder einer wichtigen Prüfung, andere spüren Angst vor Flugreisen und sind erleichtert, wenn sie nach einem längeren Flug wieder festen Boden unter den Füßen spüren. Angst kann uns schützen, sie hindert uns daran, waghalsige Dinge zu tun. An einer großen Verkehrsstraße beobachten wir die Autos, bevor wir die Straße überqueren. Die Angst vor einem Unfall schützt uns und sorgt u. a. dafür, dass wir uns im Straßenverkehr verantwortungsvoll verhalten. Manchmal kann Angst sogar unsere Leistung steigern, z. B. bei dem wichtigen Konzert, bei dem uns eine gewissen Ängstlichkeit und Aufregung und das dadurch ausgeschüttete Adrenalin beim Musizieren „über uns hinaus wachsen" lässt und wir so unter Umständen sogar eine bessere Leistung erbringen als bei der Generalprobe.

Es gibt jedoch Menschen, die über die genannten Ängste hinaus, jeden Tag sehr viele und sehr stark ausgeprägte Ängste haben. Pathologisch wird das Gefühl der Angst dann, „wenn kein objektivierbarer Grund für diese Angst vorhanden ist oder ihre Intensität nicht in einem sinnvollen Bezug zum Auslöser steht" (Bergenthal & Hemmer-Torhorst, 2015, S. 11). Die Ängste sind so stark, dass sie das Leben der Menschen bestimmen, sie einengen und ihnen jeglichen Spielraum nehmen. Dies sind z. B. Menschen, die so große Angst vor Menschenansammlungen haben, dass sie ein Jahr ihr Haus oder ihre Wohnung nicht verlassen haben oder Menschen, die aus Angst vor einer möglichen Panikattacke nur noch mit ihrem Partner zusammen auf die Straße gehen, die ihren Beruf aufgegeben haben aus Angst, Straßenbahn oder Bus zu fahren. Solche Patienten begegnen mir immer wieder in der Musiktherapie in der Psychiatrie, wo ich unter anderem auf einer Station für Patienten mit Ängsten, Zwängen und psychosomatischen Erkrankungen arbeite. Ich biete dort eine Gruppenmusiktherapie an, außerdem besteht die Möglichkeit für Einzelmusiktherapien. Es handelt sich um eine halboffene Gruppe mit durchschnittlich sechs, höchstens jedoch acht Patienten, die zweimal die Woche für 50 Minuten an der Gruppe teilnehmen. Die Musiktherapie ist eine von verschiedenen Therapiemöglichkeiten auf der Station, neben Einzelgesprächen, Gesprächsgruppen (z. B. einer tiefenpsychologischen Gesprächsgruppe oder einer Gruppe für soziale Kompetenzen), Psychoedukation, Kunsttherapie oder Bewegungstherapie. Jeder Patient erhält einen individuellen Therapieplan, angepasst an seine Symptome und Therapieziele. Die Musiktherapiegruppe findet dienstagsnachmittags und donnerstagsvormittags statt. Am Dienstagmittag erfahre ich im Therapiegespräch, bei dem sich alle behandelnden Therapeuten, Ärzte und Pfleger zusammensetzen, welche Patienten in dieser Woche neu in die Gruppe einsteigen.

Viele Patienten auf der Station haben eine Angsterkrankung. Einige leiden unter einer generalisierten Angststörungen, haben also eine eher diffuse Angst, dass ihnen oder ihren Angehörigen etwas Schlimmes passieren könnte, andere haben Panikattacken. Hierbei haben Patienten verschiedene Symptome wie starkes Schwitzen, einen erhöhten Puls, Herzschmerzen oder Schwindel, oft verbunden mit der Angst, sterben zu müssen. Andere Patienten leiden an einer Agoraphobie und haben Angst vor großen Ansammlungen von Menschen oder an einer sozialen Phobie und haben in Gruppen mit anderen Angst davor, negativ aufzufallen und meiden daher solche Situationen. Einige Patienten durchleben auch verschiedene Ängste (z. B. Agoraphobie und Panikattacken).

Bevor ausführlicher auf die Musiktherapie mit ängstlichen Patienten eingegangen wird, soll kurz die psychodynamische Sicht auf Ängste und Angsterkrankungen verdeutlicht werden.

Psychodynamische Sicht auf Angsterkrankungen

Der griechisch-deutsche Neurologe, Psychiater und Psychoanalytiker Stavros Mentzos hat sich unter anderem auch mit Angsterkrankungen aus psychodynamischer Perspektive beschäftigt. Kleinkinder sind häufig mit diffusen Angstzuständen konfrontiert, im Laufe der gesunden Entwicklung jedoch reift die Angstreaktion: „von der diffusen Angst zur konkreten Furcht“ (Mentzos, 1993, S. 14). Gesunde erwachsene Menschen können ihre Angstreaktionen kontrollieren und werden gewöhnlicher Weise nicht von diffusen Ängsten geplagt: „Die Fähigkeit zur sinnvollen Kontrolle der Angst ist ein Indikator, ein Maß für die Ich-Reife“ (Mentzos, 1993, S. 15).

Mentzos spricht von dem „angstneurotischen Anfall“, den man heute eher als Panikattacke beschreiben würde. Er nimmt an, dass dem angstneurotischen Modus eine *Selbstverlustangst* zugrunde liegt, also die Angst, sich selbst, das Gefühl für Identität, zu verlieren. Diese Selbstverlustangst zeigt sich jedoch in der Angst vor dem angeblichen Versagen körperlicher Funktionen (Herzangst, Angst vor Schwindel o. ä.) oder vor der Angst vor der Angst. Die Angst wird so zwar im vollen Umfang erlebt – und ist auch für die Außenwelt wahrnehmbar und sichtbar – aber die eigentliche Quelle der Angst (die Angst vor dem Selbstverlust) wird nicht bewusst. Die Todesangst des Angstneurotikers, der bei einer Panikattacke glaubt, sterben zu müssen, ist also eine verschobene Angst:

> „Die manifeste Angst ist nur eine Konkretisierung und die symbolhafte Darstellung des eigentlich gefürchteten symbolischen Selbstverlustes“ (Mentzos, 1993, S. 22).

Doch wie genau kommt es zu der Selbstverlustangst? Mentzos ist der Ansicht, dass die häufigsten Auslöser angstneurotischer Symptomatik faktische oder symbolische Trennungssituationen seien (z. B. der Tod einer nahestehenden Person oder die Trennung vom Partner). Diese Menschen erleben einen Verlust nicht mit seelischem Schmerz oder Trauer (wie dies vermeintlich gesunde Menschen tun würden), sondern mit existentieller Angst. Von der verlorenen Person ging ein so großes Sicherheitsgefühl aus, dass der Verlust sehr bedrohlich erlebt wird. Die verlorene Person hatte eine große *Selbstobjektfunktion*. Verschiedene Menschen, aber auch Interessen, Hobbys oder die Arbeit können eine Selbstobjektfunktion haben, wenn diese sehr eng mit dem Selbst verknüpft sind, also in der Beziehung Funktionen haben, „die das Selbstgefühl wecken, aufrechterhalten oder positiv beeinflussen“ (Bacal & Newman, 1994, S. 279). *Selbstobjekte* stärken also das Selbst, sie werden als untrennbar mit dem Selbst wahrgenommen. Wenn nun dieses als sehr sicher empfundene Objekt verloren geht, entsteht für die betroffene Person der Eindruck, als würden Teile ihres Selbst verloren gehen.

Im Laufe der gesunden Entwicklung entwickelt sich eine *Objektkonstanz*, hiermit sind alle Selbstobjekterfahrungen gemeint, die ein Mensch in seiner Entwicklung sammeln und verinnerlichen konnte. Wenn Menschen über eine gute und stabile Objektkonstanz verfügen, erleben sie den Verlust einer nahestehenden Person (mit großer Selbstobjektfunktion) sicherlich trotzdem mit viel Schmerz und Trauer, jedoch haben sie nicht unbedingt den Eindruck, als würden sie Teile ihrer Selbst verlieren.[1]

Es besteht die Annahme, dass viele Menschen mit Angststörungen Verluste deswegen so extrem erleben, weil sie in ihrer Kindheit nur eine mangelhafte Objektkonstanz ausbilden konnten. Wenn ein sicheres Objekt verloren geht, entsteht so für den Patienten der Eindruck, als würde auch ein Teil von ihm selbst verloren gehen: Die Selbstverlustangst entsteht also dann, wenn unter bestimmten Bedingungen die Schwäche der Objektkonstanz deutlich wird (vgl. Mentzos, 2011). Mentzos nennt in diesem Zusammenhang auch den Begriff der „blassen“ Objektkonstanz (Mentzos, 1993, S. 21).

Laut Mentzos könne die Angst des Angstneurotikers auch mit der Achtmonatsangst des Säuglings verglichen werden: Es wird in beiden Fällen die Gefahr erlebt „durch die Trennung oder den Verlust des Sicherheit bietenden Anderen, sich selbst zu verlieren“ (Mentzos 1993, S. 21). Mentzos nennt drei wichtige Kriterien einer Angstneurose bzw. eines angstneurotischen Anfalls:

[1] Für eine genauere und umfassendere Erklärung der Selbstpsychologie und der Objektbeziehungstheorien vgl. z. B. Tüpker (2003) oder Bacal & Newman (1994).

1. Es gibt eine Schwäche der Objektkonstanz
2. Es gibt einen drohenden oder erfolgten Objektverlust
3. Die Angst vor dem Verlust der Selbstrepräsentanz wird als Angst um die physische Existenz erlebt

Als einen Grund dafür, dass angstneurotische Patienten keine stabile Objektkonstanz entwickeln konnten sieht Helen Schoenhals, dass in der Kindheit des Patienten Affekte vermieden wurden und deswegen keine ausreichenden Affektrepräsentanzen gebildet werden konnten. Schoenhals verdeutlicht: „Wenn Affekte vermieden und Beziehungsaspekte verleugnet werden, flacht die Interaktionserfahrung ab und kann nicht als Repräsentanz verinnerlicht werden“ (Schoenhals, 1993, S. 37).

So kommt es zu einer Schwäche der Objektkonstanz bzw. zu einer „blassen“ Objektkonstanz. Dies sei auch der Grund dafür, dass Angstneurotiker in Situationen, in denen andere mit Affekten reagieren würden (z. B. Trauer um den Verlust einer nahestehenden Person), mit körperlichen Symptomen reagieren und Affekte vermeiden: Schoenhals fasst das Dilemma des Patienten zusammen:

> „Er kann keine sicheren Repräsentanzen ohne ausreichendes Affekterleben entwickeln; doch vermeidet er Affekte, denn die altbekannte Interaktion, die er ständig aktualisiert, besteht aus Affektvermeidung“ (Schoenhals, 1993, S. 40).

Mentzos ist auch der Ansicht, dass viele angstneurotische Patienten verdrängte aggressive Affekte haben. Affekte werden generell eher vermieden und insbesondere „negative“/ „gefährliche“ Affekte wie Ärger oder Wut werden von den Patienten kaum wahrgenommen. Aggressionen, aber auch schon Autonomiebestrebungen gegen die wichtigen Objekte müssen verdrängt werden, da der Patient ansonsten Angst hat, das Sicherheit bietende Objekt zu zerstören (vgl. Mentzos, 2011, S. 177).

Dorothee Vogel (1993) geht ausführlicher auf den Zusammenhang zwischen Aggressivität und Angstneurose ein. Sie stellt fest, dass viele angstneurotische Patienten freundlich und umgänglich wirken, Konflikten eher aus dem Weg gehen und ein großes Harmoniebedürfnis haben. Manchmal würden sie trotz dieser Selbsteinschätzung allerdings auch anderes Verhalten zeigen: z. B. destruktives Verhalten unter Alkoholeinfluss; lautes Verhalten, große Ungeduld oder sehr aggressive Träume. Vogel resümiert daraus, dass aggressiv-destruktive Gefühle nicht in die erwachsene Persönlichkeit integriert zu sein scheinen, sich jedoch auf andere Art und Weise ihren Weg bahnen würden.

Eine Begründung für diese Entwicklung findet Vogel in den Ausführungen Bowlbys: So gebe es unbearbeitete problematische Trennungssituationen in der Kindheit (in der Kleinkindzeit): Die Mutter verlässt das Kind, obwohl sich dieses in einem heftig erregten Zustand befindet, aus dem es alleine nicht heraus kommt. Laut Bowlby entstehe hier „dysfunktionale Wut“. Wenn Angstpatienten nun im Erwachsenenalter wieder Trennungssituationen erleben, wird dieser traumatische Zustand wiedererlebt, „wobei die Wut nicht bewußt ist, sondern nur die Folge dieser Wut als vernichtendes Gefühl von Hilflosigkeit und Angst“ (Vogel, 1993, S. 79). Angstneurotische Patienten zeigen kaum Autonomie-/Individuationsbestrebungen, ziehen sich von allem zurück. Vogel beschreibt dies so:

> „Die Patienten verhalten sich, auch wenn sie körperlich gesund sind, wie schwerbehinderte Menschen. Sie wirken wie Zuschauer am Rande des pulsierenden Lebens“ (Vogel, 1993, S. 80).

Dies alles machen sie, um im symbiotischen Kontakt mit dem Partner (oder der Mutter, dem Vater) zu bleiben. Sie müssen dabei „ein hohes Maß an Verleugnungsarbeit leisten, um Wünsche nach Selbstständigkeit zu kontrollieren“ (Vogel, 1993, S. 81). Sicherlich können auch diese unerfüllten Wünsche unglücklich und wütend machen:

> „Somit ist eine weitere Wurzel für die starken archaischen Wut- und Haßgefühle unserer Patienten mit dem abgewehrten Wunsch nach Individuierung und Separation zu suchen“ (Vogel, 1993, S. 81).

Musiktherapie mit ängstlichen Patienten

Es folgt zunächst eine kurze Fallvignette aus der Musiktherapie.

> *Frau Schenk ist 34 Jahre alt und war bereits häufiger aufgrund starker Ängste und wiederkehrenden Panikattacken in unserer Klinik. Ihre erste Panikattacke hatte sie kurz nach der Trennung von ihrem damaligen Partner. Frau Schenk ist gelernte Friseurin, hat mit Anfang 30 dann noch ein Studium begonnen und ist gerade dabei, ihren Bachelor abzuschließen. Sie wohnt nun in einer kleinen Wohnung zusammen mit ihrem aktuellen Partner, hat ansonsten allerdings kaum soziale Kontakte, zieht sich viel zurück. Sie hält sich nicht gerne in Menschengruppen auf, hat große Angst davor, von anderen negativ bewertet zu werden. Frau Schenk wirkt im Kontakt häufig nervös und unsicher, zuckt immer wieder. Dies ist auch ein Grund, weshalb sich ihre soziale Phobie entwickelt hat.*
>
> *Frau Schenk nimmt gerne an der Musiktherapie teil – auch in ihrer jetzigen Behandlung. Als sie in die Klinik aufgenommen wird, bin ich noch im Urlaub und meine Kollegin vertritt die Gruppe. Meine Kollegin gibt mir die Rückmeldung, dass Frau Schenk sehr „abhängig“ von anderen musiziere, Rhythmen von anderen nachspiele und wenig Eigenes ausprobiere. Als ich nach meinem Urlaub die erste Musiktherapiestunde anbiete, bin ich zunächst positiv überrascht, dass Frau Schenk im Kontakt relativ offen und locker wirkt. Sie sagt, dass sie heute*

wütend sei und dies gerne mal musikalisch ausdrücken würde. Sie nimmt sich für die erste Improvisation in der Gruppe eine Djembe, musiziert relativ laut und dynamisch und nimmt in der gemeinsamen Musik eine dominierende Rolle ein. Auch in den darauf folgenden Stunden improvisiert Frau Schenk immer weniger „abhängig" und scheint auch Eigenes auszuprobieren.

In ihrer 5. Musiktherapiestunde geht Frau Schenk an das Klavier. Sie wirkt beim Spielen sehr vertieft, in ihrem Element, sitzt mit dem Rücken zur Gruppe und scheint mehr für sich zu spielen als im Kontakt mit den anderen zu sein. Sie spielt eine melancholische, berührende Melodie. Hinterher beschreibt Frau Schenk, dass sie beim Musizieren ganz bei sich gewesen sei und mal gar nicht darauf geachtet habe, was die Gruppe gemacht habe. Dieses „unangepasste Musizieren" habe sie genossen, es habe ihr Spaß gemacht! Auch in den nächsten Stunden geht Frau Schenk immer wieder an das Klavier, sie improvisiert zunehmend experimentell, probiert vieles aus, musiziert auch mal wütend und wild. Beim Hören der Aufzeichnung der gemeinsamen Musik im Anschluss scheint sich Frau Schenk häufig zunächst unwohl zu fühlen: Sie erlebt sich selbst als egoistisch, da sie einfach für sich gespielt habe, ohne auf andere zu achten – das passe eigentlich gar nicht zu ihr. Von den Mitpatienten bekommt sie immer wieder die Rückmeldung, dass ihre Musik gar nicht egoistisch geklungen habe, sondern sehr schön und bereichernd für die Gruppe.

Mit der Zeit traut sich Frau Schenk immer mehr auf dem Klavier zu: Sie improvisiert laut und „wild" und scheint zunehmend Mitpatienten mit ihrer Spielfreude anzustecken: Das Klavier ist in der Gruppe zum Symbol geworden für „für sich einstehen" oder für das „Ausbrechen aus der Harmonie". Verschiedene Patienten spielen nun gerne auf dem Klavier. Frau Schenk reflektiert immer wieder, wie sehr sie das freie und wilde Improvisieren genieße – dies sei ein großer Gegensatz zu dem, wie sie sich sonst in ihrem Alltag erlebe. Immer wieder braucht sie jedoch die Bestätigung der Gruppe, dass es auch wirklich in Ordnung ist, so „egoistisch" zu improvisieren. Es wird immer wieder Thema, wie auch im Alltag ein „gesunder Egoismus" gelingen könnte. So probiert sich Frau Schenk in der Musiktherapie immer wieder aus. Sie entdeckt neue und andere Seiten an sich, die durch ihre Angsterkrankung lange versteckt waren. Vielleicht wird es ihr auch bald im Alltag gelingen, für sich einzustehen, sich Raum zu nehmen, und Spielraum zu erleben, ohne dabei ein schlechtes Gewissen zu haben.

In meiner Musiktherapiegruppe mit vor allem ängstlichen Patienten zeigt sich in der Gruppe zu Beginn häufig vor allem ein großes Harmoniebedürfnis: Die Patienten improvisieren sehr vorsichtig, zurückhaltend, sind sehr darauf bedacht, keine „Fehler" zu machen und nicht die Harmonie der Gruppe zu stören. Es entstehen oft sehr „schöne", harmonische Improvisationen. Auf der einen Seite wird die Harmonie und die Gemeinschaft in der Gruppe gesucht und genossen, auf der anderen Seite wirkt die extreme Harmonie auch unauthentisch. Die Angst vor Fehlern scheint einzuengen und dem Spielraum im

Weg zu stehen. Wenn Patienten einige Male an der Musiktherapie teilgenommen haben, entsteht häufig auch ein gegensätzlicher Wunsch: Der Wunsch danach, auch mal aus der Harmonie auszubrechen, Freiräume zu erleben oder die Musik der Gruppe durch das eigene Spiel zu beeinflussen und so Selbstwirksamkeit zu erfahren. Die gemeinsame Musik scheint eine Art Übungsfeld zu sein, das auszuprobieren, was im Alltag (noch) nicht möglich ist – Autonomieerfahrungen können auf einem spielerischen Weg getestet werden.

Die musiktherapeutische Gruppe eignet sich besonders gut, diese anderen Verhaltensmuster auszuprobieren: In der gemeinsamen Musik werden Muster der Patienten deutlich, die sich auch sonst in ihrem Leben zeigen. Oft sind Patienten zunächst erstaunt darüber, dass sie Lebensmuster von sich in ihrem Spiel und in der gemeinsamen Musik wiedererkennen und was hier deutlich wird: Die große Harmonie in der Musik (welche die Patienten auch sonst in ihrem Leben wünschen) wird zunächst angenehm und „schön" empfunden, mit der Zeit jedoch auch als langweilig – es entstehen schon mal Assoziationen der Patienten von „Entspannungsmusik" oder „Fahrstuhlmusik". Die Erkenntnis scheint immer wieder in Gruppen aufzutauchen, dass das musikalische „Ausbrechen" Einzelner die Musik positiv gestaltet: Es kommt „Schwung" in die Musik, mehr Dynamik, die Musik klingt interessanter und lebhafter. Oft ist der Ausbrecher selbst – wie Frau Schenk in dem Fallbeispiel – zunächst am kritischsten: Musikalische Autonomieversuche sind immer wieder zunächst mit einem schlechten Gewissen verknüpft und mit der Angst, andere gestört zu haben. Die Rückmeldungen der Mitpatienten, die Reflexion dieser Angst oder das gemeinsame Hören der Musik können helfen, eigene Autonomiebestrebungen ohne Schuldgefühle zu würdigen. Auch das Wahrnehmen und Ausdrücken von Trauer oder Wut kann in der Musiktherapie wichtig sein, wie die folgende Fallvignette veranschaulichen soll.

In der Musiktherapiegruppe auf der Station sind momentan sieben Patienten. Die meisten von ihnen sind bereits mehrere Wochen in der Klinik, waren schon einige Male in der Musiktherapie und scheinen von der Teilnahme zu profitieren. Die Gruppen-Kohärenz ist momentan sehr gut: Es herrscht ein freundlicher, offener Umgang unter den Patienten. Da häufig sehr harmonische Improvisationen entstehen, kam unter den Patienten in den letzten Stunden häufig der Gedanke auf, dass wir ja schon fast wie eine Band klingen würden.

Herr Fischer hat früher tatsächlich lange in einer Band gespielt. Als junger Mann hat er viel musiziert, vor allem auf der Gitarre, in Bands bei Hochzeiten oder anderen Anlässen in seiner Heimat in Russland. Inzwischen lebt er seit 20 Jahren mit seiner Frau in Deutschland, bevor er in unsere Klinik kam, hat er jedoch mehrere Jahre nicht mehr musiziert. Der Aufnahmegrund war eine generalisierte Angststörung sowie eine schwere depressive Episode. Beides hat sich schleichend entwickelt, zum Zusammenbruch kam es, als seine Mutter vor einigen Monaten in Russland gestorben ist. Herr Fischer nimmt seit zwei Monaten an der Musiktherapiegruppe teil, für mich war direkt auffällig, wie wenig depressiv Herr Fischer in der Musiktherapie wirkte: Er ging von Anfang an beim Musizieren auf, war „in seinem Element" und zeigte uns vor allem viel Gesundes. Auf Nachfrage, ob Herr Fischer denn auch mal für sich musiziere (Patienten dürfen den Musiktherapieraum außerhalb der Therapiezeiten auch für sich nutzen, um für sich zu musizieren, hierfür muss jedoch ein Mitarbeiter den Raum aufschließen), sagte dieser, dass er sich meist nicht traue, einen Pfleger zu bitten, den Raum aufzuschließen – sie seien immer so beschäftigt und er wolle sie nicht stören.

Heute Vormittag wirkt die Stimmung in der Musiktherapiegruppe bedrückt. Am Donnerstagvormittag, wenn die Gruppenmusiktherapie stattfindet, ist kurz danach die Oberarztvisite und es kommt häufig vor, dass Patienten dann angespannt sind. Herr Fischer berichtet zu Beginn der Stunde, dass er immer große Angst vor der Visite habe: Er fühle sich wie bei einer Prüfung – die Oberärztin, die Psychologin und der Pfleger säßen ihm gegenüber und er habe immer Angst, etwas Falsches zu sagen. Eine Mitpatientin berichtet, dass es ihr ganz ähnlich gehe. Ihr sei es unangenehm, so persönliche Dinge anzusprechen, insbesondere vor der Oberärztin, die sie nicht so gut kennen würde.

Die erste Improvisation entsteht so zum Thema „Für sich einstehen" – zu dem alle frei improvisieren sollen. Es entsteht eine sehr kraftvolle, dynamische Musik. Herr Fischer trommelt laut auf den Congas, sein Spiel wirkt auf mich etwas wütend und aggressiv. Im Anschluss an die Musik spiegele ich Herrn Fischer, dass ich das Gefühl hatte, dass er sehr stark und selbstbewusst musiziert habe und dass ich ihm etwas von diesem Selbstbewusstsein auch in der Visite wünschen würde. Ein Mitpatient schlägt vor, dass es ja viel einfacher wäre, wenn sie auch in der Visite ihre Gefühle mit Musikinstrumenten anstatt mit Worten ausdrücken könnten. Ich sage aus Spaß zu Herrn Fischer, dass er ja einfach mal seine Gitarre mit zur Visite nehmen könnte, worauf er spontan kontert: „Nein, die Gitarre nicht, wenn dann einen Baseballschläger!"

Über diese Äußerung scheint sich die ganze Gruppe – vor allem auch Herr Fischer selbst – zu erschrecken. Er korrigiert sich schnell und sagt, dass er dies natürlich als Scherz gemeint habe und so etwas nie tun würde. Für mich wirkt zum ersten Mal Herr Fischers Wut richtig spürbar. Herr Fischer ist ein sehr ruhiger, freundlicher, sehr angepasster Patient, der Wut bisher kaum ausgedrückt hat. Ich sage Herrn Fischer, dass auch seine Musik für mich stark aber auch wütend geklungen habe und dass er bestimmt auch mal Grund habe, wütend zu sein.

In den kommenden Wochen ist der Ausdruck von Wut immer wieder Thema. Herr Fischer und auch andere Mitpatienten in der Gruppe scheinen es zu genießen, auch einmal Aggressives und Wütendes – was sonst in ihrem Leben gar keinen Raum hat – musikalisch (und so ganz „unbedenklich") zum Ausdruck zu bringen.

In der Musiktherapiegruppe entstehen immer wieder ähnliche Themen – das Erfahren von Selbstwirksamkeit und Autonomie in der Musik oder der Ausdruck von Gefühlen – , selbst sehr ängstlichen Patienten scheint es immer wieder zu gelingen, sich in der Musik auszudrücken und sich anders und freier zu erleben.

Was hilft und fördert diese Entwicklung in der Musiktherapie?

Ich werde zunächst auf einige Aspekte des Musiktherapie-Settings eingehen, bevor auch inhaltliche musiktherapeutische Aspekte thematisiert werden:

1. Halboffene Musiktherapiegruppe (Setting der Musiktherapie)

Die Musiktherapiegruppe findet im halboffenen Setting statt, das heißt, wenn Patienten neu in die Gruppe einsteigen, besteht die Gruppe schon aus Patienten, die bereits eine gewisse Zeit miteinander arbeiten. Neu einsteigende Patienten, die zunächst häufig viele Ängste und Unsicherheiten zeigen, können sich auch in der Musik noch zurücknehmen und beobachten unter Umständen, dass diejenigen, die schon länger in Gruppe sind, „mutiger" musizieren. Oft geben sich die Patienten auch aufmunternde Rückmeldungen („*In meiner ersten Musiktherapiestunde hätte ich auch nie gedacht, dass ich mal auf der großen Pauke trommeln würde*").

2. Patienten kommen von der gleichen Station (Setting der Musiktherapie)

Die Musiktherapie findet (im Gegensatz z. B. zur Kunst- oder Bewegungstherapie, die stationsübergreifend angeboten werden) nur für die Patienten einer Station statt. Dies bringt zum einen mit sich, dass die Patienten ähnliche Symptome haben, sich austauschen können und merken, dass sie mit ihrem Leiden nicht alleine sind. Zum anderen hat dies den Vorteil, dass die Patienten sich relativ gut kennen (da sie auch an anderen Therapien gemeinsam teilnehmen, abends miteinander kochen o. ä.). Die Patienten sind sich so relativ vertraut, kennen einander. Dies ist vor allem für Patienten angenehm, die eine soziale Phobie haben und für die die Teilnahme an Gruppen häufig zunächst auch mit vielen Ängsten verbunden ist.

3. Möglichst angstfreies Klima erzeugen

Das freie Musizieren und Improvisieren auf Musikinstrumenten in der Gruppe ist für viele ängstliche Patienten zunächst mit viel Angst und Unsicherheit verbunden. Wenn Patienten neu in die Gruppe einsteigen, erkläre ich zu Beginn der Stunde das Vorgehen in der Musiktherapie, den Ablauf der Stunde und die Regeln. Ich betone hier immer, dass es nicht um Leistung (um gut oder schlecht) gehe und dass es gar nicht möglich sei, in der Musik irgendetwas „falsch“ zu machen. Die Patienten hören die Regel, dass sie jede Musik durch das Heben ihres Armes oder durch „Stopp-Rufen“ unterbrechen können und sollen, wenn es ihnen nicht gut geht. Diese Regel halte ich für sehr wichtig, da die Patienten so trotz des offenen, freien Vorgehens die Kontrolle über die Musik behalten können. Im Vergleich zu anderen Musiktherapiegruppen, die ich anbiete, merke ich, dass ich in der Musiktherapie mit ängstlichen Patienten sehr ruhig und langsam spreche und auch durch meine Mimik und Gesten Wohlwollen und Gelassenheit vermitteln möchte. Ich erkläre zu Beginn kurz die verschiedenen Instrumentengruppen und erkläre, dass es Instrumente gibt, mit denen man Rhythmen erzeugen kann, andere mit denen man auch Melodien spielen kann. Ich ermutige die Patienten, ein Instrument auszuwählen, dass mit wenig Angst verbunden ist – einige Patienten bevorzugen z. B. Rhythmusinstrumente, da sie Angst haben, bei einem Melodieinstrument nicht den richtigen Ton zu treffen, andere nehmen sich möglichst kleine und leise Instrumente, um ja nicht aufzufallen.

4. Freies Improvisieren vs. klare Struktur

Die Musiktherapiestunden haben eine klare Struktur. So wie auch in den Musiktherapiegruppen auf anderen Stationen achte ich darauf, die Gruppe pünktlich zu beginnen und pünktlich zu beenden und den zeitlichen Rahmen einzuhalten. Die Stunden an sich haben auch eine einheitliche Struktur: Zunächst erkläre ich den Neueinsteigern die Musiktherapiegruppe, anschließend gibt es eine kurze Befindlichkeits- und Themensammelrunde, es beginnt dann die erste Improvisation – entweder ganz frei („*Nehmen Sie sich ein Musikinstrument, das sie gerade ansprechend finden, das ihnen gefällt, einen schönen Klang hat und lassen Sie uns dann versuchen, gemeinsam zu musizieren*“) oder zu einem bestimmten Thema, das in der Eingangsrunde benannt wird. Nach der Musik (die immer mit einem Aufnahmegerät festgehalten wird), tauschen wir uns über das Erleben aus und kommen ins Gespräch, wenn es inhaltlich Sinn machen, hören wir uns die Aufnahme der Musik gemeinsam an. Oft entstehen aus der Reflexion dann Anregungen, Themen oder Ideen für die folgende Improvisation. Insgesamt finden gewöhnlicher Weise zwei bis drei Improvisationen pro Stunde statt. Wenn ich nach der ersten freien Improvisation merke, dass das freie Improvisieren nicht klappt oder mit zu vielen Ängsten verbunden ist, biete ich der Gruppe ein strukturierteres Improvisationsspiel an.

5. Mitspielen der Therapeutin – haltend-verstärkend vs. lockend

Wenn Patienten neu in die Gruppe einsteigen, unterstütze ich jegliche Form des Musizierens: Wenn Patienten z. B. Angst haben, auf Melodieinstrumenten den falschen Ton zu treffen, erkläre ich ihnen, bei welchen Instrumenten dies nicht möglich ist. Ich improvisiere selbst meistens auf der Gitarre oder der Djembe oder der Cajón, improvisiere stützend und haltend, stärke den Rhythmus der Gruppe oder harmonisiere die Klänge der Gruppe. Ich unterstütze und nähre also zu Beginn häufig das große Harmoniebedürfnis der Gruppe. Wenn ich es für passend halte, versuche ich durch mein Spiel dann auch Patienten musikalisch zu locken, etwas herauszufordern, um ihnen andere musikalische Möglichkeiten aufzuzeigen. Auch im anschließenden Gespräch ermuntere ich die Patienten, beim gemeinsamen Musizieren mal andere Verhaltensweisen auszuprobieren („*Wie fühlt es sich wohl an, wenn Sie in der nächsten Musik mal versuchen, sich nicht so sehr an die Musik der Gruppe anzupassen?*")

Eine Grundannahme der Musiktherapie ist, dass der mitspielende Musiktherapeut für den Patienten Selbstobjektfunktion bekommen kann und „der Patient kann die sich verändernde Musik so verinnerlichen, dass es zu einer Veränderung im Selbst kommen kann" (Tüpker 2003, 133). Man könnte auch sagen, dass die blasse Objektkonstanz des ängstlichen Patienten durch die Beziehungserfahrung in der gemeinsamen improvisierten Musik mehr Farbe und Kontur bekommen kann.

6. Reflexion der eigenen Rolle in der gemeinsamen Musik

Nach der gemeinsamen Musik frage ich häufig die Patienten, welche Rolle sie in der gemeinsamen Musik gespielt haben (z. B. „*Haben sie sich eher an die Musik der Gruppe angepasst?*", „*Haben sie sich bewusst von der Musik abgesetzt, vielleicht dominant gespielt?*" etc.). Wir reflektieren dann gemeinsam, ob dies ein Muster ist, das die Patienten auch sonst in ihrem Alltag kennen und ob es nicht lohnenswert wäre, einmal neue Verhaltensmuster auszuprobieren. Es kann auch lebensgeschichtlich reflektiert werden, wie sich das Muster entwickelt hat, an welchen Stellen es vielleicht auch überlebenswichtig war und an welchen Stellen im Alltag dies nun hinderlich ist.

7. Wahrnehmen und Benennen von Gefühlen in der gemeinsamen Musik

Wie bereits deutlich wurde, verleugnen viele ängstliche Patienten Gefühlregungen. Musik wiederum hat viel mit Gefühlen zu tun, Musik kann Gefühle ausdrücken, Gefühle auslösen, Gefühle verstärken. Nach einer gemeinsamen Improvisation frage ich häufig die Gruppe, ob die Musik bei ihnen Gefühle ausgelöst habe, ob sie Gefühle wahrgenommen haben. Wenn ich bei Patienten einen Gefühlsausdruck beobachtet habe und den Eindruck habe, dass es der richtige Zeitpunkt ist, dies anzusprechen, äußere ich, was ich wahrgenommen habe (*„Ich habe mich gefragt, ob Ihre Trommelmusik auch etwas Ihrer Wut ausgedrückt hat.“*). Patienten können in der Musiktherapie lernen, ihre Gefühle besser wahrzunehmen, sie können erkennen, dass in der Musiktherapie auch Gefühle wie Wut oder Trauer ausgedrückt werden können, ohne dass diese dabei bedrohlich werden.

Die Musiktherapie kann für ängstliche Patienten eine geeignete Therapieform sein, um Spielräume, die lange verloren waren, wiederzufinden – zunächst in der Musik und später auch darüber hinaus – und um vom Zuschauer „am Rande des pulsierenden Lebens“ (Vogel 1993, S. 80) (wieder) zum Akteur *ihres Lebens* zu werden.

Literatur

Bacal, Howard A. & Newman, Kenneth M. (1994). *Objektbeziehungstheorien. Brücken zur Selbstpsychologie*. Stuttgart-Bad Cannstatt: Frommann-Holzboog.

Bergenthal, Gisela; Hemmer-Torhorst, Petra (2015). Angst und Angststörungen – psychiatrische und psychotherapeutische Behandlungsansätze. In Eberhard Glogau; Andreas Wölfl (Hrsg.): *Der Angst begegnen in der Musiktherapie* (S. 11–19). Wiesbaden: Reichert.

Mentzos, Stavros (1993). Deskriptive und psychodynamische Definition sowie Differentialdiagnose manifester Angstzustände. In Stavros Mentzos (Hrsg.): *Angstneurose, psychodynamische und psychotherapeutische Aspekte* (S. 11–24). Frankfurt am Main: Fischer.

Mentzos, Stavros (2011). *Neurotische Konfliktverarbeitung. Einführung in die psychoanalytische Neurosenlehre unter Berücksichtigung neuer Perspektiven*. 22. Auflage. Frankfurt am Main: Fischer.

Schoenhals, Helen (1993). Zur Repräsentanzenwelt des Angstneurotikers. In Stavros Mentzos (Hrsg.): *Angstneurose, psychodynamische und psychotherapeutische Aspekte* (S. 25–46). Frankfurt am Main: Fischer.

Tüpker, Rosemarie (2003). Selbstpsychologie und Musiktherapie. In Bernd Oberhoff (Hrsg.): *Die Musik als Geliebte. Zur Selbstobjektfunktion der Musik* (S. 99–138). Gießen: Psychosozial.

Vogel, Dorothee (1993). Die Bedeutung der Aggressivität für das klinische Bild und Psychodynamik der Angstneurose. In Stavros Mentzos (Hrsg.): *Angstneurose, psychodynamische und psychotherapeutische Aspekte* (S. 73–82). Frankfurt am Main: Fischer.

„Ist das unterbewusste Angst?“

Erweitern des Spielraums in der musiktherapeutischen Behandlung eines Patienten mit somatoformen Störungen

Ruth Liesert

Einleitung

In der stationären Psychosomatik werden Patienten mit Diagnosen wie Depressionen, somatoformen, Angst-, Persönlichkeits- und Essstörungen aufgenommen. Unter ihnen gelten die Patienten mit einer somatoformen Störung als besonders schwer behandelbar, weil ihre Erkrankung fast immer chronifiziert ist, wenn sie sich in eine psychosomatische Behandlung begeben. Zudem gehört zum Krankheitsbild, dass sie trotz vielfacher negativer medizinischer Befunde und Behandlungen bis hin zu mehrfachen Operationen an einer rein somatischen Genese ihrer Beschwerden festhalten (vgl. Dilling et al., 2011, S. 224).

Immer wieder aber begeben sich auch Patienten in die Behandlung, die schon vor der ersten Psychotherapie für sich ein psychosomatisches Krankheitsverständnis entwickelt haben. Andere Patienten halten lange an der Überzeugung einer rein somatischen Genese fest. Sie öffnen sich aber im Laufe der oft langwierigen Behandlung für die Wechselwirkungen zwischen somatischen und auch psychischen Faktoren. Diese Öffnung hin zu psychischen Aspekten kann als eine wichtige Erweiterung des Spielraums bei der Bewältigung ihrer Erkrankung bewertet werden. Dafür ist der folgende Therapieverlauf ein Beispiel.

Fallbeispiel

Herr M. ist ein dem Behandlungsteam aus Voraufenthalten bekannter Patient. Zum Zeitpunkt der erneuten stationären Aufnahme ist er siebenundsechzig Jahre alt. Groß, schlank und gut gekleidet, kann man ihn sich in seinem Beruf als Manager eines großen Konzerns, den er einmal ausgeübt hat, gut vorstellen. Nachdem er den Konzern verlassen hatte, hat er sich selbständig gemacht, ist nun aber berentet. Er ist verheiratet und hat eine erwachsene Tochter. Der letzte zurückliegende Aufenthalt hatte eine Dauer von zehn Wochen.

Herr M. nahm in den Voraufenthalten an der Rezeptiven Gruppenmusiktherapie teil und soll sie fortsetzen. Als ich ihn dann zu einem ersten Gespräch sehe, ist er bereits ärztlich und therapeutisch aufgenommen und hat sein erstes Wochenende auf der Station verbracht.

Erstkontakt

Wir begrüßen uns und Herr M. erinnert sich sogleich an die Musiktherapie. Er wolle wieder in die Musiktherapie, obwohl es ihm auch manchmal unheimlich gewesen sei, was da so passiert sei. Aber er sei auch sehr neugierig, was er dieses Mal erleben werde. Dann berichtet er von seinen Beschwerden, die hier exemplarisch ausschnitthaft in der Art und Weise seines Narrativs notiert sind: Ihm gehe es körperlich schlecht und seelisch nicht besser. Er habe sich vor einem halben Jahr einen Finger gebrochen und danach sei es nur noch bergab gegangen. Er sei beim Endodontologen wegen eines Nervs gewesen. Der ganze Mund tue ihm weh, die Schmerzen kommen und gehen. Er habe vor kurzem eine Operation an der Gallenblase gehabt. Seit der Narkose habe er Atemprobleme. Auch jetzt gerade sei er außer Atem. Nach der OP habe er in der zweiten Nacht gedacht, er bekomme einen Herzinfarkt. Er habe immer Herzschmerzen. Das sei zu viel, um es vom Kopf wegzuarbeiten.

Er würde gern einen Verzweiflungsschrei machen. Er habe nicht wie sonst Krämpfe im Bauch. Wenn er aber die Krämpfe habe, dann in einer Stärke, wie sie Frauen bei der Geburt hätten. Heute habe er keine Blasenkrämpfe, nur ein starkes Brennen.

Am Wochenende habe er Bluthochdruck gehabt. Er wache nachts mindestens dreimal auf. Er wache immer unruhig auf und der Puls sei hoch. Er sei dann tagsüber ganz kaputt. Er könne auch schlecht einschlafen, er liege im Bett und habe Angst.

Er habe einen blauen Fleck auf der Brust und keine Erklärung. Er habe fast geschrien vor Schmerz! Und sein Unterbauch tue weh – es brenne wie Feuer! Er habe permanent Herzstiche. Je mehr er sich bewege, desto mehr Herzstiche habe er. Das erste Wochenende auf der Station habe er auf dem Zimmer verbracht, weil er keine Luft bekommen habe. Er habe Angst gehabt. Ob das unterbewusste Angst sei?

In seinem Leben sei gar nichts. Er könne nicht mehr in den Tennisclub. Auch das Spazierengehen mit dem Freund sei nicht mehr möglich. Es sei zwischenmenschlich und sportlich weniger. Verreisen könne er auch nicht mehr. Er habe dann Angst, es gehe ihm schlecht und es sei keine medizinische Behandlungsmöglichkeit in der Nähe. Es gehe ihm so schlecht wie noch nie.

Kurios sei, dass er wenige Erinnerungen habe. Er habe eine schöne Kindheit gehabt. Was er sich gewünscht habe, habe er bekommen. Er habe keine Erinnerung an die Kindheit.

Seine (ambulante, R.L.) Therapeutin habe ihn nach Gefühlen gefragt. Die könne er nicht sagen. Er sei gefühllos, da sei nichts.

Somatoforme Störungen, mentalisierte Affektivität und Rezeptive Musiktherapie

Die somatoformen Störungen differenzierend hat Herr M. die folgenden Diagnosen nach ICD-10 erhalten: Chronische Schmerzstörung mit somatischen und psychischen Faktoren im Sinne eines Chronic Pelvic Pain Syndromes (CPPS)[1] mit ausgeprägter Somatisierungskomponente F45.51 bei Somatisierungsstörung F45.0.

Mit der Diagnose F45.51 wird einbezogen, dass somatische Vorgänge zur Ätiopathogenese der Erkrankung gehören. Diese Klassifizierung wird bei Herrn M. durch mehrere somatische Diagnosen, deren Symptomatik regelmäßiger ärztlicher Kontrollen bedarf, gestützt. Mit der Diagnose Chronic Pelvic Pain Syndrome wird auf konstante Beschwerden im Unterbauch eingegangen. Die Somatisierungsstörung F45.0 beinhaltet typischerweise multiple somatische Beschwerden, die in Stärke und Anbindung an verschiedene Organsysteme fluktuieren. Zudem nehmen die Patienten verstärkt Phänomene wahr, die dem vegetativen Nervensystem zuzuordnen sind und bewerten sie ängstlich als krankheitswertig (vgl. Dilling et al., 2011, S. 225).

Ein weiterer Aspekt der Erkrankung ist die Verstärkung von Schmerzen und anderen somatischen Beschwerden als Konsequenz von Rückzug und Schonung. Auch das Sozialleben wird durch den Rückzug eingeschränkt.

Wie Herr M. antworten viele Patienten auf Nachfragen, dass sie eine „glückliche Kindheit“ gehabt hätten. Im weiteren Therapieprozess treten dann aber oft biographische Details mit emotionaler Deprivation, Gewalterfahrungen und sexuellem Missbrauch zutage (vgl. Eckhardt-Henn et al., 2009, S. 237).

Die von Herrn M. berichtete „Gefühllosigkeit“ lässt an das Konzept der Alexithymie denken. Damit ist gemeint, dass Gefühle nicht adäquat wahrgenommen, benannt und integriert werden können (vgl. Kupfer et al., 2001, S. 5). Die Ursachen für die Entstehung der Alexithymie sind mit Beziehungsstörungen und Traumatisierungen in der Kindheit assoziiert, welche mit den biographischen Erfahrungen der Patienten mit somatoformen Störungen überein gehen. Als alexithym kann auch die beeinträchtigte Beziehung von psychischem und körperlichem Selbst eingeschätzt werden, in deren Folge körperliche Signale nicht oder schlecht verstanden werden und Gefühle nicht in Verbindung mit körperlichen Phänomenen gesetzt werden (vgl. Rudolf & Henningsen, 2008, S. 231 f.).

Die Alexithymie kann in Kontrast zum Konzept des Mentalisierens respektive der mentalisierten Affektivität von Fonagy und Kollegen gesetzt werden. Unter Mentalisieren verstehen sie die „aufmerksame Beachtung und Reflexion des eigenen psychischen Zustands und der psychischen Verfassung anderer Menschen“ (Allen et al., 2011, S. 21). Die mentalisierte Affektivität als ein

[1] Chronische Unterbauchschmerzen.

Aspekt des Mentalisierens meint die Aufrechterhaltung eines Affektzustandes bei gleichzeitiger Reflexion über ihn. Beim Mentalisieren der Affekte sind das Fühlen und das Nachdenken über die Gefühle vereint, was ein *erlebensnahes* Verstehen der Gefühle bedeutet (vgl. Fonagy & Target, 2007, S. 365). Voraussetzung für die Fähigkeit der mentalisierten Affektivität sind die drei Ebenen der Identifizierung, Modulierung und Äußerung der Affekte (vgl. Allen et al., 2011).

Da mentalisierte Affektivität Affektregulierungsmöglichkeiten eröffnet und die Alexithymie als Affektverarbeitungsstörung zu betrachten ist, stehen sie in Kontrast zueinander.

Wenn sich die Fähigkeit der mentalisierten Affektivität mit der Identifizierung, der Modulierung und der Äußerung der Affekte entwickelt, wird alexithymen Tendenzen entgegengewirkt.

In der kindlichen Entwicklung entsteht die Fähigkeit der Mentalisierung bzw. der mentalisierten Affektivität in den Interaktionen zwischen Kind und früher Bezugsperson.

Die frühe Bezugsperson spiegelt den Affekt des Kindes und fügt ihm einen eigenen Affekt hinzu. Dies wird als *Markierung* der Spiegelung bezeichnet (vgl. Fonagy et al., 2006, S. 43). Voraussetzungen für die Entwicklung der Mentalisierungsfähigkeit sind auf Seiten des Kindes ein sicheres Bindungsverhalten sowie die Mentalisierungsfähigkeit auf Seiten der primären Bezugsperson (vgl. Bateman & Fonagy, 2008, S. 131). Der Vorgang der markierten Spiegelung bewirkt u. a., dass das Kind seinen Affekt von dem Affekt der Bezugsperson unterscheiden kann. Es macht außerdem die Erfahrung, dass Affekte reguliert werden können. Weil es die Spiegelungsprozesse bei der Bezugsperson bewirken kann, erlebt es sich als Urheber (vgl. Fonagy &Target, 2002, S. 850 f.).

Bleiben kontingente und markierte Spiegelungen durch die primäre Bezugsperson aus, können in der Folge keine stabilen psychischen Repräsentanzen von Affekten entstehen und Affektregulierungsfähigkeiten können nicht ausreichend introjiziert werden. Das Kind entwickelt kein festes Vertrauen in seine Selbstwirksamkeit. Affekte können dann nicht ausreichend mentalisiert werden und die Somatisierung bzw. die Alexithymie dienen dann auch dem Schutz vor ihnen.

Tatsächlich wird davon ausgegangen, dass Patienten mit somatoformen Störungen und dem Chronic Pelvic Pain Syndrome unter Einschränkungen der Mentalisierungsfähigkeit leiden (vgl. Leithner-Dziubas et al., 2010[2]; Albrecht et al., 2015; Schultz-Venrath, 2013, S. 237 f.).

Die Einschränkungen zeigen sich etwa durch das handlungsorientierte Drängen auf eine medizinische Behandlung oder durch die Überzeugung, „gefühllos“ zu *sein* (statt denken zu können, sich gefühllos zu *fühlen*).

2 Diese Studie untersuchte allerdings nur Frauen.

Auch der Therapeut ist nicht frei von Einbrüchen der Mentalisierungsfähigkeit. Es gilt, aufmerksam für die eigenen Gegenübertragungsgefühle zu sein. Behandler von Patienten mit somatoformen Störungen neigen zum Beispiel dazu, entweder dem Druck der Aufforderung des Patienten nach einer Handlung nachzugeben oder aber im Gegenteil gelangweilt oder genervt anzunehmen, „da ist nichts" (vgl. Tüpker, 2007). Meist ist es aber doch möglich, aus der somatischen Klage die Not des Patienten zu hören.

Unter der Voraussetzung, dass das Bindungssystem des Patienten nicht zu stark aktiviert wird, gelingen analog zur frühen Mutter-Kind-Beziehung Prozesse der Spiegelung, die zur psychischen Entwicklung des Patienten beitragen. Voraussetzung dafür ist, dass das Bindungssystem des Patienten nicht zu stark aktiviert wird. Neben Gesprächen steht in der Musiktherapie hierfür das Medium Musik zur Verfügung. Der Nutzen der Musiktherapie für die Fähigkeit des Mentalisierens ist in verschiedenen Beiträgen dargestellt worden, wie zum Beispiel bei Strehlow (2013), Bassarek (2014), Hannibal (2014), Reichert (2014), Frohne-Hagemann (2015) und Plitt (2017).

Auch die von der US-amerikanischen Musiktherapeutin Helen Bonny entwickelten Methode *The Bonny Method of Guided Imagery and Music (BMGIM)* hat Elemente, die die Mentalisierung fördern. Das Spezifikum von BMGIM ist das Imaginieren zu Musik, bei dem der Klient vom Therapeuten verbal begleitet wird (siehe Bonny, 2002).

BMGIM ist die Methode, an die die zwei Musiktherapieformen, die Herr M. während seines stationären Aufenthaltes erhielt, angelehnt sind. Die eine Musiktherapieform, mit der Herr M. behandelt wurde, ist die Rezeptive Gruppenmusiktherapie. Im Unterschied zu BMGIM ist die Musikphase auf 5 – 15 Minuten verkürzt. Außerdem imaginiert jeder Patient für sich, ohne verbale Begleitung. Eine solche Gruppenmusiktherapie hat eine Dauer von 100 Minuten.

Die andere Musiktherapieform von Herrn M.s Behandlung ist die Modifikation *„Guided Imagery and Music für stationäre Psychosomatik"* im Einzelsetting. Diese Therapiestunden dauern 25 oder 50 Minuten (siehe Liesert 2018, S. 251–253).

Fortführung des Fallbeispiels

Gruppenmusiktherapie

Herr M. kommt einige Tage nach dem Erstgespräch in die Gruppenmusiktherapie. Im ersten Gesprächsteil der Therapiestunde berichtet er, dass es ihm nicht gut gehe. Er habe nach dem Aufstehen Herzrasen gehabt und deshalb nicht frühstücken können. Jetzt habe er Herzstiche und sein Unterleib brenne wie

Feuer. Er wisse nicht, ob er die Stunde schaffe und ob er überhaupt Luft bekomme. Herr M. wiederholt einzelne Aspekte der Beschwerden und berichtet ausführlicher über sie. Aber er wolle es mit der Musiktherapie probieren, denn er sei auf die Musik gespannt und erhoffe sich Ablenkung durch die Konzentration auf sie.

Nach der Induktion hören die Patienten die Musikstücke C. M. Blues und Oregano des Pianisten Chilly Gonzales.

Nach dem Imaginieren und dem Malen zeigt Herr M. sein Mandala[3]*, das in wenigen Strichen Personen an Tischen sitzend darstellt, sowohl allein wie auch zu zweit. Der Anfang sei hämmernd gewesen, wie ein Belehrungsstück. Er sei dann in der Lobby eines Hotels in Singapur gewesen. Jemand habe dort zur Teezeit den Flügel gespielt. Es sei sehr schön gewesen. Am liebsten sei er jetzt dort! Er kenne das Hotel, denn er sei hunderte Male auf Geschäftsreisen dort gewesen. Er habe es gerade genossen, das Gefühl zu haben, dort zu sein.*

Nachdem eine Mitpatientin Herrn M. gefragt hat, welche Person auf dem Bild er selbst sei, erhält er von ihr die Rückmeldung, dass ihr auffalle, dass er allein da sei. Er antwortet, ihm sei das zuvor nicht aufgefallen und er habe es trotzdem genossen. Er selbst fragt empathisch einen Mitpatienten, als dieser über seine Erfahrung während der Musik spricht, ob dieser in der Musik Wehmut gespürt habe?

Überlegungen

Nach der Stunde mache ich mir Gedanken, ob die Musiktherapie wie beim Voraufenthalt verlaufen soll und wird. Hier hatte Herr M. Imaginationen mit ausdrucks- und inhaltsstarkem intrapsychischem Material erlebt, gemalt und berichtet. Er verblieb aber im Erstaunen, „wie die Musik so etwas machen kann“ und konnte keinen Bezug der Imaginationen zu sich selbst erkennen. Ich frage mich, ob die bereits etablierten therapeutischen Beziehungen zwischen Herrn M. und seinen interdisziplinären Behandlern und die zaghaften Ansätze eines inzwischen entwickelten psychosomatischen Krankheitsverständnisses dazu beitragen, die Affektidentifizierung stärker als in den Voraufenthalten zu fokussieren. Allerdings bin ich mir nicht sicher, ob möglicherweise spürbar werdende negative Affekte für Herrn M. aushaltbar sein würden. Nach gemeinsamen Überlegungen mit den Kollegen und in der klinikinternen Supervision entscheide ich mich, Herrn M. neben der Gruppenmusiktherapie flankierende Einzelmusiktherapiestunden anzubieten. Er selbst reagiert motiviert und hält aufgrund seines „so großen Leidensdruckes“ ein leicht verändertes Vorgehen in der Musiktherapie für einen begrüßenswerten Versuch. Wir verabreden uns für eine Einzelstunde, um dem Erleben in der Gruppentherapie nachzugehen.

---

[3] Mit „Mandala“ ist hier ein Blatt Papier gemeint, auf dem ein Kreis gemalt ist, bevor der Patient sein Bild darauf gestaltet.

Einzelmusiktherapie: Imagination

Zunächst klagt Herr M. darüber, dass er schlecht geschlafen habe und nachts wieder aufgewacht sei. Er sei fix und fertig. Und der Unterleib brenne wie Feuer! Es gehe nicht weg und er sei genervt! Irgendwas sei immer!

Gestern sei eine Stelle am Kopf rot gewesen und habe wie Feuer gebrannt. Er habe Angst bekommen, was das sein könnte. Er sei zu den Pflegern gegangen, aber die hätten gesagt, da sei nichts. Er sei sich wie in Idiot vorgekommen. Ein Pfleger habe auch so geguckt, als hätte er sich gedacht: Der Spinner![4]

Das sei auch die Psyche. Er wundere sich über sich selbst, dass er jetzt darüber nachdenke, dass es auch die Psyche sein könne. Das sei jetzt anders als früher. Nach dem Vorgespräch und der Induktion imaginiert Herr M. zur gleichen Musik wie in der Gruppenmusiktherapie. Als Fokus hatten wir das sowohl körperliche wie auch emotionale Nachspüren der Situation im Hotel besprochen.

Ausschnitte aus dem verbalen Dialog der Imagination

„Ich befinde mich nicht in dem Hotel in Singapur. Ich habe bei den ersten Klängen so ein vorwurfsvolles – so einen Druck – so ein Poltern.[5] *(...) Jetzt ist es weich, schön und genussvoll. So würde ich mir das vorstellen. Es gibt Hotels draußen auf Mauritius, da isst man was. Da würde ich so eine Musik als Chef wählen. (...) Ich finde die Musik angenehm und beruhigend, trotzdem durch die höheren und lauteren Töne eine Betonung drin ist. Die ziehen die Aufmerksamkeit auf sich, aber nicht zu stark. Ich achte auf die Musik, wenn ich irgendwo bin. Ich stelle mir gerade den Flügel vor. (...) Ich erinnere mich an die Situation im Hotel in Singapur. In der Situation war ich allein. Die Musik war im Hintergrund. Es gab Wochenenden, wo ich in Singapur bleiben musste, wo ich allein war. Ich war froh, allein zu sein, zu entspannen, was zu machen. Aber Samstag, Sonntag ist lang. Das ist lang! Ich bin keiner, der sagen würde: Ich fahre zu touristischen Ansichtspunkten. Sobald mich jemand fragt, mache ich mit. Ganz allein – weiß ich nicht, habe ich keine Lust, weiß nicht, ob ich Lust habe. (...) Allein im Hotel fühlt sich nicht schön an. Es wäre schön, wenn jemand da wäre. Ich bin ungern allein. Ich weiß nicht, ob es mich traurig macht. Wenn ich allein wäre, wäre ich traurig. Ich würde mich fragen: Warum sitzt du allein? Ganz praktisch: Ich bin allein! Auch zu Hause: Es kann nicht jedes Mal jemand da sein. Ich hätte gern vermehrt, dass jemand da ist.“*

Nach der Imagination sagt Herr M., er habe Traurigkeit und Wehmut gespürt. Sonst habe er das immer weggedrückt und weggekämpft. Und dann habe er sich gesagt: „Alles wird wieder gut.“ Wenn er sich vorstellen würde, drei Wochen allein in Singapur zu sein: „Das wäre schlimm!“ Der Tonfall, in dem Herr M. das sagt, lässt erahnen, wie erschreckend diese Vorstellung für ihn ist.

---

4 Die Mutter von Herrn M. ist etwa im jetzigen Alter von Herrn M. an einem bösartigen Tumor am Kopf verstorben.

5 Die therapeutischen Interventionen der Therapeutin sind ausgelassen.

Herr M. hat keinerlei Schwierigkeiten, sich darauf einzustellen, dass er die Augen schließt und während der Musikphase in verbalem Dialog zu mir steht. Er wählt dafür die sitzende Position. Die Imagination von Herr M. ist ein Wechsel aus Gedanken aus der Sicht eines Managers zur Führung eines Hotels und dem affektiven Einfühlen in sein Erleben. Bei diesem wechselt er zwischen Mitteilungen zu seinem Befinden im Allgemeinen und in der imaginierten Situation. Es schält sich während der Imagination heraus, dass für Herrn M. das Alleinsein schwer aushaltbar ist. Seine abschließende Bemerkung nach der Imagination verstärkt diesen Eindruck.
Herr M. geht aus der Musiktherapiestunde und malt zwischen dieser und der folgenden Einzelstunde auf seinem Zimmer das Mandala.

Einzelmusiktherapie: Mandalas

Herr M. berichtet zu Beginn der Stunde von seinen vielfältigen Schmerzen und beklagt, dass er sie noch immer habe. Er legt das Mandala zur Imagination der vergangenen Musiktherapiestunde, das er mitgebracht hat, auf den Tisch zwischen uns.

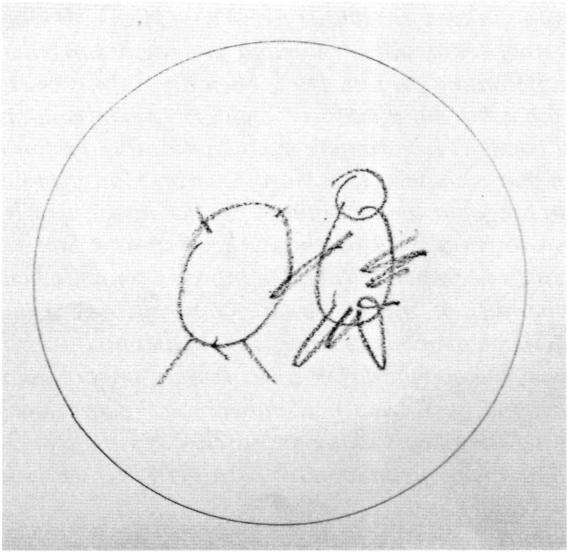

Abb. 1 (Farbe: blau)

Während wir es betrachten, sagt Herr M.: Wie er allein am Tisch gesessen habe – was unangenehm sei: Er sei allein im Hotel.

Im Erstgespräch der Musiktherapie hatte ich Herrn M. mit Vorlagen zum Ausmalen[6] ausgestattet. Unter ihnen war das Motiv von Hänsel und Gretel, die sich im Arm halten. Jetzt bezieht sich Herr M. darauf, indem er ein zweites Bild auf den Tisch legt, das Hänsel und Gretel darstellt, mit den Worten: Er habe an die kindliche Umarmung gedacht. Dieses Bild kriege er nicht aus dem Kopf.

Abb. 2 (Farbe: blau)

Herr M. berichtet, dass er seinen Lebensabend mit seiner Frau in Österreich habe verbringen wollen. Dies sei nun nicht möglich, weil es ihm so schlecht ginge. Seine Frau sei die meiste Zeit in Österreich.

Dann wechselt er das Thema und berichtet, wie er den Beginn der Musik erlebt hat: Sie habe wie ein Lehrer geschimpft. Das sei nicht angenehm gewesen. Er habe negative Erinnerungen an die Schulzeit. Er habe zum Beispiel vor der Klasse vorlesen müssen und sei ausgelacht worden. Wegen Umschulungen habe er Probleme beim Lernen von Lesen und Schreiben gehabt. Auf Nachfragen erläutert Herr M., dass die Familie wegen des Berufs des Vaters häufig habe umziehen müssen, was für ihn bedeutete, wiederholt Schulfreunde zu verlieren und sich in einer anderen Schulklasse neu einfinden zu müssen.

Anhand beider Bilder wird Herrn M. nun verständlich, dass er die Einsamkeit fürchtet und einen Wunsch nach Geborgenheit und Sicherheit durch einen anderen hat.

6 Hier handelt es sich um ein Mandala in der Bedeutung, wie sie gemeinhin benutzt wird: ein Bild mit verschiedenen Mustern oder anderen Motiven zum Ausmalen. Herr M. nutzt das Ausmalen von diesen Mandalas zur Reduzierung von Anspannungszuständen.

Einzelmusiktherapie: Darstellung des Schmerzerlebens

Ich hatte Herrn M. am Ende der vergangenen Stunde gefragt, ob er sich vorstellen könne, seinen Schmerz darzustellen. Er hatte dazu sofort die Idee eines Feuers. Er legt das Bild nun auf den Tisch:

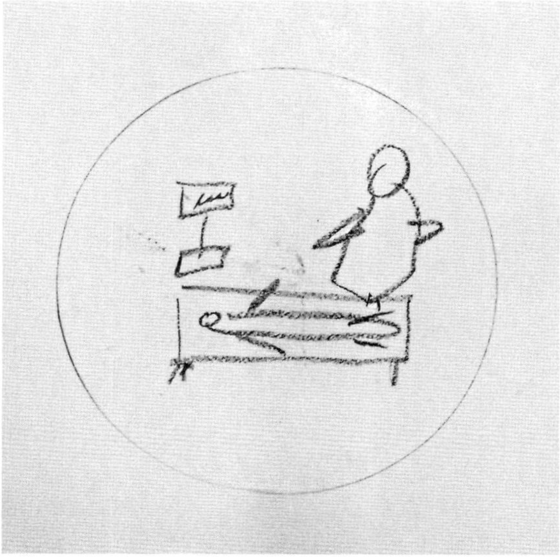

Abb. 3 (Farbe: blau, im Monitor: rot)

Dies sei kein Feuer, sondern er liege auf der Liege und der Arzt gucke. Die Schmerzen gingen nicht weg. Er kriege keine Erklärung und sei allein gelassen.

Dann springt er im Narrativ in der Zeit zurück und zählt chronologisch seine Beschwerden und die vielfachen Untersuchungen und Behandlungen auf. Diese hätten in der Summe unklare und widersprüchliche Ergebnisse erbracht. Er fühle sich hilflos, ohnmächtig und abhängig dabei! Das stelle für ihn das Bild dar. Als er das sagt, ist auch Ärger zu hören. Ja, ärgerlich sei er auch. Wahrscheinlich viel mehr, als er sich selbst eingestehe. Wie der weitere Prozess zeigen wird, sind die Gefühle vermutlich eine Reinszenierung früher Beziehungserfahrungen.

In den folgenden Musiktherapiestunden verfolgen wir neben den Imaginationen und der Bearbeitung und Integration des auftauchenden Materials die bildnerische Darstellung des Schmerzes. Herr M. stellt in mehreren Varianten seinen brennenden Schmerz als Feuer dar. Doch dann stellt er fest, dass das Bild nicht stimmig ist. Es entsteht zum Beispiel dieses:

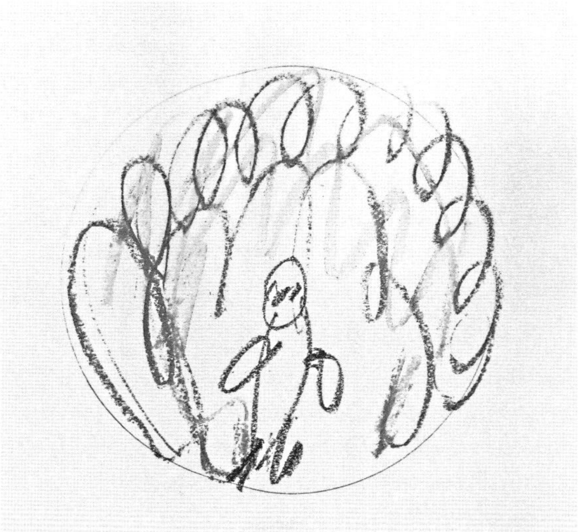

Abb. 4 (Ummantelung: orange und rot)

Herr M. sagt zu dem Bild, dass der Schmerz ihn ummantele. Er sei unerträglich und sei auch in ihm. Weil er permanent da sei, fehle ihm die Kraft. Das führe zu Stress und Anspannung. Der Schmerz erdrücke ihn und quetsche ihn von allen Seiten. Er habe überlegt, ob sie reiche (die Darstellung des Schmerzes, R.L.). Seine erste Idee sei gewesen: „Ich knalle Ihnen die ganze Seite voll und sage: Ich werde erdrückt!“ Aber dann sei da der Kreis gewesen. Schließlich stellt er sein Schmerzerleben mit diesem Bild dar:

Abb. 5 (blau und rot)

Herr M. sagt, dass das Orange die Angst sei und die Riesenschmerzen. Die Größe der Schmerzen stimme jetzt. Es sei schon hart. Der Schmerz sei auf dem ganzen Bild. Er selbst liege in der Mitte auf der Liege und über ihm seien Dinge, die klein geworden seien: Was angenehm gewesen sei, die Lebensqualität, die Stadt, das Auto, die Unternehmenslust. Es sei schlimm: Der Körper könne so komische Gefühle kriegen. Dann bekomme er Angst und werde kraftlos. Dann komme der Ärger, das Kopfkino, die ganze Schleife. Er werde dann bedrückt, kriege Angst, werde ärgerlich und bekomme Angst vor der Angst.

Gruppenmusiktherapie: Imaginationen

In den folgenden Wochen wird Herr M. weicher und schwingungsfähiger. Er kann in sich einen Widerhall wahrnehmen, wenn er berührt ist. Häufig ist der Affekt zunächst nicht zu identifizieren, aber er ist sich dennoch sicher, eine innere Berührung zu spüren. In einer Gruppenmusiktherapie stellt er gerührt fest: „Ich bin heute nicht gefühllos."

Überhaupt ist er in der Gruppenmusiktherapie besser mit seinen Gefühlen in Kontakt, so dass er die emotionale Vertiefung mit Imaginationen in den Einzelstunden nicht mehr benötigt. Er imaginiert sich in verschiedenen Szenen allein oder zusammen mit einem anderen. Affekte wie Einsamkeit und Leere, auch Enttäuschung und Ärger, aber auch Geborgenheit, Wärme und die Sehnsucht danach nimmt er als zu seinem individuellem Erleben gehörig wahr. Schrittweise gelingen Bezüge zu seinen gegenwärtigen Beziehungen in seinem Alltag und auf Station.

Er imaginiert aber nicht nur Szenen mit negativen Emotionen, sondern erlebt auch Zufriedenheit, Leichtigkeit und Wohlgefühl. Während dieser Imaginationen lassen die ihn ängstigenden somatischen Symptome etwas nach.

Zum zweiten Satz des Klavierkonzertes Nr. 1 von Chopin imaginiert er ein Schloss, aus dem heraus ein Prinz und eine Prinzessin gemeinsam in die Ferne gehen. Er sagt ein wenig ironisch zur märchenhaften schönen Stimmung: „Und wenn sie nicht gestorben sind, dann leben sie noch heute." Er habe die Musik als sehr sanft und weich empfunden und wünsche sich Geborgenheit, ein glückliches Leben – kein Leben allein.

Zur Musik vom dritten Satz aus der Symphonie Nr. 3 von Brahms imaginiert er ein harmonisch miteinander tanzendes Paar – auch hier taucht die Sehnsucht nach einem anderen auf.

Mit dem zweiten Satz aus dem Klavierkonzert G-Dur von Ravel erlebt er sich in einer schönen Berglandschaft auf einer Wiese. Als Liebhaber der Berge habe er sich in der Landschaft sehr wohl gefühlt. Er habe sich in einem schönen Tal von Bergen umgeben befunden. Er habe die schöne Musik, die in diesem Tal gespielt habe, genossen. Es sei eine wunderbare Akustik gewesen. Gegen Ende aber sei er verärgert und traurig gewesen, weil er allein da gewesen sei.

Abb. 6 (blau und orange)

In der Imagination zu Danse sacrée und Danse profane von Debussy setzt er sich mit seiner aktuellen Situation auseinander, indem er sich auf einem langen, steinigen Weg imaginiert, auf dem er nur langsam vorwärts kommt. Es sei ein schwieriger, langwieriger Weg und eigentlich sei das sein Lebensweg. Die Akzeptanz der Stolpersteine sei schwer. Er gehe allein, allein sei nicht schön. Herr M. versteht diese Imagination nicht nur als Ausdruck seines Wunsches, nicht allein sein zu müssen, sondern auch als Ausdruck seiner Schwierigkeiten, seine Erkrankung zu akzeptieren bzw. zu akzeptieren, dass sie nicht einfach verschwindet.

Abb. 7 (blau, rot und grün)

Biographische Erfahrungen des Verlassen-Werdens

In dieser Phase der Musiktherapie kann sich Herr M. peu à peu an Bruchstücke aus seiner Biographie erinnern, so dass sie etwas rekonstruiert werden kann. Immer mehr Verlassenheitserfahrungen kommen zum Vorschein. In Ostdeutschland geboren, flüchteten seine Eltern in den Westen, als er noch ein Säugling war. Für mehr als ein halbes Jahr blieb er bei den Großeltern, bevor er von den Eltern nachgeholt wurde. Sein älterer Bruder berichtete ihm, dass er damals als Kleinkind nachts nach den Großeltern gerufen habe. Als Erwachsener nahm er zu den Großeltern Kontakt auf. Diese aber fürchteten Repressalien in der damaligen DDR und versagten ihm jeglichen Kontakt. Als Kleinkind wurde er wegen eines Beinbruchs mehrere Monate in einem Krankenhaus behandelt. Während dieser Zeit durfte er seine Eltern nur durch eine Glasscheibe sehen. Nach der Schulzeit arbeitete sich Herr M. schnell bis zu einer verantwortungsvollen Position eines Konzerns nach oben. Obwohl ein kränkliches Kind, war er in dieser Zeit gesund und es schien ihm gut zu gehen. Dann aber wurde er nach einem notwendig gewordenen Krankenhausaufenthalt antriebslos und der berufliche Erfolg ließ nach. Kränkungen und Verletzungen durch Frau, Freunde und Bekannte, die er als erneute Verlassenheitserfahrungen zu bewältigen hatte, kamen hinzu. Zusätzlich verstarben im familiären und freundschaftlichen Umfeld mehrere Menschen.

Besonders gut kann sich Herr M. daran erinnern, wie er auf einen Ehebruch durch seine Frau reagiert hatte: Er ist aus dem Haus gegangen und war, massiv unruhig und getrieben, eine sehr weite Strecke Auto gefahren, ohne Müdigkeit zu verspüren. Es ist ihm nun möglich, sich an seine Gefühle zu erinnern und sie nachzuspüren: Er hat sich verlassen, zurückgelassen, enttäuscht, traurig und wütend gefühlt. Ihm wird nun bewusst, dass ihm ein Verzeihen nicht möglich gewesen sei, wie er geglaubt habe, er habe sich aber aus Angst vor dem Gefühl, allein zu sein, nicht trennen können.

Herrn M. wird bewusst, dass alltägliche Interaktionen mit seiner Frau Schmerz und Angstzustände verstärken. Es ist ihm möglich nachzuspüren, welche Emotionen diese Interaktionen auslösen, was zunächst beunruhigend ist. Dann aber kann er sich beruhigen. Wichtig ist hier für ihn, sich gegenüber seiner Frau zu äußern und darüber mit seinen Therapeuten zu sprechen.

Herrn M. wird nun auch bewusst, wie sehr er es auch schon in den Jahren der Berufstätigkeit vermieden hatte, allein zu sein, um sich nicht allein zu fühlen. Er beobachtet, wie sich das Gefühl der Einsamkeit und des Verlassen-Seins somatisch niederschlägt. Zum Beispiel spüre er „Unterbewusstseinsgefühle“, wenn er seinen Freund mit dessen Frau sehe. Er denke dann: „Du bist allein.“ Das fühle sich genauso an wie in der Imagination im Hotel in Singapur und das sei schwer für ihn. Die Schmerzen würden ihn belasten, aber vielleicht auch das Alleinsein.

Frühe Bindungserfahrung, gegenwärtige Beziehungsgestaltung und mentalisierte Affektivität

Herr M. hat als Säugling und Kleinkind mehrfach die Erfahrung gemacht, von den primären Bezugspersonen plötzlich über einen Zeitraum, der für ihn als Kind nicht zu erfassen war, allein gelassen zu werden. Aufgrund seines Alters dürfte er dieses Verlassen-Werden als existentiell bedrohlich erlebt haben. Seine Schilderungen der Eltern lassen eine Vorstellung von arbeitsamen, wortkargen Menschen entstehen, die am Aufbau von Deutschland nach dem Krieg ihren Beitrag geleistet haben. Unklar ist, welche Erfahrungen die Eltern im Krieg gemacht haben und ob die emotionale Kargheit, mit der sie ihren Kindern begegnet sind, mit diesen assoziiert waren. Ihre Liebe drückten sie eher in materieller Zuwendung aus. Es wirkt so, als sei Herr M. mit seinen kindlichen Erfahrungen und Affektzuständen nicht ausreichend kontingent und markiert gespiegelt worden, so dass sich sekundäre Repräsentanzen psychischer Zustände nicht stabil entwickeln konnten. Zu den Folgen dieser emotionalen Deprivation gehört, dass Herr M. nur unzureichende Affektregulierungsmöglichkeiten introjizieren konnte und sich in Belastungssituationen hilflos und ausgeliefert fühlt. Die Gefühle der Hilflosigkeit und Ohnmacht und die Suche nach Halt und Zuwendung sind agierende Aspekte in den medizinischen und therapeutischen Kontaktaufnahmen. Sie wohnten auch der stationären Behandlung inne und zeigten sich in widersprüchlichem Verhalten von Herrn M. Beispielsweise behauptete er in mehreren Situationen auf Nachfragen, es ginge ihm gut, obwohl dies offensichtlich nicht der Fall war. Gleichzeitig fühlte er sich übersehen und allein gelassen, was zu einer Verschlimmerung der somatischen Symptomatik führte. Ungünstigerweise geriet er dann unter eine solch massive Anspannung, dass er, wie er selbst erstaunt feststellte, seine Umgangsformen vergaß und seine Symptome unangemessen druckvoll präsentierte. Dies führte zu irritierten Reaktionen des anderen, die er mit Enttäuschung und Ärger wahrnahm.

Im weiteren Verlauf gelang es Herrn M. öfter, nicht nur in den Imaginationen, sondern auch im stationären Alltag, seine Affekte zu identifizieren und sie zumindest im therapeutischen Rahmen auszudrücken. Er bemerkte, dass das Malen und verbale Äußern dessen, was ihn innerlich bewegte, beruhigte. In Situationen des Alltags gelang ihm bereits vereinzelt eine aktive Modulierung der Affekte, so dass er nicht in den Strudel der Verstärkung der Schmerzen und der nachfolgenden Ängste mit den Gedanken an erneute medizinische Behandlungen geriet.

Herr M. verfiel seltener in einen „Managermodus“, in dem er teleologisch die Symptome, Gefühle und Situationen „gelöst“ oder „abgearbeitet“ haben wollte.

Nach einigen Wochen ließ die Intensität der Schmerzen nach und die zuvor schwer depressiv getönte Stimmung hellte auf. Herr M. wurde etwas aktiver und seine körperliche Schwäche ließ nach.

Gegen Ende der Behandlung jedoch verschlechterte sich sein Zustand erneut und die Schmerzen verstärkten sich wieder. Mit diesem Befinden war der Patient verständlicherweise nicht zufrieden. Allerdings bemerkte er selbst, dass er sich weiterhin weniger depressiv fühlte.

Bei einer somatischen Untersuchung wurde ein Befund festgestellt, der eine Operation nach dem psychosomatischen Aufenthalt folgen ließ. Nach der Operation führt Herr M. seine ambulante Psychotherapie fort.

Epilog

Dieses Fallbeispiel kann keinen eindeutigen Behandlungserfolg aufzeigen: Als der Patient entlassen wurde, hatte sich sein Befinden aufgrund von Schmerzen erneut verschlechtert. Der Patient hat jedoch Klarheit über sich und seine Gefühle bezüglich des Ehebruchs seiner Frau gewonnen. Ihm ist bewusst geworden, dass der Paarkonflikt für seine biographisch begründete Vulnerabilität für Verlassenheitserfahrungen steht.

Wie das Bild des steinigen Weges von Herrn M. zeigt, brauchen Patient und Therapeut in der Behandlung von somatoformen Störungen in der Regel einen langen Atem. Mithilfe der Musik kann den Patienten im Rahmen einer tragfähigen Beziehung der Raum für lebendige affektive Erfahrungen angeboten werden. Wenn die Patienten Affekte mit der Unterstützung eines haltenden Objektes wahrnehmen und in Bildern oder verbal ausdrücken, können diese bearbeitet und integriert werden. Neben der Fokussierung auf somatische Beschwerden und das gedankliche Kreisen um medizinische Behandlung entstehen innere Räume der Psychisierung. Gefühle können dann gefühlt, ausgehalten oder moduliert und über sie nachgedacht werden. Spielräume entstehen, die – um beim Beispiel von Herrn M. zu bleiben – ermöglichen könnten, dass er nachfühlt und nachdenkt, was ihn innerlich bewegt und dies gegenüber sich und anderen kommuniziert, dass er ohne schmerzhafte Einschränkungen die Pflanzen seines Gartens pflegt, dass er ohne Angst, es könnte ihm schlecht gehen, verreist, dass er im Tennisclub Sport treibt oder dass er Einladungen seiner Freunde annimmt und ihre Gesellschaft genießt.

Literatur

Albrecht, Rebecca et al. (2015). Chronische Unterbauchschmerzen und Persönlichkeit – Zusammenhänge zwischen körperlichen Beschwerden und psychischer Struktur. *Psychotherapie Psychosomatik Medizinische Psychologie*, 65, S. 418–425.

Allen, Jon G.; Fonagy, Peter & Bateman, Anthony W. (2011). *Mentalisieren in der psychotherapeutischen Praxis*. Stuttgart: Klett-Cotta.

Bassarek, Gudrun (2014). Mentalisieren in der Musiktherapie mit Kindern und Jugendlichen. In *Jahrbuch Musiktherapie. Band 10: Mentalisierung und Symbolbildung in der musiktherapeutischen Praxis*. (S. 119–152) Wiesbaden: Reichert.

Bateman, Anthony W. & Fonagy, Peter (2008). *Psychotherapie der Borderline-Persönlichkeitsstörung. Ein mentalisierungsgestütztes Behandlungskonzept*. Gießen: Psychosozial.

Bonny, Helen L. (2002). *Music & Consciousness: The Evolution of Guided Imagery and Music.* Gilsum: Barcelona Publishers.

Dilling, H., Mombour, W. & Schmidt, M.H. (Hrsg.) (2011). *Internationale Klassifikation psychischer Störungen. ICD-10 Kapitel V (F). Klinisch-diagnostische Leitlinien. 8., überarb. Auflage*. Bern: Hans Huber.

Eckhardt-Henn et al. (Hrsg.) (2009). *Neurotische Störungen und Psychosomatische Medizin.* 8., vollst. überarb. und erw. Auflage. Stuttgart: Schattauer.

Fonagy, Peter et al. (2006). *Affektregulierung, Mentalisierung und die Entwicklung des Selbst. 2. Auflage*. Stuttgart: Klett-Cotta.

Fonagy, Peter & Target, Mary (2007). *Psychoanalyse und die Psychopathologie der Entwicklung. 2. Auflage*. Stuttgart: Klett-Cotta.

Fonagy, Peter & Target, Mary (2002). Neubewertung der Entwicklung der Affektregulation vor dem Hintergrund von Winnicotts Konzept des „falschen Selbst". *Psyche*, Bd. 56(9/10) S. 839–862.

Frohne-Hagemann, Isabelle (2015). A Mentalization-Based Approach to Guided Imagery and Music. In Denis Grocke & Torben Moe (Hrsg.): *Music Imagery Methods for Individual and Group Therapy*. London und Philadelphia: Jessica Kingsley.

Hannibal, Niels (2014). Implicit and Explicit Mentalisation in Music Therapy in the Psychiatric Treatment of People with Borderline Personality Disorder. In Jos De Backer & Julie Sutton (Hrsg.): *The Music in Music Therapy. Psychodynamic Music Therapy in Europe: Clinical, Theoretical and Research Approaches*. London und Philadelphia: Jessica Kingsley.

Kupfer, Jörg; Brosig, Burkhard & Brähler, Elmar (2001). *TAS-26. Toronto-Alesithymie-Skala-26*. Manual. Göttingen u. a.: Hogrefe.

Leithner-Dziubas, Katharina, et al. (2010). Mentalisierungsfähigkeit und Bindung bei Patientinnen mit chronischen Unterbauchschmerzen: Eine Pilotstudie. *Zeitschrift für Psychosomatische Medizin und Psychotherapie* 56(2), S. 179–190.

Liesert, Ruth (2018). *Vom Symptom zum Gefühl. Guided Imagery and Music für stationäre Psychosomatik*. Münster: Universitäts- und Landesbibliothek Münster.

Plitt, Heike (2017). Mentalisieren – ein musikalisches Drehbuch. In Rosemarie Tüpker & Harald Gruber (Hrsg.): *Spezifisches und Unspezifisches in den Künstlerischen Therapien*. (S. 159–185) Berlin, Hamburg: HPB University Press.

Rudolf, Gerd & Henningsen, Peter (Hrsg.) (2008). *Psychotherapeutische Medizin und Psychosomatik. Ein einführendes Lehrbuch auf psychodynamischer Grundlage.* 6., neu bearb. Auflage. Stuttgart u. a.: Georg Thieme.

Reichert, Bernd (2014). ‚Instru-Mental'. Improvisation und Mentalisierung in der Musiktherapie mit Jugendlichen. In *Jahrbuch Musiktherapie. Band 10: Mentalisierung und Symbolbildung in der musiktherapeutischen Praxis.* (S. 153–163) Wiesbaden: Reichert.

Schultz-Venrath, Ulrich (2013). *Lehrbuch Mentalisieren. Psychotherapien wirksam gestalten*. Stuttgart: Klett-Cotta.

Strehlow, Gitta (2013). Mentalisierung und ihr Bezug zur Musiktherapie. *Musiktherapeutische Umschau.* 34(2), S. 135–145.

Tüpker, Rosemarie (2007). Nichts ist ohne Grund. Musiktherapie bei somatoformen Störungen. In Rosemarie Tüpker (Hrsg.): *Konzeptentwicklung musiktherapeutischer Praxis und Forschung*. 2., überarbeitete und erweiterte Auflage 2007, (S. 7–38). Münster: Lit.

Offener Spielraum in der geschlossenen Station

Musiktherapie auf der psychiatrischen Akutstation

Eva Terbuyken-Röhm

Im Januar 2013 entstand in der LVR-Klinik Viersen eine neue Musiktherapieabteilung in der Erwachsenenpsychiatrie mit einem besonderen Versuchsprojekt. Musiktherapie sollte hier nicht, wie in anderen Kliniken, auf den offenen Therapiestationen, sondern vor allem auf den geschlossenen Akut-Aufnahmestationen angeboten werden. Die Musiktherapie wurde somit im offenen Setting auf geschlossen psychiatrischen Stationen für akut psychiatrische Patienten eingeplant und meine Kollegin Astrid Körfges und ich entwickelten in enger Zusammenarbeit ein neues musiktherapeutisches Angebot für die geschlossene Psychiatrie der LVR-Klinik Viersen.

Was mit einem Versuchsprojekt unter eher schwierigen Umständen begann, hat sich heute erfolgreich etabliert. Doch im Laufe der Jahre stellte sich immer mehr die Frage, warum dieses Musiktherapiekonzept so gut funktioniert. Gleichzeitig konnte bei besonderen Therapiemomenten in der Musiktherapie auf den geschlossen psychiatrischen Stationen die Wirkweisen des narzisstischen Musikgenusses beobachtet werden. Dem ging eine ausführliche Auseinandersetzung mit der Narzissmustheorie von Heinz Kohut voraus, so dass meine Beobachtungsgabe diesbezüglich entsprechend geschult war.

Aus der Frage nach dem Hintergrund zur Effizienz des offenen Musiktherapiekonzepts auf den geschlossen psychiatrischen Akutstationen und den Beobachtungen zum narzisstischen Musikgenuss entstand die Idee zu einer Forschungsarbeit. Im Rahmen einer Promotionsarbeit erforsche ich aus diesem Grund seit 2015 diese Methode zur Musiktherapie auf geschlossen psychiatrischen Stationen im Zusammenhang mit Narzissmus in der Musiktherapie.

Musiktherapie auf geschlossen psychiatrischen Stationen

Das Musiktherapiekonzept ist mit besonderen *Voraussetzungen* verbunden. Die Musiktherapie richtet sich hier vor allem an Patienten, die sonst an anderen Therapien nicht teilnehmen. Diese Patienten sind zum Teil noch sehr akut krank; sie nehmen aber trotzdem an der Musiktherapie teil. Dadurch entsteht eine besondere Therapiesituation.

Die Musiktherapie findet an zwei Vormittagen offen auf der Station an einem Tisch oder einer Sitzecke im Tagesraum statt. Die Therapieeinheiten liegen zwischen 90 bis 120 Minuten[1]. Die Stimmung der Station wird direkt in der Musiktherapie spürbar. Die Musiktherapie wird Teil des Stationslebens und das Stationsleben wird Teil der Musiktherapie. Die Patienten kommen und gehen nach Belieben und Möglichkeiten; die Teilnahme ist frei. So gibt es jede Stunde eine neue Gruppenzusammenstellung.

Die Musiktherapie auf den geschlossen psychiatrischen Stationen umfasst somit auch besondere therapeutische Mittel, um für akut psychiatrisch erkrankte Patienten einen musiktherapeutischen Spielraum anbieten zu können.

Grundsätzlich gilt hier, dass die *musikalischen Mittel* immer situativ gewählt werden und die musikalische Arbeit dabei vorwiegend sehr basal ist. Insgesamt ist wenig freie Improvisation mit den Patienten möglich. Die Musik für die Patienten als Möglichkeit für eine rezeptive Teilnahme gestaltet sich darin, dass die Musiktherapeutin[2] beruhigende Improvisationen anbietet, für die Patienten Geige spielt oder für die Patienten singt. Bei der aktiven Teilnahme, dem Musizieren mit den Patienten, steht besonders die Liedform (Lieder und Songs) im Vordergrund. So werden in diesem Musiktherapieangebot vor allem Lieder gemeinsam gesungen und auf Instrumenten dazu gespielt. Zwischendurch wird frei erzählt; oder auch gerade nicht, denn auch die Stille zwischen den Liedern gehört hier fest mit zur musiktherapeutischen Gestaltung.

Die *Arbeitsweise* auf diesen geschlossen psychiatrischen Akut-Aufnahmestationen beinhaltet ein einfaches strukturiertes Angebot in einem offenen Konzept mit viel Spielraum.

So kann hier zum Beispiel eine Art „Wunschliederrunde" angeboten werden, in der sich jeder Patient in der Musiktherapie etwas wünschen darf. Das kann ein gemeinsam gesungenes Lied, bei dem die Patienten aktiv mitsingen und auf den Instrumenten mitspielen, eine freie Instrumentenrunde, in der die Patienten frei auf den Instrumenten spielen, oder von der Therapeutin vorgetragene Musik sein[3], bei der die Patienten zuhören. Die Patienten können für ihre Liederwünsche in Liederbüchern und Ordnern stöbern, die von der Musiktherapeutin sorgfältig zusammengestellt und mitgebracht werden.

Alle Liederwünsche werden respektiert. So wird ein gegenseitiges Respektieren in der Gemeinschaft und im Miteinander auch über das Akzeptieren der Liederwünsche und der Individualität des Musikgeschmacks vermittelt. Ausnahme bilden jedoch Lieder, die im therapeutischen Setting nicht live umsetzbar sind, wie z. B. Techno oder House-Musik, oder auch Lieder, die sich oftmals als zu negativ wirkend auf die Patienten erwiesen haben. Hierzu zäh-

[1] Dies ist der Stand der praktischen Forschungsphase 2013–2016 gewesen. Durch eine Umstrukturierung der Klinik im August 2017 wurden diese Zeiten geändert.

[2] In diesem Text wird insgesamt die weibliche Form „Musiktherapeutin" gewählt, da diese Musiktherapiemethode durch zwei Musiktherapeutinnen eingeführt und erprobt wurde.

[3] Meist wünschen sich die Patienten von mir Geigenmusik, da die Geige mein Hauptfachinstrument ist.

len zum Beispiel zu depressive Liedtexte, politisch fragwürdige oder drogenverherrlichende Liedtexte. Die Auswahl, wann ein Lied ungeeignet ist in diesem Setting, liegt hier wiederum im Ermessen der Musiktherapeutin.

Oftmals kann das Verteilen von Liedzetteln helfen, die Teilnahme für die Patienten zu erleichtern, so dass die Patienten den Text mitlesen oder –singen können oder allein durch das Festhalten des Liedzettels ihr Interesse am musiktherapeutischen Geschehen signalisieren können, auch wenn sie aufgrund ihres akuten Zustandes noch nicht im Stande sind, mitzusingen oder den Text zu verfolgen.

Freies Spiel oder frei instrumentale Improvisationen entstehen in der Musiktherapie auf den geschlossen psychiatrischen Akutstationen nur versuchsweise und stellen oftmals mehr ein Ausprobieren und Experimentieren mit den angebotenen Instrumenten dar. Anders ist es jedoch, wenn die Instrumente zum Begleiten der gesungenen Lieder eingesetzt werden. Hierbei entsteht häufig ein musikalisches Miteinander im instrumentalen Spiel. Bei der Anleitung zum Instrumentalspiel ist es besonders wichtig, immer darauf zu achten, dass das Spiel andere auf der Station nicht stört. Wenn dies der Fall sein sollte, gilt es, das Spiel sofort zu begrenzen, da die Stimmung auf der Station sehr reizbar ist. Lautes Trommeln wird aus diesem Grund gemieden und beruhigende Musik grundsätzlich eher bevorzugt.

Jederzeit auf die Musikwünsche der Patienten einzugehen, beinhaltet gleichzeitig, dabei immer strukturiert vorzugehen, so dass ein Spielraum in einem abgesteckten Rahmen angeboten werden kann. Zudem ist es unabkömmlich, jederzeit auf plötzliche Veränderungen im Stationsgeschehen zu reagieren, das heißt, auch das allgemeine Stationsgeschehen neben der Musiktherapie immer im Auge zu behalten und stets wachsam zu sein.

Bei allen therapeutischen Maßnahmen gilt, stets Übertragungen wahrzunehmen und in einer guten Verbindung zu seinem eigenen Gefühl in der Therapiesituation zu stehen. Bei der Introspektion und Reflexion zum eigenen therapeutischen Handeln hilft außerdem der ständige Austausch über die Patienten und über die Musiktherapien mit meiner Kollegin Astrid Körfges, die ebenfalls Musiktherapien auf den geschlossen psychiatrischen Stationen leitet. Neben diesen Übertragungswahrnehmungen und dem Austausch mit der Kollegin ist zudem der ständige Austausch mit dem Stationsteam unabdingbar. Dies kann z. B. in Teamsitzungen oder Übergaben, aber auch während der Therapien sein, sobald unangenehme Gefühle spürbar werden, die Situation schwierig einzuschätzen ist oder Spannungen bzw. Konfliktsituationen sich anbahnen.

Als *therapeutisches Ziel* steht ein musikalischer Genussmoment im Vordergrund: Sobald dieser spürbar wird und der Patient sich diesem Genuss hingibt, wird dieser gezielt eingesetzt zum Selbsterleben im Hier und Jetzt und zum Aufbau einer narzisstischen Übertragung sowie zum Wiederbeleben der beiden narzisstischen Strukturen Größenselbst und idealisierte Elternimago.

Wichtigste *therapeutische Mittel* sind hier eine annehmende, empathisch verstehende, therapeutische Grundhaltung, die einer selbstpsychologischen therapeutischen Grundhaltung entspricht (vgl., Kohut, 1995, S. 203ff; vgl. Wolf, 1998, S. 130). Kohut bezeichnet diese therapeutische Grundhaltung auch als „Haltung des Akzeptierens" (Kohut, 1995, S. 207). Containing (vgl. Bion, 1992, S. 146) bildet ein weiteres wichtiges therapeutisches Element dieses Musiktherapiekonzepts.

Als *Intervention* steht das Bieten von Struktur hier zudem zentral, um so ein Gefühl von Sicherheit zu ermöglichen. Diese Struktur, welche durch Wiedererkennung im Stundenablauf, aber auch durch Begrenzung im Sinne von Spielregeln für die Teilnahme an diesem Angebot vermittelt wird, bildet einen Gegenpol zur sonst sehr im Vordergrund stehenden Flexibilität und Freiheit bei der Teilnahme in diesem musiktherapeutischen Konzept. Aber genau durch die Balance zwischen Freiraum und Begrenzung entsteht ein Spielraum in dieser Musiktherapie für akut psychiatrische Patienten. Über die Struktur wird die Musiktherapiestunde für die Patienten vorhersehbar, was eine stressreduzierte Teilnahme ermöglichen soll. Dadurch dass diese Struktur aus nur sehr wenigen Regeln besteht, z. B. wird die Musik in einem allgemein angenehmen Maß gestaltet (also nicht andere stören!), jeder darf sich etwas wünschen, die Therapeutin leitet die Stunde oder jeder nimmt nach seinen Möglichkeiten teil, ist innerhalb dieses abgesteckt begrenzten Rahmens viel Freiheit bzw. Freiraum für die Art und Weise der Teilnahme in der Therapie gegeben.

Für den Therapeuten gilt grundsätzlich, viel Gelassenheit, Geduld und Ruhe sowohl mit den Patienten als auch im Umgang mit dem Stationsgeschehen und dem Team zu haben, mehr als in anderen Arbeitsbereichen der Psychiatrie, um möglichen Anspannungen und Stress im Miteinander entgegenzuwirken. Konkret kann dies bedeuten, nicht mit einer Erwartungshaltung auf die Station zu gehen, immer unbedingt mit ausreichend vielen Patienten Musik machen zu müssen oder jede Stunde neue Lieder anbieten zu müssen. Manchmal reicht ein gesungenes Lied oder ein Gespräch mit einem Patienten über Musik. Manchmal kommen zehn Patienten, manchmal nur einer oder sogar keiner. Manchmal wird den ganzen Morgen Musik gemacht, manchmal nur 20 Minuten, manchmal auch gar nicht wegen einer Kriseninterventionauf der Station. Alles kann und darf sein und allem sollte der Musiktherapeut mit Gelassenheit und Ruhe begegnen. Diese abwartende Haltung beinhaltet auch, dass der Musiktherapeut hier nie eine musikalische Leistung fordert oder den Patienten zur Teilnahme auffordert. Eine sanfte Einladung zur Musiktherapie und ein darauffolgendes Warten auf die Reaktion des Patienten, was zum Teil erst viel später folgen kann, sind hier viel sinnvoller.

Theoretischer Hintergrund

Den theoretischen Hintergrund bilden die Narzissmustheorie von Heinz Kohut (1995), sein darin beschriebenes Behandlungskonzept, weitere Theorien zum Narzissmus und zur Selbstpsychologie Kohuts (vgl. Kohut, 1966, 1973, 1977, 1991, 1993; vgl. Kohut und Wolf, 1980) sowie eine eigene Definition des narzisstischen Musikgenusses, die sich unter anderem sowohl an Kohuts Theorien als auch an Theorien zum Zusammenhang von Musiktherapie und Selbstpsychologie (vgl. Tüpker, 2003) orientiert. Zudem kommt die bereits beschriebene selbstpsychologische Grundhaltung (vgl. Kohut, 1995, S. 203ff; vgl. Wolf, 1998, S.130) als theoretische Basis dieser Musiktherapiemethode hinzu.

Außerdem stellt das milieutherapeutische Arbeiten, so wie es in Soteria-Konzepten (vgl. Ciompi, 1989, 1993, 2001) für die Allgemeinpsychiatrie beschrieben wird, ein Baustein für das methodische Vorgehen und das offene Setting in diesem Musiktherapiekonzept dar. Weiter beeinflussen Theorien zum Spielraum in der Musiktherapie (vgl. Loos, 1986; vgl. Weymann 1991) und zum Arbeiten mit therapeutischen Atmosphären (vgl. Deuter, 2005; vgl. Sonntag, 2005, 2013) dieses Konzept. Auf Grundlage dieser Theorien gilt hier, dass alles, was in dem offenen Setting der Musiktherapie auf den geschlossen psychiatrischen Stationen angeboten wird, therapeutisch ist. Das „Offizielle“ der Therapiesituation entfällt gänzlich. Dies ergibt sich durch die freie Teilnahme und das Kommen und Gehen der Patienten. So entsteht ein stressreduzierendes Therapieangebot für akut psychiatrische Patienten, was wiederum die Teilnahmebereitschaft der Patienten erhöht.

Zusätzlich wird bei dieser musiktherapeutischen Methode auch auf die Besonderheiten akut-psychiatrischer Patienten geachtet und mit Ideen und Konzepten zur therapeutischen Arbeit mit psychotischen Patienten, wie z. B. bei Wulff (2003), unterbaut. Besonderheiten akut-psychiatrischer Patienten treten immer wieder in diesem Setting in den Vordergrund und sind darum bei jedem therapeutischen Schritt in besonderem Maße zu beachten.

Anwendung der Narzissmustheorie in der Musiktherapie

Kernstück dieser Musiktherapiemethode stellt insgesamt die Anwendung der Narzissmustheorie von Kohut in der Musiktherapie dar.

Wichtig ist, an dieser Stelle hervorzuheben, dass hier keine Musiktherapiemethode für die Behandlung narzisstischer Störungen vorgestellt werden soll, auch wenn in der Musiktherapie auf den geschlossen psychiatrischen Stationen oftmals narzisstische Anteile verschiedenster Erkrankungen zum Vorschein kommen. Vielmehr gilt die Narzissmustheorie Kohuts hier als Orientierungshilfe für das eigene musiktherapeutische Vorgehen in diesem Setting. Grund dafür ist, dass die Behandlung auf diesen Stationen grundsätzlich psychiatrisch ist und die Musiktherapie dort als milieutherapeutischer Zusatz zu sehen ist. Außerdem sind viele musiktherapeutische Behandlungen aufgrund der zum Teil kurzen Verweildauern mehr Momentaufnahmen im Sinne einer Kurzzeittherapie.

Für die therapeutische Behandlung narzisstischer Störungen beschreibt Kohut zwei Schritte, welche für die Musiktherapie übernommen und ‚übersetzt' werden. Diese Behandlungsschritte werden wie folgt zusammengefasst: Herstellen der narzisstischen Übertragung und Durcharbeiten (vgl. Siegel, 2000, S. 80).

Das Herstellen der narzisstischen Übertragung gestaltet sich darin, dass einerseits eine *„idealisierende Übertragung"* (Kohut 1995, S. 57) aktiviert wird – die „therapeutische Aktivierung des allmächtigen Objekts (der idealisierten Elternimago)" (ebd.). Für die Musiktherapie bedeutet dies, dass der Therapeut hier ein musikalisches Vorbild und Spannungsregulator ist. Im Vordergrund steht Containing in der Musik. Andererseits soll hier eine *„Spiegelübertragung"* (ebd., S. 129) als eine Wiederbelebung des Größenselbst entstehen, die sich wiederum in drei Varianten unterteilt, nämlich „Verschmelzung", „Alter-ego-oder Zwillingsübertragung" und „Spiegelübertragung im engeren Sinne" (ebd., S. 138f).

Eine *Verschmelzung* zeigt sich in der Musiktherapie, indem Therapeut und Patient in der Musik wortwörtlich ‚verschmelzen', das heißt, dass ihre Stimmen in der Musik zu einer verschmelzen und die musikalischen Parts von Therapeut und Patient nicht hörbar zu unterscheiden sind. In der Musik gibt es zudem viele musikalische Wiederholungen und das Sicher-Fühlen in der Musik steht hier im Vordergrund.

Eine *Alter-Ego-/Zwillingsübertragung* tritt dann in der Musiktherapie in den Vordergrund, wenn Therapeut und Patient nicht mehr wie eine Stimme klingen, sondern zwei unterschiedliche Parts hörbar werden, die jedoch sehr ähnlich klingen. Bei Patient und Therapeut gibt es also sehr viel musikalische Imitation, jedoch auch erste musikalische Variationsversuche, die die vielen Wiederholungen der musikalischen Verschmelzung allmählich ablösen. Zentral steht hier das Verstanden-Fühlen in der Musik.

Bei einer *Spiegelübertragung im engeren Sinne* hingegen sind in der Musiktherapie die Stimmen von Therapeut und Patient im musikalischen Zusammenspiel zwei deutlich verschiedene Parts, auch wenn der Therapeut den Patienten weiterhin mit seiner musikalischen Begleitung unterstützt. Diese Übertragungsform wird zudem in einer zunehmenden musikalischen Variation hörbar. Im Vordergrund steht hier ein Ausprobieren in der Musik.

Nach der Aktivierung einer narzisstischen Übertragung folgt die Behandlungsphase des Durcharbeitens zur „Erweiterung der ganzen Persönlichkeit" (ebd., S. 337). Therapieziel ist hier vor allem, die Selbstständigkeit des Patienten zu stärken und somit ein Loslösen aus der therapeutischen Beziehung zu fördern. Ein Durcharbeiten in der Musiktherapie zeigt sich darin, dass der Patient ein Solo ohne die musikalische Begleitung des Therapeuten spielen kann oder, dass der Patient Spannungen in der Musik durch musikalische Variation selbst regulieren kann. Außerdem darf der Therapeut „anders" als Patient spielen, ohne dass dies zu Spannungen oder Problemen beim Patienten führt. Eventuell gelingt es dem Patienten sogar, den Therapeuten zu begleiten.

Beobachtungen und Analyse der Musiktherapie auf geschlossen psychiatrischen Akutstationen

Bei der praktischen Untersuchung dieses offenen Musiktherapiekonzepts in geschlossen psychiatrischen Akut-Aufnahmestationen wurden verschiedene Beobachtungen in Bezug auf Momente des Musikgenusses gemacht. Auffällige Beobachtungen sind:

- Genuss wird hörbar an einem lauteren Singen/Spielen der Patienten oder Äußerungen wie „das habe ich jetzt gebraucht" oder „ist das schön".
- Genuss wird sichtbar durch eine entspannte Mimik und Gestik, motorische Beruhigung, Sitzenbleiben und/oder Augen schließen beim Zuhören.
- Genuss wird verbal deutlich, wenn Patienten sich öffnen und von sich erzählen.
- Genuss wird in der Motivation deutlich, wenn Patienten Instrumente ausprobieren, Lieder aussuchen oder wenn eine Kooperation unter den Patienten entsteht.

Für die Forschungsarbeit wurden die oben genannten Beobachtungen in mehr als 100 Falldarstellungen dokumentiert und analysiert anhand der genannten Theorien und der eigenen Definition von narzisstischen Musikgenuss sowie der Übersetzung des Behandlungsmodells von Kohut für die Musiktherapie. In dieser Analyse der Beobachtungen kam es zu folgenden Ergebnissen:

Durch den Musikgenuss werden Selbstobjektfunktionen reaktiviert. Diese zeigen sich hier besonders in einer Verschmelzung mit der Musik. Außerdem entsteht bei akut psychiatrischen Patienten besonders oft eine Verschmelzung, welche musikalisch darin hörbar wird, dass das Spiel oder der Gesang des Patienten und des Therapeuten wie eine Stimme klingen. Häufig wird auch der Patient im Lied mit dem Gesamt der Gruppe eins. Zum Teil entsteht eine Gruppeneuphorie und ein Gruppengrößenselbst wächst, was besonders in der Dynamik und der Intensität der Musik hörbar wird.

Besonders auffällig ist, dass akut psychiatrische Patienten sich gerne an feste, musikalische Strukturen wie der Liedform halten sowie häufige Wiederholungen in der Musiktherapie, zum Beispiel durch wiederkehrende Lieblingslieder oder feste Rituale im Stundenablauf, bevorzugen. Hierdurch wird den Patienten ein Gefühl von Sicherheit vermittelt, was viele akut psychiatrische Patienten brauchen und suchen.

Die Musiktherapeutin fungiert als musikalisches Vorbild und idealisiertes Objekt. Die Patienten bewundern die Musiktherapeutin für ihr musikalisches Können, an welchen sie im Moment des Musikgenusses teilhaben können (Verschmelzung mit dem idealisierten Objekt). Im musikalischen Spiel für die Patienten (Geigenspiel) kommt Containing zum Tragen.

Erst bei stabilen Patienten wird eine Alter-Ego- bzw. Zwillingsübertragung musikalisch hörbar. Im gemeinsamen Musizieren entsteht mehr freies Spiel, in dem Patienten ähnlich spielen wie die Therapeutin, aber deutlich einen eigenen musikalischen Part übernehmen. Dabei kann es auch zu einem Duett-Spiel kommen oder der Patient übernimmt einen begleitenden Part in der gemeinsamen Musik. Außerdem wird in der Musik hörbar, dass der Patient nach etwas Variation in der Musik sucht, zum Beispiel neue Instrumente ausprobiert, sich neue Lieder wünscht oder sich sogar bei Wiederholungen von Liedern langweilt.

Durch das positive Erleben musikalischer Leistungsfähigkeit, was bei vielen Patienten entsteht, wird das Größenselbst bestärkt. Auf diese Weise werden Selbstobjektfunktionen reaktiviert. Dies zeigt sich an einem veränderten Verhalten, z. B. dass ein Patient etwas selbstsicherer alleine vorspielen kann und dabei die Aufmerksamkeit der anderen genießen kann.

Bei den Fallanalysen lag der Schwerpunkt der Beobachtungen zu narzisstischen Phänomenen in der Musiktherapie auf den geschlossen psychiatrischen Akutstationen anfangs vor allem bei Musiktherapien mit Patienten mit affektiven Störungen insbesondere Depressionen. Mit der Zeit jedoch wurden auch zunehmend mehr Beobachtungen diesbezüglich bei psychotischen Patienten gemacht. Dies lag vor allem an einem geschulteren Blick der Therapeutin für die Momente des narzisstischen Musikgenusses. Als Besonderheit fiel bei den Musiktherapien mit Schizophrenie-Patienten auf, dass diese häufig das Gespräch mieden, gerne aber bei der Musik teilnahmen. Kontakt entstand hier oftmals mit akut psychotischen Patienten in der Musik selbst.

Zudem erwies sich das offene Musiktherapieangebot auf den geschlossen psychiatrischen Stationen für akut manische Patienten in vielen Fällen als kontraindiziert. Grund dafür schien hier, die doch sehr freie Gestaltung des Angebots zu sein.

Eskalationen, Spannungen, Geduld, Durchhaltevermögen und etwas mit den Patienten „aussitzen müssen“ sowie Musiktherapie in der Isolation stellen die großen Herausforderungen und Besonderheiten dieser musiktherapeutischen Arbeit dar.

Zum Workshop

Neben dem theoretischen Hintergrund und zwei Fallbeispielen war eine praktische Übung mit Liedern, die besonders häufig in der Musiktherapie auf geschlossen psychiatrischen Akut-Aufnahmestationen verwendet werden, Teil des Workshops. Anhand dieser Lieder wurde aufgezeigt, wie auf Basis des vorgestellten theoretischen Hintergrundes Songs und Lieder in diesem offenen Setting bewusst eingesetzt werden und mit musiktherapeutischen Interventionstechniken verbunden werden. Besonders im Fokus standen dabei das Anpassen von Tempo, Dynamik und Phrasierung an die Erlebniswelt der Patienten mit dem gleichzeitigen Beibehalten von Struktur und sicherer Ordnung in der Musik. Die Schwierigkeit des musikalischen Gestaltens liegt dabei darin, das richtige Gleichgewicht zu finden zwischen, zum einen, dem emotionalen Niveau der Patienten entgegenzukommen und sie auf diese Weise zur Teilnahme an der Musiktherapie einzuladen, und zum anderen, nicht zu sehr in ihrer Erlebniswelt mitzugehen, so dass der positive Effekt der Musik in den Liedern und Songs verloren geht. Um ein Gefühl für einen verantwortungsbewussten und sorgfältigen Umgang mit dem Einsatz von Songs und Liedern in diesem offenen Setting zu vermitteln, wurden einige Lieder, die häufig in diesem Setting verwendet werden, gemeinsam gesungen und auf Instrumenten dazu gespielt, so wie es in der Musiktherapie auf den geschlossen psychiatrischen Stationen auch praktiziert wird. Hiernach sollten die Teilnehmer dazu frei assoziieren. In einem anschließenden Gruppengespräch wurden der Umgang mit Songs in diesem Setting und das Wahrnehmen von eigenen Gefühlen dabei gemeinsam erarbeitet.

Literatur

Bion, Wilfred R. (1992). *Lernen durch Erfahrung*. Frankfurt am Main: Suhrkamp.

Ciompi, Luc (1989). *Affektlogik. Über die Struktur der Psyche und ihre Entwicklung. Ein Beitrag zur Schizophrenieforschung*. Stuttgart: Klett-Cotta.

Ciompi, Luc (1993). Die bisherigen Forschungsresultate. In Elisabeth Aebi, Luc Ciompi & Hartwig Hansen (Hrsg.): *Soteria im Gespräch. Über eine alternative Schizophreniebehandlung* (S. 182–186). Bonn: Psychiatrie-Verlag.

Ciompi, Luc (2001). Soteria Bern: Konzeptuelle und empirische Grundlagen, Wirkhypothesen. In Luc Ciompi, Holger Hoffmann & Michel Broccard (Hrsg.): *Wie wirkt Soteria? Eine atypische Psychosenbehandlung kritisch durchleuchtet* (S. 43–68). Bern: Hans Huber.

Deuter, Martin (2005). Atmosphären – Wahrnehmungseinstellungen und Wirkungen in der musiktherapeutischen Behandlung. *Musiktherapeutische Umschau*. Bd. 26(3), S. 222–235.

Kohut, Heinz (1966). Formen und Umformungen des Narzißmus. *Psyche*. Bd. 20(8), S. 561–563.

Kohut, Heinz (1973). Narzißmus und narzißtische Wut. *Psyche*. Bd. 27(6), S. 513–554.

Kohut, Heinz (1977). Introspektion, Empathie und Psychoanalyse. Zur Beziehung zwischen Beobachtungsmethode und Theorie. In Heinz Kohut (Hrsg.): *Introspektion, Empathie und Psychoanalyse. Aufsätze zur psychoanalytischen Theorie zu Pädagogik und Forschung und zur Psychologie der Kunst* (S. 9–35). Frankfurt am Main: Suhrkamp.

Kohut, Heinz (1991). *Die Heilung des Selbst*. Frankfurt am Main: Suhrkamp.

Kohut, Heinz (1993). *Wie heilt die Psychoanalyse?* Frankfurt am Main: Suhrkamp.

Kohut, Heinz (1995). *Narzißmus. Eine Theorie der psychoanalytischen Behandlung narzißtischer Persönlichkeitsstörungen*. Frankfurt am Main: Suhrkamp.

Kohut, Heinz; Wolf, Ernest S. (1980). Die Störungen des Selbst und ihre Behandlung. In Uwe H. Peters (Hrsg.): *Die Psychologie des 20. Jahrhunderts*, Bd. 10. (S. 667–682). München: Kindler.

Loos, Gertrud (1986). *Spiel-Räume. Musiktherapie mit einer Magersüchtigen und anderen frühgestörten Patienten.* Stuttgart: Gustav Fischer.

Siegel, Allen M. (2000). *Einführung in die Selbstpsychologie. Das psychoanalytische Konzept von Heinz Kohut.* Stuttgart: Kohlhammer.

Sonntag, Jan-Peter (2005). Akustische Lebensräume in Hörweite der Musiktherapie. Über das Sonambiente stationärer Betreuung von Menschen mit Demenz. *Musiktherapeutische Umschau.* Bd. 26(3), 263–274.

Sonntag, Jan (2013). *Demenz und Atmosphäre. Musiktherapie als ästhetische Arbeit.* Frankfurt am Main: Mabuse.

Tüpker, Rosemarie (2003). Selbstpsychologie und Musiktherapie. In Bernd Oberhoff (Hrsg.): *Die Musik als Geliebte. Zur Selbstobjektfunktion der Musik* (S. 99–138). Gießen: Psychosozial.

Weymann, Eckard (1991). Spielräume – zur Wirkungsweise des Improvisierens in der Musiktherapie. In Hans-Helmut Decker-Voigt (Hrsg.): *Musik und Kommunikation. Dokumentation der Fachtagung Musiktherapie auf den MUSICA-Kongressen Hamburg 1988 und 1990*. Sonderreihe Tagungsberichte, Bd. 2. (S. 86–97). Bremen: Eres.

Wolf, Ernest S. (1998). *Theorie und Praxis der psychoanalytischen Selbstpsychologie*. Frankfurt am Main: Suhrkamp.

Wulff, Erich (2003). *Wahnsinnslogik. Von der Verstehbarkeit schizophrener Erfahrung*. Bonn: Psychiatrie-Verlag.

Der Atem als Spielraum am Ende des Lebens

Sabine Rachl

> „Es gäbe nicht die geringste Möglichkeit, den Tod näher kennen zu lernen, wenn er nur ein einziges Mal einträte. Aber zum Glück ist das Leben nichts anderes als ein andauernder Tanz von Geburt und Tod, der Tanz des ewigen Wandels. Jedesmal, wenn ich das Rauschen eines Gebirgsbachs höre, die Brandung des Meeres oder meinen eigenen Herzschlag – immer höre ich den Klang der Vergänglichkeit. Jedesmal, wenn ich ein- und ausatme, spüre ich sie.
>
> Diese Veränderungen, diese kleinen Tode sind unsere lebendige Verbindung mit dem Tod. Sie sind der Puls des Todes, sein Herzschlag, der uns drängt, immer wieder alles, woran wir hängen, loszulassen. Ein Loslassen, das wir unbewusst tausende Male jeden Tag üben – im Atemrhythmus.“ (Rinpoche, 1994, S. 52)

Mit dem Einatem beginnt unser Leben, mit dem Ausatem endet es. Die Pause nach dem Ausatem, diese natürliche Stille in unserem Atemrhythmus, ist wie eine Ruheinsel des immerwährenden Übergangs. Nach dem letzten Atemzug ist sie es, die sich ausdehnt und so den Abschied aus Zeit und Raum signalisiert.

Ein Aus Pause – noch ein Schluck Wasser – ein Blick – das Zittern einer Hand – das leichte Anheben eines Fingers auf der Bettdecke. Die Tage und Stunden vor dem eigentlichen Sterben scheinen das Leben zu destillieren, in äußerster Reduktion konzentriert es sich auf das Wesentliche: Ein Aus Pause – Ein Aus Pause.

Eine fast berührbare Dichte umgibt die Situation wie ein unsichtbarer Raum im Raum. Selbst auf der Intensivstation ist sie meist spürbar, findet ihren Ort und ihre ganz eigene Stille inmitten piepsender Gerätschaften, die sich programmiert um Lebenserhaltung und Dokumentation bemühen.

So unterschiedlich die Sterbeorte auch sind – auf Akutstationen stirbt es sich anders als auf Intensivstationen, auf der Palliativstation anders als im Pflegeheim oder im Hospiz und nochmal ganz anders zu Hause – so unterschiedlich die Sterbeorte und die Menschen auch sind, so ähnlich sind sich die Situationen in dieser Dichte, die sich jeder Beschreibung entzieht, sich nur im Erleben zeigt.

„Gestern hat sie noch“, sagen die Angehörigen und spüren die Veränderung, betreten den Raum im Raum, ohne es benennen zu können und wenn sie das Zimmer verlassen, bleibt er in ihnen, versinkt vielleicht im Schlaf oder in den Notwendigkeiten des Alltags, aber verweilt unscheinbar unterhalb der

Bewusstseinsgrenze wie das vage Wissen um die Kostbarkeit der nun gezählten Stunden.

Wenn ich als Musiktherapeutin solche Räume betrete, spüre ich immer ein Doppeltes: Mein Gastsein in diesem den Sterbenden ureigenen Übergangsraum und gleichzeitig mein Menschsein, das mich eines Tages in einen ebensolchen Raum führen wird, der dann mein ureigener ist. Und in diesem Zweiten die Verbundenheit.

In solche Räume nehme ich wenig mit. Ab und zu ein Lieblingslied, im Atemrhythmus gesungen, wenn ich die Sterbende länger begleitet habe, manchmal eine Tambura oder eine kleine Leier, wie ich es in anthroposophischen Kliniken erlebt habe, wenn der Sterbende diese Art von Musik bei vorangegangenen Begegnungen mochte, meist aber nur meine offenen Sinne, meinen Atem und meinen tönenden Ausatem. „Musiktherapie ohne Musik" nennen Martina Baumann und Dorothea Bünemann diese Art, am Sterbebett anwesend zu sein (Baumann & Bünemann, 2009, S. 55). Und auch dazu braucht es Mut, gilt es doch, das Gefühl auszuhalten, nichts „Musiktherapeutisches" mehr tun zu können, einfach da zu sein.

Wie viele Spielräume die Art und Weise dieses Daseins dennoch eröffnet, habe ich erst nach und nach zu spüren gelernt. Unter anderem sind sie abhängig vom Verlauf eines Sterbeprozesses.

Wie vollzieht sich Sterben?

Genaue Angaben dazu, wie ein Sterbeprozess verläuft und wie lange er dauern wird, lassen sich im medizinischen Sinne selbst in den letzten Tagen nicht machen. Die meisten Mediziner wissen davon zu berichten, dass es Patienten gibt, die wegen eindeutig dokumentierter Ausfälle von lebenswichtigen Funktionen ihres Körpers schon längst tot sein müssten und doch manchmal noch Wochen leben. Ebenso gibt es Menschen, die sich medizinisch auf dem Wege der Besserung befinden und doch sterben. Der Spielraum eines Sterbeprozesses ist augenscheinlich ein individueller, der im Wesentlichen nicht von messbaren Parametern abhängig ist.

Und doch gibt es ein medizinisches Grundwissen über Sterbeprozesse, das auch der Musiktherapeutin hilfreich sein kann: Bekannt ist, dass das Sterben eines Menschen nicht „auf einmal" geschieht, sondern dass verschiedene Organe mit unterschiedlicher Geschwindigkeit und nicht zum gleichen Zeitpunkt die jeweiligen Funktionen zunächst einschränken und dann einstellen. Der Münchner Palliativmediziner Gian Domenico Borasio fasst diesen Prozess in seinem Buch „Über das Sterben" (2011) wie folgt zusammen: „Der eigentliche

Tod stellt einen Zusammenbruch der koordinierten Tätigkeit der lebenswichtigen Körperorgane dar, deren Hauptfunktion es ist, das Gehirn mit Zucker und Sauerstoff zu versorgen. Äußerer Ausdruck dieses Zusammenbruchs ist das Erlöschen der Herz- und Atemtätigkeit. Grundsätzlich kann der Verlust der Funktionsfähigkeit jedes einzelnen lebenswichtigen Organs zum Tod führen. Dazu gehören Herz, Lunge, Leber, Niere und Gehirn. Alle Prozesse, die zum Tod führen, tun dies durch die direkte oder indirekte Schädigung eines oder mehrerer dieser Organe. Man könnte also sagen, dass es fünf physiologische Haupttodesarten gibt: den Herz-Kreislauf-, den Lungen-, den Leber-, den Nieren- und den Gehirntod." (ebd., S. 19)

Sowohl für die Sterbenden und ihre Angehörigen als auch für sie begleitende Therapeuten kann es, wenn Fragen und Antworten erwünscht sind, beruhigend sein, zu wissen, welches Hauptorgan den bevorstehenden Sterbeprozess durch sein Versagen vermutlich „leiten" wird. Dieses Wissen ermöglicht Vorbereitung auf besondere Zustände während des Sterbens, auf die dann weniger angstgeleitet reagiert werden kann. Die Symptome während der Sterbeprozesse sind nämlich äußerst unterschiedlich (für folgende medizinische Angaben vgl. Borasio, 2011, S. 18–22).

Beim *Lebertod* kann die Leber den Körper nicht weiter entgiften. So sammeln sich giftige Stoffwechselprodukte wie Ammoniak oder Bilirubin (Ursache für Gelbfärbung von Haut und Augen) im Blut. Sie haben eine dämpfende Wirkung auf das Gehirn. Die Patienten fallen in eine Art Dämmerzustand und schließlich ins „Leberkoma", in dem sie meist friedlich sterben. Kurz vor diesem komatösen Zustand kommt es manchmal zu Unruhe und Verwirrung, in die Sprache kaum mehr hineinreicht und die in der Palliativmedizin häufig durch die Gabe von Morphinen beruhigt werden. Hier können Angehörige aber oft durch ruhige gewohnte Berührungen und den besänftigenden Klang der eigenen Stimme, Musiktherapeuten manchmal durch das Singen oder Summen bekannter und geliebter Lieder (Schlaflied der Mutter etc.) oder durch das leise Spiel den Atemrhythmus beständig beruhigender Rhythmen Beistand leisten und die Sterbenden so sanft ins Koma hinein begleiten. Aufgabe der Musiktherapeutin kann es auch sein, die Angehörigen zu Berührungen, ruhigem Atmen und Sprechen zu ermutigen, weil viele Ängste davor bestehen, etwas falsch zu machen.

Der *Nierentod* verläuft ähnlich. Die Niere ist auch für Entgiftung zuständig, vor allem aber für das Aufrechterhalten der richtigen Ionenkonzentrationen (von Natrium, Kalium, Kalzium etc.) im Organismus. Für gewöhnlich fallen die Patientinnen ebenfalls in ein finales Koma und schlafen meist ruhig ein. Wenn aber das Ionengleichgewicht stark gestört ist, kann es zu Verwirrtheit, Herzrhythmusstörungen und Krampfanfällen kommen, denen ebenfalls palliativmedizinisch begegnet wird. Bei den ersten beiden Symptomen haben Angehörige wie auch Musiktherapeutinnen ähnliche Möglichkeiten wie oben beschrieben, um die Beruhigung des jeweiligen Zustands zu unterstützen.

Für den *Gehirntod* gibt es zwei zu betrachtende Gruppen: einmal Menschen, die den Tod durch Gehirnschädigungen (z. B. Metastasen, Blutungen, Gewebeschwellungen) finden. Hier werden Teile des Gehirns in zu engem Raum „zusammengequetscht" (Borasio, 2011, S. 21). Dadurch erlöschen die Hirnfunktionen, es kommt zu Bewusstlosigkeit und schließlich relativ rasch zum Tod. Das Sterben kann von Krampfanfällen und Schmerzen begleitet sein, die palliativmedizinisch eng begleitet werden. Unterstützend wirkt dann vor allem die beruhigende, wenn möglich auch durch Berührung fühlbare Anwesenheit von Angehörigen. Aber auch Musiktherapeutinnen können – besonders bei langsam fortschreitenden Quetschungen oder Einwachsungen durch Tumore oder Metastasen – die Sterbephase vor der Bewusstlosigkeit noch lange Zeit in unterstützender Weise durch Singen, Improvisationen u. v. m. begleiten.
Die zweite Gruppe umfasst Menschen mit Demenzen und anderen neurodegenerativen Krankheiten, die einen fortschreitenden Hirnabbauprozess erleben, der am Lebensende dazu führt, dass das Gehirn lebenswichtige Funktionen wie am Schluss das Essen oder Schlucken nicht mehr steuern kann. Wegen der Langsamkeit der Degeneration verläuft der Sterbeprozess normalerweise friedlich. Die Patienten schlafen „wenn sie nicht durch unnötige ärztliche Eingriffe gestört" werden (Borasio, 2011, S. 22), meist ruhig ein.

Im Hinblick auf die Atembegleitung habe ich als Musiktherapeutin im palliativen Kontext besonders bei den beiden folgenden Todesarten weitreichende Möglichkeiten, schwierige Situationen zu beruhigen:

Über den *Herz-Kreislauf-Tod* weiß man medizinisch besonders wenig (vgl. Borasio, 2011, S.19). Die meisten dieser Sterbeprozesse beruhen auf einer chronischen Herzinsuffizienz. Studien haben ergeben, dass die Symptome sterbender Herzpatienten in vielen Bereichen denen von Krebspatienten ähneln. Im Vordergrund stehen Schmerzen und Atemnot sowie eine durch die Herzschwäche ausgelöste extreme Abgeschlagenheit. Atemnot und Abgeschlagenheit sind oft nicht rein medizinisch zu lindern.

Beim *Lungentod* ist es das Symptom der Atemnot, das die Lebensqualität Sterbender und ihrer Angehörigen am nachhaltigsten beeinträchtigt. Je schneller sich die Lungenfunktion verschlechtert, desto stärker ist die Symptombelastung. Bei starker Atemnot sind möglichst sofort hochdosierte Medikamente nötig. Schon die Dauer vom Drücken der Klingel bis zum Eintreffen der Pflegekraft kann die Angst der Patientinnen und Angehörigen ins Unendliche steigern – vor allem, weil es meist noch einige Minuten dauert, bis die Medikation stattfinden kann. Panikattacken sind in solchen Situationen nicht selten und verstärken die Ängste vor einem Erstickungstod, der jedoch unter palliativer Medikation äußerst selten ist.

Bei einer chronischen Atemschwäche (COPD = chronic obstructive pulmonary disease) durch Verengung der Atemwege bzw. Lungeninsuffizienz, sterben die Patienten oft friedlich im Schlaf, weil sich der Körper an den hohen CO_2-Spiegel gewöhnt und irgendwann in die „CO_2-Narkose" (Borasio, 2011, S. 20) gleitet. Hier ist es meist die Zeit vor dieser „Narkose", die im Rahmen der Musiktherapie mit atemtherapeutischen Elementen begleitet werden kann.[1]

Als pflegender Angehöriger wie als Therapeutin ist es besonders wichtig, sich deutlich zu machen, dass Atemnot (Dyspnoe) ein subjektives Symptom ist. Ausschließlich die Betroffenen können die Anwesenheit sowie die Schwere von Atemnot beurteilen „Dyspnoe ist das, was der Patient sagt und nicht das, was die Betreuenden primär wahrnehmen." (Graf, 2007, S. 325). 21-78 % aller Betroffenen mit einer fortgeschrittenen Tumorerkrankung leiden in unterschiedlicher Stärke an der Dyspnoe-Symptomatik. (vgl. ebd., S. 324)

Atembasierte Unterstützungsmöglichkeiten[2]

Trotz hochpotenter Medikamente begegne ich Atemerschwernis und Atemnot im palliativen Kontext also nicht selten. „Die Atemnot gehört ja, in einer schleichenden Form, zum Kräfteverlust am Ende des Lebens. Das Schwierige daran ist die Angst, die damit verbunden ist. Bei der akuten Atemnot hat der Patient das Gefühl, trotz größter Anstrengung zu wenig Luft zu bekommen. Er atmet fast nur noch ein, ausatmen ist ganz unwichtig. Er hat nicht Angst, sondern er ist Angst und will aus dieser Situation ausbrechen." (Summer, 2014, S. 7)

Meist komme ich als Musiktherapeutin nicht gerade dann ins Zimmer, wenn eine Patientin in akuter Atemnot ist. Deshalb empfiehlt es sich, besonders wenn bekannt ist, dass ein Patient im Zuge einer Herz- oder Lungeninsuffizient versterben wird, den Umgang mit der Atemnotsituation vorbeugend zu üben. In diesen Übungssituationen ist es förderlich, wenn nahe Angehörige anwesend sind. Außer nächtlicher Notsituationen sind sie es meist, die da sind, wenn die Atemnot beginnt und wenn sie es geübt haben, können sie oft so un-

---

1 Weiter Gründe für Atemnot im Sterbeprozess s. Leitlinie DGP Leitlinie, 6.

2 Für den Umgang mit Atemerschwernissen im palliativen Kontext trifft sich die Musiktherapie mit der Atemtherapie in ihren unterschiedlichen Ausprägungen. Von Graf Dürkheim (vgl. Müller 1981) über Ilse Middendorf (1990) bis zu Ira Summer (2007), von der ich indirekt gelernt habe, verknüpfe ich das hier gesammelte Wissen mit meinen Erfahrungen wie auch die mir begegnenden Atemtherapeuten musiktherapeutisches Wissen und musiktherapeutische Verfahren nutzen.

terstützen, dass sich anstelle einer Panikattacke schnelle Beruhigung einstellt oder die Zeit bis zum Eintreffen der medikamentösen Unterstützung weitaus weniger angstvoll erlebt wird.

Der *erste Schritt* ist es für Patienten wie Angehörige zu verstehen, dass in einer Notsituation nur deshalb nicht erlebbar genug Sauerstoff in der Lunge ankommt, weil nicht tief genug ausgeatmet wird. Der Ausatem schafft aber erst den Raum für den neuen Einatem. In der Akutsituation atmet der Patient meist sehr schnell aufeinanderfolgend und ausschließlich in den Brustkorb ein, ohne durch bewusstes Ausatmen und das Wahrnehmen der Atempause den Platz für das erneute Einatmen zu schaffen.

Durch Übungen, die bewusst machen, in welche Körperpartien der Einatem fließen kann, versuche ich dann in einem *zweiten Schritt* die allgemeine Atembewusstheit zu erhöhen. Viele Menschen haben Schwierigkeiten, überhaupt zu spüren, wohin ihr Einatem fließt. Durch Augenschließen, das die Möglichkeit der inneren Selbstbeobachtung erleichtert, schaffe ich eine ruhige Atemsituation und bitte die Patienten, dem Weg ihres eigenen Atems nachzuspüren.

Mit Hilfe von Mudras (= gesundheitsfördernde Fingerhaltungen in den asiatischen Heilkunden sowie in verschiedenen Formen des Yoga), die sich ohne Aufwand liegend oder sitzend im Krankenbett ausführen lassen, wächst das Gefühl für den Atemfluss in unterschiedliche Körperregionen (siehe Abb. 1–4).

Bei der Ausführung der Mudras ist es hilfreich, wenn sich die Hände so nah wie möglich am Bauch befinden. Die Finger sollten jeweils mehrere Atemzüge lang fest aufeinandergepresst in der gewählten Kombination gehalten werden. Nach der Auflösung der jeweiligen Haltung ist es gut, wieder wie gewohnt zu atmen und sich über die Erfahrungen auszutauschen.

Für eine Beruhigung der Atmung bietet die Bauchatmung, die auch unsere natürliche Tiefschlafatmung ist, die größten Möglichkeiten. Sie kann also vom Patienten zunächst mit und dann ohne Unterstützung des Mudras (Mudra 1) geübt werden.

Der *dritte Schritt* ist das Erlernen der sogenannten „Lippenbremse“. Auch hier ist es hilfreich, wenn Patienten und Angehörige gemeinsam lernen. Die Lippenbremse hat den Zweck, den Ausatem zu verlangsamen. Der Atemstrom wird abgebremst und die Bronchien bleiben durch den so erhöhten Innendruck länger geöffnet. Nach einem solchen durch die Lippen gebremsten Ausatem bis zum Einsetzen des Atemreflexes, geschieht der folgende Einatem besonders tief und wird auch als besonders tief empfunden. Außerdem hilft diese Übung dabei, „Sekret zu lösen, tiefe Lungenbezirke zu belüften und die Atemmuskulatur zu stärken“

Bei der Lippenbremse liegen die Hände wenn möglich auf dem Bauch und ich fordere die Patienten auf, auch in den Bauch hinein zu atmen, so dass er

Mudra 1: fördert Bauchatmung

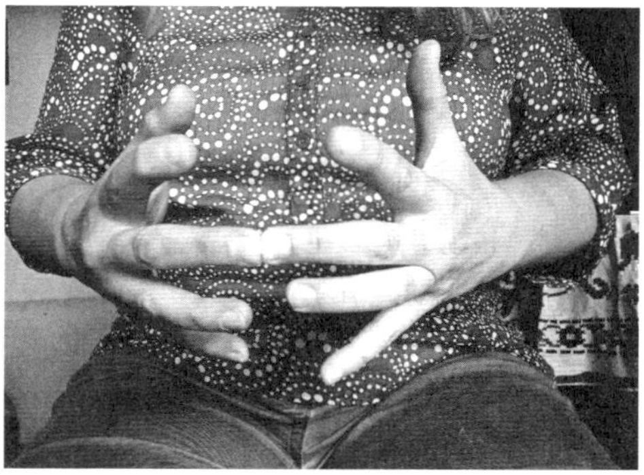

Mudra 2: fördert Flankenatmung

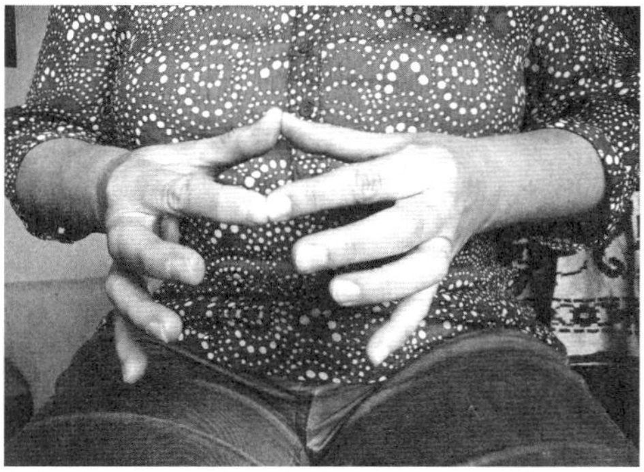

Mudra 3: fördert Brustkorbatmung

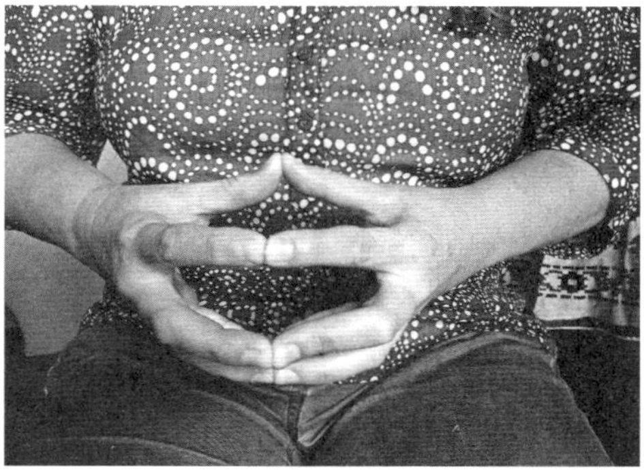

Mudra 4: fördert gleichmäßige Verteilung des Atems in alle Bereiche

sich beim Einatem wölbt und beim Ausatem wieder flach wird. Die Lippen werden zunächst entspannt aufeinandergelegt, dann aufeinander gepresst. Schließlich atmet man durch die Nase ein und lässt die Luft durch die verengte Atemöffnung der Lippen mit einem gut hörbaren „Pffff" möglichst langsam ausströmen.[3] Am Anfang kann es manchmal zu leichten Schwindelgefühlen kommen, die jedoch mit der Übung schnell verschwinden. Diese Übung kann beliebig oft am Tag mit beliebig vielen Atemzügen wiederholt werden, um die Gewöhnung zu fördern, die für den Akutfall von großer Bedeutung ist. Manchen Patienten hilft es, die Übung fest in ihren Tagesablauf einzubauen und zumindest einmal am Tag auch mit einem Angehörigen gemeinsam durchzuführen.

Vor dem *vierten Schritt*, der Einübung der Atemunterstützung für die Akutsituation, empfiehlt es sich, die Angehörigen darauf aufmerksam zu ma-

[3] Eine bildliche Darstellung findet sich beim Lungeninformationsdienst des Helmholtz Zentrums München.

chen, dass sie generell im Krankenzimmer darauf achten sollten, dass sie den Atemrhythmus des Patienten nicht übernehmen, sondern in eigenem Rhythmus selbstbestimmt atmen. Die natürliche Atemsynchronisation, die durch starke Empathie begünstigt wird, ist hier kontraproduktiv. Sie kann die Angst des Patienten auf den Angehörigen übertragen. Das ist für keinen der beiden förderlich. Außer in der Akutsituation, sollten sich die Angehörigen dem Atemrhythmus des Patienten in keiner Weise „anpassen“ und auch in der Akutsituation nur, wenn sie sich das folgende Vorgehen wirklich zutrauen und es in der nun zu beschreibenden Weise auch geübt haben.

Herbei ist es wichtig, dass die Angehörige viel Wert auf die Lautstärke ihres lippengebremsten Ausatems legt. Für die Übung stellt sie sich seitlich vor den im Bett sitzenden Patienten (Die erste natürliche Reaktion bei Atemnot ist, wenn das noch möglich ist, immer das sich Aufsetzen. Wenn das nicht mehr möglich ist, sollte der Oberkörper umgehend deutlich erhöht gelagert werden.), legt eine Hand auf seinen Rücken und hält den Blickkontakt. Beim ersten Mal loten beide aus, in welchem Rückenbereich sich die Hand am angenehmsten anfühlt. Der Patient atmet normal ein und aus und die Angehörige versucht, durch ein wenig langsameres Atmen mit lautem „Pffff“ beim Ausatem, den Atem des Patienten Schritt für Schritt ebenfalls zu verlangsamen. Für gewöhnlich synchronisieren wir unseren Atem „automatisch“ mit unseren Mitmenschen, wenn sie uns ansehen und berühren und wir so über mehrere Kanäle ihren Atemrhythmus hören, sehen und spüren können. Die Angehörige übernimmt auf diese Weise im Akutfall die Atemführung, gibt den Rhythmus vor, bittet um das Öffnen des Fensters, falls noch jemand im Raum anwesend ist und evtl. um das Öffnen beengender Kleidung. Gut ist auch, wenn ein kleiner Handventilator griffbereit liegt. Alles, was den Eindruck von viel zur Verfügung stehender Frischluft verstärkt, ist hilfreich.

Ist die Patientin bei einer Atemnot allein, kann sie es nach einiger Übung schaffen, sich zu Beginn ein einziges Mal bewusst auf den Ausatem zu konzentrieren. Dieses eine Mal, auf das unwillkürlich ein tieferer Einatem folgt, reicht oft schon, um den Beginn einer Panikattacke zu verhindern und sich ganz auf Ein- und Ausatemprozess zu konzentrieren, bis die Pflegekräfte da sind.

Eine *Vertiefungsmöglichkeit* dieser Übung liegt in der Hinzunahme der Imaginationsübung vom sicheren inneren Ort nach Luise Reddemann (2001). Hier stellen sich Patientin wie Angehöriger einen (unterschiedlichen) ganz eigenen inneren Lieblingsort vor, an dem sie sich sicher, wohl und geborgen fühlen. Sie nehmen diesen Ort innerlich mit allen Sinnen wahr. Farben, Geräusche, Gerüche, Gefühle, die zu diesem Ort gehören, werden intensivst imaginiert. Schließlich vereinbart jede/r eine Handbewegung mit sich selbst, z. B. ein kleines Kneifen, mit Hilfe derer sie sofort innerlich an diesen Ort zurückkehren kann. Übt man die Lippenbremse immer in Kombination mit dem sicheren inneren Ort, so stellt sich dieses Sicherheitsgefühl ein, sobald die Lippenbremse ausgeführt wird und unterstützt die Beruhigung in Akutsituationen besonders effektiv. Auch das Ruhigbleiben der Angehörigen in der Notsituation wird stark unterstützt.

Welche Geschichte erzählt der Atem? – Umgang mit pathologischen Atemformen in der palliativen Phase

Wenn ich ein Patientenzimmer betrete, versuche ich meist, mich zu Beginn in Ruhe mit der Patientin zu unterhalten. Hierbei lege ich mein Augenmerk nicht nur auf den Inhalt der Worte, sondern auch auf die Art des Sprechens, die Atmung meines Gegenübers. Sie erzählt oft eine andere Geschichte als die versprachlichte. In meiner Intervention versuche ich dann Wege zu finden, auf beide Ebenen einzugehen, z. B. eine gewünschte klanggetragene Phantasiereise zur Entspannung mit rhythmischem Tönen zu verknüpfen, das oft unrhythmische Atemmuster beim Patienten zu verändern vermag. Ist ein Patient nicht mehr in der Lage zu sprechen, höre ich seinem Atem einfach eine Weile zu.

Neben den eben beschriebenen durch Atemnot ausgelösten Panikattacken gibt es nämlich einige andere, oft weniger heftig ausgeprägte Atemformen, die häufig im Verlauf der Sterbephase auftreten und musiktherapeutisch gut begleitet werden können (vgl. Summer, 2014, S. 9):

Zum Beispiel weist die *unrhythmische Atmung* auf Erregung, Angst, Sorge und Trauer hin und ist meist als Ausdruck des Verlusts von Sicherheit zu verstehen. Hier kann besonders das Mitsein im Aushalten der Gefühle Halt geben durch z. B. betont rhythmische Atembegleitung, rhythmisches Sprechen oder Tönen. Ist der Atemrhythmus der Patientin wieder stabil, hat sich das auslösende Gefühl meist ebenfalls verändert.

Wenn Menschen aus Angst vor Schmerzen den Atem zurückhalten, aber auch bei Druck auf das Atemzentrum, z. B. bei Kopfverletzungen, Hirntumoren oder chemischer Einwirkung, kommt es oft zu einer Art *Schonatmung*. Fragen nach dem Schmerz, nach seiner Art und seinem Ort und das Hineinatmen in die schmerzende Region oder das Atmen an den Rand des Schmerzes im Wechsel mit dem Atmen in nicht schmerzende benachbarte Körperregionen hinein kann hier Linderung bringen.

Die sogenannte „*Cheyne-Stokes-Atmung*“ (Summer, 2014, S. 9) ist besonders auffällig und damit leicht erkennbar. Es ist eine abwechselnd flache und tiefe Atmung mit wirklich langen Atempausen, fast Atemaussetzern, die meist mit starker Schläfrigkeit einhergeht und am Bett sitzende Angehörige oft beunruhigt. Sie entsteht manchmal bei Herzinsuffizienz oder hochgradiger Schädigung des Atemzentrums durch Hirndruck z. B. bei Schlaganfällen, manchmal bei Urämie (Harnvergiftung bei Niereninsuffizienz) oder bei Sauerstoffmangel. Die Patienten sind oft nicht mehr ansprechbar. Wenn ich mit einem Angehörigen gemeinsam im Zimmer anwesend bin, „kommentiere" ich die Atempausen möglichst wertschätzend z. B. „Ein – Aus – und jetzt eine tiefe Pause, ja, ruhen Sie sich aus.", um ihnen den Schrecken zu nehmen. Diese Art zu atmen leitet nach meinen Erfahrungen oft die präfinale Phase ein. Hier spreche ich mit den Angehörigen wenn möglich auch über den spirituellen Aspekt der Atemruhe im Dreierrhythmus des Atems. Die Atempause kann ein Ort des Friedens sein. „Im Leib der Mutter haben wir auch nicht geatmet und trotzdem bekamen wir alles, was wir zum Leben brauchten. Es gibt in uns möglicherweise diese Erfahrung von nährenden Räumen, in denen der Atem eins mit uns war." (Summer, 2014, S. 9).

Die *Kussmaulatmung* zeigt sich in sehr tiefen, ziehenden und regelmäßigen Atemzügen mit leicht stöhnendem Ausatem. Sie entsteht bei diabetischem Koma und Urämien oder Störungen des Säure-Base-Haushalts. Beruhigung durch die Stimme sowie Halt gebende Berührungen bestenfalls von Angehörigen unterstützen hier. Manchmal reicht es auch, eine Hand zu halten und langsam mitzuatmen. Das ist bei der *biotischen Atmung* ähnlich. Sie ist erkennbar an tiefen wie ziehenden Atemzügen, die ganz plötzlich abbrechen und ebenso plötzlich wieder einsetzen. Diese Art der Atmung entsteht bei Hirndruck oder Gehirnblutung sowie bei hochgradiger Schädigung des Atemzentrums. Auch hier geht es in der Begleitung vor allem um ruhige Anwesenheit, Ermutigung der Angehörigen zu Berührungen, einfachen Gesten und Mitatmen. Beides unterstützt das Erleben einer Art von „Behütetsein" selbst bei komatösen Patienten.

Die sogenannte *Schnappatmung* ist eindeutig präfinal. Der Sterbende atmet durch den Mund wie schnappend ein, hebt dabei manchmal den Kopf nach hinten. Anschließend atmet er durch die Nase wieder aus. Das Atmen findet aber nur noch im Bronchial-Kehlraum statt, ohne Gasaustausch in der Lunge. Diese Form zu atmen verstärkt die Mundtrockenheit. Hier können Angehörige und Pflegende durch befeuchtende Maßnahmen unterstützen. Die Schnappatmung geht oft bald in die *Rasselatmung* über, die den unmittelbaren Sterbeprozess ankündigt. Sie kann auf anwesende Angehörige äußerst beunruhigend wirken, weil sie mit Kampf (um Luft) und Leiden assoziiert wird. Hervorgerufen wird sie lediglich dadurch, dass die sterbende Patientin aufgrund zunehmender muskulärer Schwäche und Bewusstseinstrübungen die Sekrete nicht mehr abhusten oder schlucken kann. In der Regel wirkt das Gesicht der Patienten aber entspannt, obwohl von außen gefühlt der Atem behindert zu sein scheint. Hier ist die erklärende Kommunikation mit den Angehörigen besonders wichtig, um die Furcht vor Nähe in diesen letzten Stunden zu reduzieren.

Neben der Rasselatmung kann der körperliche Prozess des terminalen Sterbens an folgenden, zum Teil chronologisch zu lesenden Zeichen erkannt werden:

1. Der Patient/ die Patientin ist zu schwach, um zu sprechen, mit den Augen zu fixieren und zu schlucken.
2. Sie/Er ist eventuell unruhig, fahrig, verwirrt und benommen.
3. Fluktuierende Bewusstlosigkeit mit wechselnder Tiefe, Hörvermögen bleibt lange erhalten.
4. Schwächer werden des Kreislaufs, kalte Extremitäten, blasse und marmorierte Haut
5. Inkontinenz oder Harnverhalt
6. Versagen des Hustenreflexes, Rasselatmung
7. Veränderung des Atemmusters
8. Klinischer Tod

(verändert nach Bausewein et al., 2000, S. 513)

Der letzte Ausatem

In vielen Kulturen wird oder wurde der Atem der Sterbenden in den letzten Tagen und Stunden ihres Lebens mitatmend, tönend oder auf andere Weise musikalisch begleitet. In den Hochanden Perus z. B. wurden für diesen Begleitungsprozess schon vor 3000 Jahren sogar eigens Instrumente geschaffen. „Vasijas silbadoras" (pfeifende Vasen) sind Tongefäße, die durch das Hindurchlaufen von Wasser atemähnliche Geräusche von sich geben, wenn man sie im Atemrhythmus hin- und herschwenkt. Mit ihrer Hilfe wurde ein Übergangsritual durchgeführt, das drei Tage vor dem Tod eines Menschen begann. Ziel des Rituals war es, neben vielen reinigenden Elementen, durch die konzentrierte und konzertierte Begleitung des Ausatems durch alle Anwesenden, den Sterbenden Schritt für Schritt zu seinem letzten Atemzug hinzutragen, seinen Atem zu verstärken, fast zu übernehmen, um schließlich die endgültige Atempause, die Stille nach dem letzten Atemzug besonders deutlich hervortreten zu lassen, sie gemeinsam auszuhalten, fast ins Unendliche zu verlängern und anschließend zu feiern als die gelungene Transformation des Verstorbenen in die Welt der Ahnen.

Die Angehörigen hatten zur damaligen Zeit und zum Teil in den Hochanden heute noch ein großes Wissen um den natürlichen Ablauf von Sterbeprozessen, das sie anscheinend erkennen ließ, wann der Zeitpunkt für das Ritual gekommen war. Auch sie beobachteten die sich vor dem Sterben verändernden und oben beschriebenen Atemrhythmen, erkannten das Schwächerwerden des Einatmens und die Verschiebung hin zum Ausatem, den das Ritual zelebriert. „Sterben ist die Hingabe an den Ausatem, an das Loslassen" sagt die Atemtherapeutin Ira Summer (2014, S. 7), die ich hier schon oft zitiert habe. Die Atempause ist ein Mysterium für sie „ähnlich dem Traum, dem Schlaf und dem Tod. Als Punkt des Übergangs ist sie beglückend. Da kommt der Mensch zur Ruhe, er gibt sich hin, er steigt für einen Moment aus dem Atmen-Müssen aus.“ (ebd.)

Nach all dem in meinem Artikel beschriebenen sinnvollen Tun während des Sterbeprozesses, komme ich zum Schluss auf die Ebene des Seins zurück, von der diese Überlegungen ausgegangen sind.

Die Musiktherapeutin Monika Renz (2015) hat die am Anfang dieses Artikels gestellte und dann auf der medizinischen Ebene beantwortete Frage „Wie vollzieht sich Sterben?“ in jahrzehntelangen Studien sozusagen von innen heraus untersucht. Nach ihrer Erfahrung, dokumentiert in über tausend Interviews mit Sterbenden, geschieht der Sterbeprozess in drei Stadien: „Der Mensch durchläuft im Übergang dreierlei Zustände oder Befindlichkeiten, und dies nicht selten mehrfach. Ich spreche von einem Davor (vor einer inneren Bewusstseinsschwelle), einem Hindurch (über diese Schwelle) und einem Danach (nach dieser Schwelle), welches aber nicht als „Jenseits“ zu begreifen ist, sondern als äußerster Zustand noch im Diesseits.“ (Renz, 2015, S. 31) Sie begreift die Todesnähe als Schwellensituation, die körperlich und seelisch durchlebt werden muss – zu eng hängen körperliche und geistige Prozesse zusammen. Irgendwann kann sich das „Ich“ dem bevorstehenden Wandel nicht mehr verschließen. Bisweilen unter „Schaudern, Schwitzen, Frieren, Schmerzen, Urangst“ (ebd., S. 43) ist es überwältigt und willigt ein, lässt los. Renz beschreibt die „Symptombekämpfung“ der Palliativmedizin wie der begleitenden Musiktherapie als Geburtshilfe, um dieses Stadium zu erreichen. „Sterbebegleitung von Patienten durch das ‚Hindurch‘ ist etwas vom Schwierigsten: Wir müssen da sein und werden zugleich weggeschickt; wir werden geliebt und gleich darauf zu Projektionsträgern und Sündenböcken gemacht. Hier braucht es kundige Seelenführer, im wahrsten Sinne des Wortes. Um hindurchführen zu können, muss man selbst erahnen können, um was es hier geht. Und selbst dann gelingt Hilfe nur bruchstückhaft.“ (ebd., S. 44)

Irgendwann und manchmal unvermittelt ist es, als wäre die Angst vorbei. Nach Renz vollziehen die meisten Sterbenden diesen Wandel im Stillen. Sie werden fast unmerklich ruhig, Friede tritt ein (vgl. ebd., S. 49). Die Angehörigen spüren die Veränderung und versuchen sie zu begreifen. Nach Renz ist die Übersetzung dieses Zustands in Worte und manchmal auch in Klänge nun oft die Aufgabe der Musiktherapeutin „Auch wenn der Tod für Hinterbliebene einem brutalen Bruch gleichkommt und die Realität, alleine zurück zu bleiben, auf ungeahnte Weise hart und kalt ist, bleiben die Momente des miterfahrenen Danach als etwas Unaussprechliches im Gedächtnis. Sich dessen zu erinnern, die Erfahrung zu hüten und ihr zu glauben, ist heilsam für ihre Seele." (ebd., S. 52) Das Erleben dieses inneren „Danach" trägt Angehörige oftmals durch die nun folgende unmittelbare Sterbeerfahrung hindurch.

Die Tage und Stunden vor dem eigentlichen Sterben, die sich häufig im Feld dieses „Danach" bewegen, empfinde ich mit den Jahren immer mehr als den Beginn der Ausdehnung des Spielraums des Lebens, nicht als Ende des Spielens. Der Raum im Raum, der sich jedes Mal neu und anders auftut, gewährt Einblicke in kaum für möglich zu haltende Wandlungsprozesse.

Vor Jahren hielt ich meinen Mann im Sterben singend in den Armen, um bis zu seinem letzten Atemzug für ihn spürbar zu sein. Ich erinnere mich vor allem an mein Erstaunen darüber, wie einfach das Sterben nach all der vorangegangenen Anstrengung war. Als die Atempausen zwischen den einzelnen Atemzügen immer länger wurden, wurde ich still, versuchte, mit allen Sinnen zu spüren, was hier geschah. Noch einmal Ein – Aus – dann nichts mehr.

Kein Geräusch. Keine Bewegung. Stille.

Ich habe den Übergang auf eine kaum formulierbare Weise gespürt, mich noch mehrere Tage lang gefühlt in beiden Räumen bewegt – dem tatsächlichen im Hier und Jetzt und gleichzeitig diesem Raum im Raum, der mir jederzeit betretbar erschien und in dem ich keine wirkliche Entfernung der Herznähe spüren konnte. Wohingegen der aufgebahrte Körper mir nach drei Tagen fremd war.

Je länger ich Sterbende begleite, desto stärker empfinde ich den Atem als Medium dieses Übergangs, als Übungsmöglichkeit unseres Unterbewusstseins, sich in tausenden kleinen Wandlungen auf die letzte große zuzubewegen, in dem Wissen, dass wir sie können. Wir können uns wandeln, verwandeln, immer. In meiner Art der Atembegleitung im Sterbeprozess versuche ich, dieses im Atemrhythmus liegende und über diesen jedem Menschen zugängliche innere Wissen um unsere Wandlungsfähigkeit zu unterstützen.

Mit dem Einatem beginnt unser Leben, mit dem Ausatem endet es. Die Pause nach dem Ausatem, diese natürliche Stille in unserem Atemrhythmus, ist wie eine Ruheinsel des immerwährenden Übergangs. Nach dem letzten Atemzug ist sie es, die sich ausdehnt und so auf ihre Art den Spielraum ins Unendliche erweitert.

Literatur

Atemfachverband Schweiz (Hrsg.) (2014). Vom letzten Ausatmen. Interview mit Ira Summer. *Atemzeit* Nr. 11, 6–9.

Baumann, Martina & Bünemann, Dorothea (2009). *Musiktherapie in Hospizarbeit und Palliative Care*. München/Basel: Ernst Reinhardt.

Bausewein, Claudia et al. (2005). *Arzneimitteltherapie in der Palliativmedizin*. München: Urban & Fischer/Elsevier

Borasio, Gian Domenico (2013). *Über das Sterben. Was wir wissen. Was wir tun können. Wie wir uns darauf einstellen*. München: Deutscher Taschenbuch Verlag.

Graf, Gudrun (2007). Dyspnoe. In Cornelia Knipping (Hrsg.): *Lehrbuch Palliative Care*. (S. 324–329). Bern: Hans Huber.

Kränzle, Susanne (2011). Atemnot. In Susanne Kränzle et al. (Hrsg.): *Palliative Care. Handbuch für die Pflege und Begleitung*. (S. 281–283). Berlin: Springer.

Middendorf, Ilse (1990). *Der erfahrbare Atem: Eine Atemlehre*. Paderborn: Junfermann.

Müller, Rüdiger (1981). *Wandlung zur Ganzheit. Die Initiatische Therapie nach Karlfried Graf Dürckheim und Maria Hippius*. Freiburg im Breisgau: Herder.

Reddemann Luise (2001). *Imagination als heilsame Kraft. Zur Behandlung von Traumafolgen mit ressourcenorientierten Verfahren*. Stuttgart: Klett-Cotta.

Renz, Monika (2015). *Hinübergehen. Was beim Sterben geschieht. Annäherungen an letzte Wahrheiten unseres Lebens*. Freiburg im Breisgau: Herder.

Ringpoche, Sogyal (1994). *Das tibetische Buch vom Leben und vom Sterben. Ein Schlüssel zum tieferen Verständnis von Leben und Tod*. Bern u. a.: Scherz.

Summer, Ira (2007). Palliative Atemtherapie in der Palliativstation. In Stefan Bischof (Hrsg.): *Atem Wege. Arbeitsgebiete der Atemtherapie. Indikationen und Fallbeispiele*. Books on Demand.

Internetquelle

Deutsche Gesellschaft für Palliativmedizin Sektion Pflege (Hrsg.) (2014): Atemnot in der letzten Lebensphase. Leitlinie für Pflegende. www.dgpalliativmedizin.de/images/stories/pdf/Leitlinie_Atemnot_end.pdf.

Lungeninformationsdienst. www.lungeninformationsdienst.de/therapie/leben-mit-krankheit/atemschulung/index.html#c123460.

Gestaltungsspielräume erweitern – Musiktherapeutische Methoden mit Paaren

Heike Plitt

Einleitung

Meine ersten therapeutischen Erfahrungen mit Paaren konnte ich im Rahmen meiner Ausbildung zur systemischen Therapeutin und Familientherapeutin an einer psychologischen Beratungsstelle sammeln. Als Musiktherapeutin lag es mir nahe, musiktherapeutische Übungen und Methoden in die Paartherapie mit einfließen zu lassen. Musiktherapeutisches Handeln in Einzel- und Gruppensettings war mir gut vertraut. Wie aber verhält es sich, wenn zwei Personen gemeinsam aufgrund einer Verstrickung innerhalb ihrer Paarbeziehung eine Therapie aufsuchen? Die therapeutische Arbeit mit Paaren ist hoch komplex und stellt für den Therapeuten nicht nur in Bezug auf die Wahrung der Neutralität innerhalb eines Konfliktes zweier Personen eine besondere Herausforderung dar. „Paartherapien gelten als schwieriges Arbeitsfeld für (nicht nur) systemische Therapeutinnen." (Schlippe & Schweitzer, 2012, S. 354) Durch die Verstrickung *intra*individueller Konflikte zu einem *inter*individuellen Konfliktgefüge in der Partnerschaft wird die therapeutische Arbeit mit Paaren sehr vielschichtig, aber auch entsprechend reizvoll und spannend.

In einer Paartherapie spielt das Zusammenspiel verschiedener Polaritäten eine entscheidende Rolle. Neben der Polarität Frau – Mann[1] ist es eine große Herausforderung, in einer Paarbeziehung die Balance innerhalb der Polaritäten Nähe – Distanz, Führen – Folgen und Geben – Nehmen zu finden. Die Spielregeln des Zusammenspiels in einer Partnerschaft müssen ausgehandelt und immer wieder neu definiert werden. Paare haben dabei dort wenig Gestaltungspielraum, wo festgefahrene Kommunikations- und Rollenmuster die Paarbeziehung bestimmen und im Paarunbewussten liegen. Musiktherapie bietet einen Spielraum, um unbewusste Arrangements – so genannte Kollusionen (Willi, 1974, 2008) – aufzudecken. Musiktherapie bietet aber auch ein Spielfeld, auf dem neue Erlebnis- und Erfahrungsmöglichkeiten zunächst nonverbal erprobt, erlebt und nachgefühlt werden können. Dies ist gerade dort von Bedeutung, wo Paare auf der verbalen Ebene immun geworden sind und festgefahrene oder machtdominierte Spielregeln die Paarbeziehung bestimmen. In der Musiktherapie kann neues gefühltes Wissen bei den Partnern entstehen,

---

[1] Auch bei gleichgeschlechtlichen Paarbeziehungen lassen sich diese Polaritäten finden.

das einen Zugang zu neuen Gestaltungsräumen eröffnet. Paare können dabei erfahren, dass sie in ihrer Beziehung nicht nur ein Spielstein sind, sondern selbst verantwortlich mitspielen und dass innerhalb einer Paarbeziehung ein erheblicher Spielraum vorhanden ist, der individuell gestaltet werden kann. Dabei kann wieder Spielfreude und Lebendigkeit in einer Beziehung entstehen.

Spielregeln der Beziehungsgestaltung in Partnerschaften

Um musiktherapeutische Methoden in der Therapie mit Paaren anzuwenden, ist es hilfreich, sich über unterschiedliche Paartheorien und Paarmodelle einen Verstehenshintergrund anzueignen.[2] In diesem Beitrag betrachten wir die Paarbeziehung vor dem Hintergrund der Kollusion und Koevolution nach Jürg Willi (1975, 2008). Dadurch soll ein mögliches Verständnis für die in diesem Beitrag beschriebenen musiktherapeutischen Spiele in der Paartherapie entwickelt werden.

Willi (1975, 2008) analysiert und systematisiert in seinem Kollusionskonzept das unbewusste Zusammenspiel in Partnerwahl und Paarkonflikten.[3] Mit Hilfe seines Konzeptes soll in diesem Beitrag ein Verständnis abgeleitet werden, inwiefern mit Hilfe musiktherapeutischer Methoden unbewusste Interaktionsmuster aufgespürt und eine Erweiterung des Gestaltungsspielraums in Paarbeziehungen ermöglicht werden können.

Jürg Willi, 1934 in Zürich geboren, ist Mitte der 60er Jahre einer der ersten Paartherapeuten Deutschlands. Unter ihm hat sich in der Paartherapie die Wende zum interindividuellen Ansatz vollzogen. Dem Kollusionskonzept von Willi (1975, 1978) liegt ein tiefenpsychologisches Verständnis zugrunde. Die Beziehungserfahrungen in den ersten sechs Lebensjahren werden in Willis Konzept als entscheidend dafür angesehen, welche Entwicklungskonflikte und Aufgaben spätere Beziehungen prägen. Willi bezieht sich in seinem Kollusionskonzept auf Laing (1977) und Dicks (1967). Des Weiteren sind Einflüsse von Fairbairn (1952), Klein (1962) und der psychoanalytischen Gruppentherapie erkennbar.

Willi unterscheidet drei Funktionsprinzipien von Partnerschaft: das Abgrenzungsprinzip, das Prinzip der wechselseitigen Verteilung progressiver und regressiver Anteile und das Prinzip des Gleichgewichts des Selbstwertgefühls (vgl. Abb. 1).

---

2 Einen detaillierter Überblick über eine Vielzahl von Theorien und Modellen von Paarbeziehungen sind bei Lösel & Bender (2003) sowie bei Schneewind & Wunderer (2003) zu finden.

3 Eine Weiterentwicklung dieses Konzepts findet sich beispielsweise im tiefenpsychologisch-hypnosystemischen Ansatz von Kachler (2015).

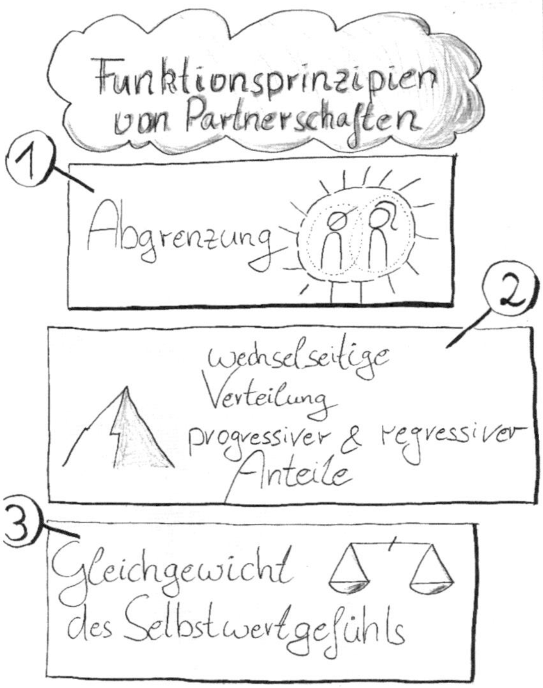

Abb. 1: Funktionsprinzipien
von Partnerschaft

Zunächst zum *Abgrenzungsprinzip*: Die meisten Paarbeziehungen zeichnen sich dadurch aus, dass klare Grenzen nach außen bestehen, die dennoch durchlässig und flexibel sind. Die Beziehung der Partner hat im Vergleich zu anderen Beziehungen einen Exklusivcharakter. Sie hebt sich so von anderen Beziehungen – beispielsweise der zur besten Freundin oder zum besten Freund – ab. Die Individualität und Freiheit jedes Einzelnen bleiben trotz Verbundenheit bestehen.

Anders verhält es sich in einer symbiotischen Beziehung. Diese kennzeichnet starre Außengrenzen und diffuse Innengrenzen. Der Wunsch nach Symbiose kann in der Angst vor Trennung seinen Ursprung haben.

Wiederum anders verhält es sich, wenn eine Paarbeziehung diffuse Außengrenzen und starre Innengrenzen aufweist. Dadurch verliert die Partnerschaft ihren Exklusivcharakter. Beide Partner zeigen in dieser Konstellation extremes Autonomiebestreben. Die starren Innengrenzen können in der Angst vor Selbstverlust begründet sein.

Das zweite Funktionsprinzip von Partnerschaft ist eine *wechselseitige Verteilung regressiver und progressiver Verhaltensweisen*. In einer ausgeglichenen

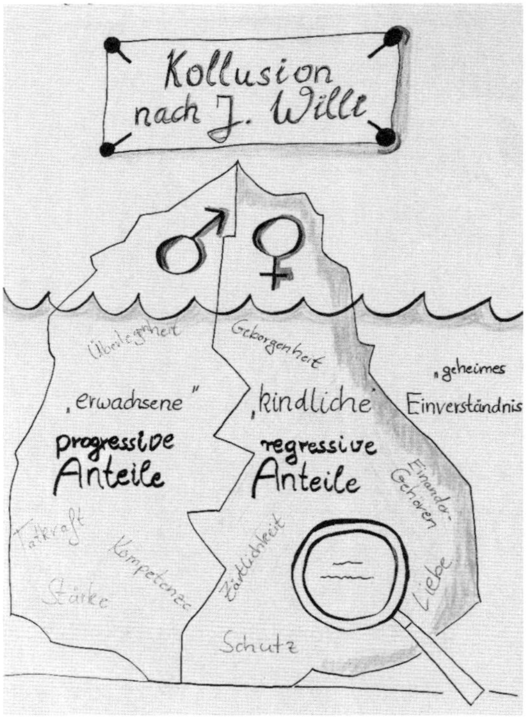

Abb. 2: Verteilung regressiver und progressiver Verhaltensweisen

Beziehung können die Partner flexibel zwischen progressiven und regressiven Tendenzen wechseln. Pole wie geben und nehmen oder stark und schwach sind wechselseitig verteilt.

Paarkonflikte und deren Verlaufsmuster gehen nach Willi häufig damit einher, dass die Rollenverteilung der jeweiligen Pole demgegenüber starr und einseitig besetzt ist. Die Partner leben jeweils nur eine Seite – die progressive oder regressive – und verdrängen die andere. Das Reaktionsrepertoire der Partner wird durch dieses unbewusste Arrangement (Kollusion) eingeschränkt. Eine Kollusion kann zum Beispiel so ausgestaltet sein, dass sich der Mann ausschließlich progressiver Verhaltensweisen wie Stärke und Kompetenz bedient und die Frau für die regressiven Anteile wie Geborgenheit und Zuneigung in der Beziehung die Verantwortung übernimmt (vgl. Abb. 2).

Solch ein Arrangement gestaltet sich unbewusst in einer Art „geheimen Einverständnisses" zwischen den Partnern. Kollusionen zeigen sich bereits bei der Partnerwahl, wenn jeweils die komplementäre verdrängte Verhaltensweise im anderen gesucht wird. Dass die eigenen verdrängten Tendenzen und Wünsche an den Partner delegiert werden, ist zunächst ein glückender Heilungs-

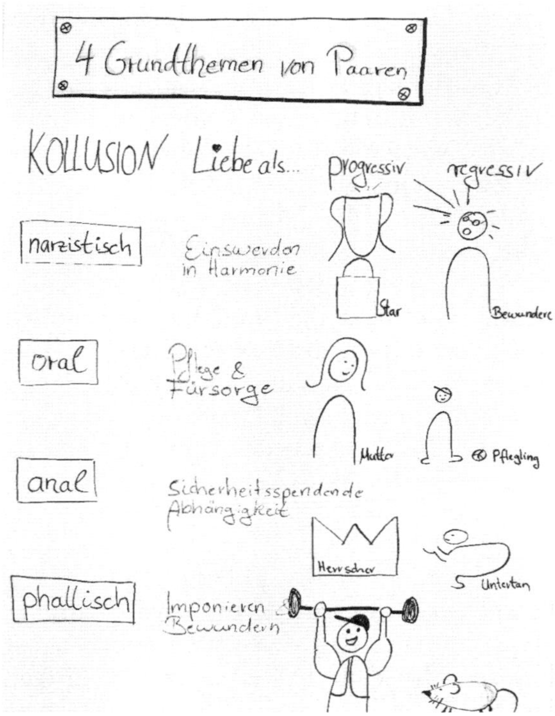

Abb. 3: Kollusionstypen

versuch. Nach und nach verstärken sich die Partner allerdings gegenseitig in ihrer Rollenfixierung, anstatt den vernachlässigten Pol in sich selbst zu entwickeln. Eine starre Rollenfixierung wird oftmals als konflikthaft erlebt.

Das *Gleichgewichtsprinzip* besagt schließlich, dass in einer Beziehung ein Gleichgewicht des Selbstwertgefühls der Partner angestrebt wird. Ist das offene Gleichgewicht kurzfristig gestört, so wird dieses wieder hergestellt. So kommt es vor, dass sich der Schwächere in einem Streit beispielsweise Verhaltensweisen wie Weinen, Schweigen, Davonlaufen oder Suizidandrohungen bedient, um das Gleichgewicht wieder herzustellen.

Vertiefend zu den Funktionsprinzipien von Partnerschaft unterscheidet Willi vier Grundthemen des unbewussten Zusammenspiels in Paarbeziehungen (vgl. Willi, 1975, 2008). Diese so genannten Kollusionstypen werden auf Entwicklungskonflikte in der Kindheit während der narzisstischen, oralen, analen oder phallischen Phase zurückgeführt. (vgl. Abb. 3) Sie spielen sowohl bei der Partnerfindung als auch in Paarkonflikten eine entscheidende Rolle.

Narzisstische Kollusion: Die narzisstische Kollusion zeigt sich in der Grundthematik „Liebe als Verschmelzung“. Das Bedürfnis nach „Einswerden in Harmonie“ gründet aus dem Entwicklungskonflikt, in der Kindheit kein eigenständiges Selbstwertgefühl entwickelt haben zu können. Der „grandiose Partner“ zieht sein Selbstwertgefühl aus der Bewunderung durch den anderen. Der „Bewunderer“ zieht sein Selbstwertgefühl daraus, Teil des „grandiosen Partners“ zu sein. Dem Druck der Idealisierung kann der grandiose Partner auf lange Sicht nicht standhalten. Aus dem anfänglichen „Toll, dass du mich so bewunderst“ wird eine erniedrigende und distanzierende Haltung: „Unerträglich, deine demütige Kaninchenhaltung, die mich einengt und mir Schuldgefühle macht.“ Auch die Haltung des Bewunderers „Toll, dass du so grandios und selbstbewusst bist.“ wandelt sich und kann in Aussagen wie „Deine aufgeblähte Selbstherrlichkeit demütigt mich.“ zum Ausdruck kommen. Therapeutisch geht es darum, das Selbstwertgefühl sowie die Selbstständigkeit beider Partner zu stärken und ein flexibles Gleichgewicht zwischen den Haltungen herzustellen.

Orale Kollusion: Die Themen Fürsorge, Helfen und Übernahme von Verantwortung stehen in der oralen Kollusion im Vordergrund. Liebe wird als *einander umsorgen* verstanden. „Auf den Punkt gebracht ist hier ein Partner der Pflegling, der andere die Mutter. Weil diese Rollen recht festgeschrieben sind, kommt es bald zu Konflikten, in denen der mütterliche Partner den anderen unersättlich und undankbar erlebt und vom Pflegling vorwurfsvoll und abweisend erlebt wird.“ (Bergmann, 2010, S. 7) Nicht selten reagiert der Pflegling daraufhin mit depressiven Symptomen. Die Rollen verfestigen sich. Der Widerstand des Paares, die Rollen zu verlassen, gründet in der Angst des Pfleglings, umsorgende Aufgaben dem mütterlichen Partner gegenüber übernehmen zu müssen, und der Angst des Pflegenden, sich schwach zu zeigen.

Anale Kollusion: Die anale Kollusion zeigt sich in dem Verständnis von Liebe als sicherheitsspendende Abhängigkeit. „Beiden Partnern ist der Widerstand gemeinsam, ihre Vorstellung in Frage zu stellen, dass die Beziehung zerbrechen würde, wenn sich beide frei und autonom verhalten würden.“ (Bergmann, 2010, S. 7) In der analen Kollusion können sich die Rollen in die des Herrschers und des Untertans aufteilen. Der Herrscher übt unbedingten Besitz- und Kontrollanspruch seinem Partner gegenüber aus und unterdrückt dabei seinen eigenen Wunsch nach Abhängig- und Anhänglichkeit. Der Untertan übt den Machtkampf auf verdeckte Weise über passives Verhalten wie Nachlässigkeiten, Heimlichkeiten oder verdeckte Provokationen aus. Die Machtkämpfe dienen dazu „Gebundenheit und Aufeinander Bezogensein zu sichern“ (Bergmann, 2010, S. 8). Ziehen sich zu Beginn der Beziehung Stärke und Durchsetzungsfähigkeit des Herrschers und Nachgiebigkeit und Güte des

Untertans an, so wird der Andere im Laufe der Beziehung als autoritär und tyrannisch beziehungsweise marionettenhaft und unselbstständig erlebt und entwertet.

Phallische Kollusion: In der phallischen Kollusion wird Liebe als Bewundern und Imponieren verstanden. Typische Rollenverteilungen zeigen sich in der Konstellation „graue Maus" – „Macho" oder „Weib" – „Softi". Imponieren und Bewundern werden im Kollusionskonflikt durch die Infragestellung in Bezug auf die Fähigkeit zur und Wirkung auf die Potenz ersetzt. Eine Ausgewogenheit der männlichen und weiblichen Anteile innerhalb der eigenen Person kann zur Lösung des Kollusionskonflikts beitragen. So kann es beispielsweise darum gehen, „sich von der Vorstellung zu lösen, dass der Mann allzeit stark und überlegen, die Frau schwach und führungsbedürftig zu sein habe." (Bergmann, 2010, S. 9)

Musiktherapie als Zugang zum Paarunbewussten

Nähern wir von dem bis hierhin beschriebenen Verständnis von Partnerschaftsdynamiken zur Praxis musiktherapiebasierter Therapie und Beratung von Paaren an.

Musik stellt einer verbalen Immunisierung von Paaren eine neue Strategie zur Verfügung, in der Spielregeln erkannt und Kompetenzen neu verteilt werden können. Dabei kann mit Hilfe musiktherapeutischer Methoden ein Zugang zum Paarunbewussten erlangt und die Kollusionsthematik der Beziehung bewusst gemacht werden. (vgl. Abb. 4)

Festgefahrene „Paarspiele" und unbewusste Arrangements des Zusammenspiels können hörbar gemacht und nachvollzogen werden. Funktionsprinzipien der Partnerschaft können nachgespürt und Flexibilität wiedererlangt werden. Mittels Musik kann sich ein tieferes Verständnis für die Paardynamik entwickeln und ein gemeinsamer Grundkonflikt und seine Bindungsfunktion deutlich werden. Starre Muster können durchbrochen und musikalisch-spielerisch ein flexibles Austarieren des Gleichgewichts erprobt werden. Dabei kann Selbsterkenntnis gefördert und der Frage nachgegangen werden, wo in der Musik etwas an den Partner delegiert wird, das in das eigene Verhalten integriert werden könnte.[4] Werden Rollenübernahmen erkannt, kann im nächsten Schritt eine andere Rolle erprobt werden. Dabei können neue Eindrücke und ein empathisches Einfühlen in den anderen erfahren werden. Ferner ermöglicht das gemeinsame Ausrichten der Wahrnehmung auf die Musik Inten-

[4] Anschaulich werden kann dieser Aspekt in der Gestaltung des Anfangs oder des Schlusses der Improvisation. So kann der Frage nachgegangen werden, ob die Verantwortung für den Beginn und den Schluss der Improvisation an einen Partner abgegeben wurde und welche Impulse dabei ausschlaggebend waren.

Abb. 4: Musiktherapie – ein Zugang zum Paarunbewussten

tionalität, die für emotionale Neubewertung von Situationen und emotionalen Reaktionen zentral ist (vgl. Allen, Fonagy & Bateman, 2016, S. 93f).

Wenn Paare nicht explizit in eine Paarmusiktherapie gehen, sondern musiktherapeutische Elemente in der Beratung und Therapie für Paare einbezogen werden, hat es sich in meinem praktischen Tun bewährt, mit klar strukturierten musiktherapeutischen Spielen zu arbeiten. Musikalische Spiele sind zu Beginn der Paartherapie weniger mit Widerstand gekoppelt als frei zu improvisieren. Die Form der freien Improvisation kann an späterer Stelle der Therapie, wenn dem Paar das musikalische miteinander Agieren vertrauter ist, die Erfahrungstiefe erweitern. Betrachten wir einige dieser musiktherapeutischen Spiele genauer.

Komm zu mir: Musikalisch den Partner dazu zu bewegen einen Schritt auf den anderen zuzugehen, ist Aufgabe dieser Übung. Mit Schritten aufeinander zuzugehen oder aber auch sich voneinander zu entfernen ist hier nicht nur metaphorisch gemeint, sondern wird auch körperlich real nachvollzogen. Zudem wird im Besonderen die Mentalisierungsfähigkeit innerhalb der Paarbeziehung in den Blick genommen. Wie gut kann ich mich in den anderen, aber auch in mich selbst hineinversetzen, um etwas zu bewegen? Es hat sich zudem als ertragreich erwiesen, nach diesem musiktherapeutischen Spiel die Frage zu erörtern, was den Partner zu Beginn der Beziehung für mich attraktiv und anziehend gemacht hat.

Paarfindung: In dieser Übung geht es darum, dass ein Paar sich musikalisch als Duett findet. Dabei geht es erst im zweiten Schritt um das Finden eines gemeinsamen Tonraums. Zunächst sollen zwei Instrumente gefunden werden, die für das Paar stimmig zusammenpassen. Dabei kann die Erfahrung gemacht werden, dass die Auswahl eines zunächst als stimmig empfundenen Instruments im Zusammenklang mit dem anderen nicht mehr als harmonisch erlebt wird, es also Veränderungsbedarf gibt und die Partner sich deswegen neu aufeinander abstimmen müssen. In diesem musiktherapeutischen Spiel können Rollenkollusionen erkannt werden und durch Erprobung neuer Instrumentenkombinationen kann ein Ausgleich der Machtverhältnisse erprobt und erlebt werden.

Ein Lied für dich: Ein Lied für den anderen musikalisch zu gestalten oder aber ein Musikstück für den Partner zum Hören auszusuchen kann zu sehr berührenden Momenten in einer Paartherapie führen. Welche Beweggründe gibt es bei der Auswahl des Stückes und inwiefern fühlt sich der Partner durch das Musikstück vom anderen verstanden? Darüber hinaus ist die Rollenverteilung Geben – Nehmen zentral. Werden Geben und Nehmen als flexibles Gleichgewicht oder als einseitige Belastung erlebt und wie kann ein einseitig belastetes Konto wieder ausgeglichen werden?

Blindenführung: Ein Partner schließt die Augen und lässt sich vom anderen mit Hilfe seiner Musik durch den Raum führen. Zunächst steht in dieser Übung das Thema „Vertrauen“ im Zentrum. Schließlich können die Rollen „führen und geführt werden“ aber auch „Macht und Kontrolle“ nachgespürt werden. Verbunden und positiv gekoppelt werden kann diese Übung mit einem „Schnappschuss“. Der Partner wird mit Hilfe der Musik an eine Stelle im Raum geführt, an derer die Augen wieder öffnen soll um das, was er sieht, auf sich wirken zu lassen und wie ein Foto innerlich abzuspeichern. Meist führt dies zu einer sehr detaillierten Wahrnehmung. Der äußere Raum wird neu erfahren und die Erfahrung gemacht, wie sich durch achtsames Betrachten Sichtweisen erweitern und neue Perspektiven eröffnet werden können.

Nach deiner Pfeife tanzen: Die Art des Musizierens des einen soll die Art des Gehens/Tanzens oder auch Mitmusizierens des anderen bestimmen. Auch in diesem musiktherapeutischen Spiel kristallisieren sich einerseits manifestierte Rollenmuster heraus und können andererseits neue Rollen erprobt werden. Fragen, die sich anschließen können, sind: „Wo in meiner Beziehung fühle ich mich fremdbestimmt, wo selbstbestimmt? Was verleitet mich dazu, nach der Pfeife des anderen zu tanzen? Wann lasse ich den anderen wie nach meiner Pfeife tanzen? In dieser Übung können die gemachten Erfahrungen sehr körpernah nachempfunden werden.

Gemeinsamer Tanz: Meist schließe ich diese Übung der Übung „nach deiner Pfeife tanzen" an, um nun ein mögliches sich einstellendes Gleichgewichts nachspüren zu können. In dieser Übung geht es darum, die Rollen zwischen „Führen und Geführtwerden" flexibel zu gestalten. Ohne Absprache soll erst der eine und dann wieder der andere „den Ton angeben", so dass sich ein gemeinsamer aufeinander bezogener Tanz ergibt, der musikalisch hörbar und körperlich erfahrbar wird.

Rückenklang: Auch in dieser Übung spielt die körperliche Ebene – entsprechend der Bedeutung in einer Partnerschaft – eine große Rolle. Die Partner stehen mit den Rücken aneinander gelehnt und beginnen allmählich zu summen. Durch den Kontakt am Rücken können die Resonanzen des anderen körperlich nachgespürt werden. Der Therapeut kann diesen Prozess durch das Spiel des Monochords unterstützen. Über körpernahe Resonanzübungen kann ein Zugang zum Paarunbewussten gelingen (vgl. Kachler, 2015, S. 37f) und ein Abstimmungsprozess erfahren werden.

Halten wir fest: Mit Musik ins Paarunbewusste abzutauchen, bedeutet geheimen Abkommen, so genannten Kollusionen, auf die Schliche zu kommen. Die verdeckten Spielregeln können aufgedeckt und hinterfragt werden. Dadurch erlangt das Paar seine Entscheidungsfreiheit wieder, die zu einer Auflösung von „sich nicht anders verhalten können" zu „sich so verhalten wollen" oder „verändern wollen" führen kann.

Fazit

In Paartherapie gehören erlebnisorientierte Methoden und Übungen wie beispielsweise Aufstellung, Skulpturarbeit, Time-Line-Arbeit sowie der Einsatz von Seilen oder Stühlen zum Repertoire jedes Therapeuten (vgl. Weber, 2015). Musiktherapeutische Methoden können dieses Spektrum erweitern. Im Besonderen durch Anwendung musiktherapeutischer Methoden kann ein Zugang zum Paarunbewussten erlangt werden und eine Kollusionsproblematik aufgedeckt werden. Auf diese Weise kann das Paar die Erfahrung machen, dass es sich bei dem Paarkonflikt um einen Lösungsversuch eines gemeinsamen

Grundkonfliktes handelt. Das sonst als komplementär und als trennend Erlebte kann so als eine verbindungschaffende Gemeinsamkeit erfahren werden. Dabei geht es zum einem darum, das Verhalten des anderen besser nachvollziehen zu können, und zum anderen darum, zu erkennen, welche eigenen Anteile im jeweils anderen delegiert werden, um diese in die eigene Person zu integrieren. Dadurch wird ein flexibles Gleichgewicht möglich. Musiktherapie bietet in diesem Sinne in einer Partnerschaft den Nährboden dafür, dass Ko-Evolution im Sinne einer Kunst gemeinsamen Wachsens (Willi, 2007) gelingen kann.

Literatur

Allen, Jon G.; Fonagy, Peter & Bateman, Anthony (2016). *Mentalisieren in der psychotherapeutischen Praxis*. 2. Auflage. Stuttgart: Klett-Cotta.

Bergmann, Günther (2010). *Kollusionen in der Partnerschaft*. https://koeln.efl-beratung.de/fileadmin/koeln/infothek/fachartikel/Kollusion_in_der_Partnerschaft-Bergmann-2011.pdf. Abgerufen am 23. April 2018.

Dicks, Henry V. (1967). *Material tensions*. New York: Basic.

Fairbairn, William Ronald Dodds (1952). *Psychological Studies of the Personality*. London: Routlege & Kegan Paul.

Kachler, Roland (2015). *Die Therapie des Paar-Unbewussten: Ein tiefenpsychologisch-hypnosystemischer Ansatz*. Stuttgart: Klett-Cotta.

Klein, Melanie (1962). *Das Seelenleben des Kleinkindes und andere Beiträge zur Psychoanalyse*. Stuttgart: Klett.

Laing, Roland (1977). *Das Selbst und die Anderen*. Reinbek: Rowohlt.

Lösel, Friedrich & Bender, Doris (2003). Theorien und Modelle der Paarbeziehung. In Ina Grau & Hans-Werner Bierhoff (Hrsg.) *Sozialpsychologie der Partnerschaft* (S. 43–75). Berlin: Springer.

Schlippe, Arist von & Schweitzer, Jochen (2016). *Lehrbuch der systemischen Therapie und Beratung I: Das Grundlagenwissen*. Göttingen: Vandenhoeck & Ruprecht.

Schneewind, Klaus A. & Wunderer, Eva (2003). Prozessmodelle der Partnerschaftsentwicklung. In Ina Grau & Hans-Werner Bierhoff (Hrsg.): *Sozialpsychologie der Partnerschaft* (S. 221–255). Berlin: Springer.

Weber, Roland (2015). *Paare in Therapie. Erlebnisintensive Methoden und Übungen*. Stuttgart: Klett-Cotta.

Willi, Jürg (1975). *Die Zweierbeziehung. Spannungsursachen – Störungsmuster – Klärungsbedarf – Lösungsmodelle. Analyse des unbewußten Zusammenspiels in Partnerwahl und Paarkonflikt. Das Kollusions-Konzept.* Reinbek: Rowohlt.

Willi, Jürg (2007). *Die Kunst gemeinsamen Wachsens. Ko-Evolution in Partnerschaft, Familie und Kultur*. Freiburg im Breisgau: Herder.

Willi, Jürg (2008). *Therapie der Zweierbeziehung. Einführung in die analytische Paartherapie, Anwendung des Kollusionskonzeptes, Beziehungsgestaltung im therapeutischen Dreieck.* Stuttgart: Klett-Cotta.

Im Spielraum der eigenen Stimme

Oliver Schöndube

Der Titel des Beitrages lehnt sich an den Titel der Tagung „Spielräume schaffen – Spielräume bewahren“ an, in deren Mittelpunkt Prof. Dr. R. Tüpker stand, die zu ihrem Abschied von der Universität diesen schönen Moment des Dankes und der Begegnung geschaffen hatte.

In der Planung hieß es, etwas zum Wohlfühlen sollte es sein, ein Workshop, der unsere Stimme und damit auch einen wichtigen Teil von uns selbst in den Mittelpunkt stellt.

Mit ihr zu spielen, ihr neues „Spielzeug“ und damit Impulse zu neuen Möglichkeiten zu geben und schließlich im Spiel das Gemeinsame klingen zu lassen, bildete den Rahmen des Workshops innerhalb der Tagung.

Diesen Workshop im Nachgang zu beschreiben ist auf den ersten Blick nicht so leicht, da es nicht darum gehen kann, hier einen kleinen Übungskatalog aufzuschreiben, den man dann auch zu Hause weiter- oder nachmachen kann. Die Übungen standen im Zusammenhang einer umfassenden Sicht auf die Stimme und unseren Umgang mit ihr. Dazu gehört das gemeinsame Tun, Lauschen und Singen und vor allem die gemeinsame Erfahrung im Augenblick, die im Nachhinein eben kaum beschreibbar ist. Das Erschließen dieses Spielraums kann letztlich nur in der Praxis erfolgen. So kommen viele der Beispiele und Inhalte selbst aus der Praxis und lassen sich selbst nicht immer in Literatur definieren, sondern entstammen verschiedensten Fortbildungen, praktischen Erfahrungen und der eigenen steten Suche. Damit stellt diese Darstellung eine Mischung aus Rückblick und Ausblick dar, die einen Einblick in Geschehenes wiedergeben und gleichsam eine Einladung zu einer weiteren Auseinandersetzung sein kann.

Das miteinander Singen und das damit verbundene Streben nach einer (mehr als bloß musikalischen) Harmonie ist Weg und Ziel zugleich. Dieses im Hintergrund werden im Folgenden einige grundlegende Gedanken meiner Sichtweise beschrieben, um sich der Praxis so gut es hier geht theoretisch anzunähern. Dennoch sollen natürlich ein paar kurze Beschreibungen von Übungsideen nicht fehlen, die das Bild etwas lebendiger machen und vielleicht auch Lust bereiten können, sich der eigenen Stimme und dem uns gegebenen Gesang (wieder) zu widmen.

Der gesunde und resonanzreiche Umgang mit unserer Stimme stellt uns einen reichhaltigen Spielraum zur Verfügung. Diesen Spielraum (wieder) zu entdecken und sich darin frei zu bewegen, war also Anliegen des Workshops.

Die Stimme in der Musiktherapie

„Die Stimme in der Musiktherapie" (vgl. Engert-Timmermann & Wolf, 2013) ist bereits vielfältig beschrieben worden und es gibt viele Perspektiven, die sich zu betrachten lohnen. Die Bedeutung der Stimme, der Einsatz, mögliche Wirkungsweisen sind dargestellt. Weniger beachtet jedoch ist die Stimme als (zu bildender oder vielleicht eher (wieder) zu befreiender) Teil von uns. Die Bedeutung der Stimme für uns selbst und wie wir mit ihr umgehen und sie pflegen, wirkt sie schließlich wieder in die Therapie zurück und wird somit auch wieder ressourcenreicher Selbsterfahrungsraum für uns selbst. Auf diese Weise kann die Stimme sowohl als beziehungstragender Teil wirken, als auch inhaltlicher Teil des therapeutischen Prozesses sein, wenn die Stimme selbst Thema ist oder sich Themen über die Stimme und ihre (Dys-) Funktion ausdrücken können.

Als Einstieg in diese Ausarbeitung soll der Workshop mit seinen Inhalten dienen und im Verlauf etwas ausgeweitet werden, sodass ein breiteres Spektrum und ein weiteres Bild vom Umgang mit der Stimme präsentiert werden kann, das Lust machen soll, sich (wieder) neugierig auf den Weg zur und mit der eigenen Stimme zu machen.

Von da aus kann eine Brücke zum Einsatz der Stimme in der Musiktherapie geführt werden. Die Stimme ist einer der wichtigsten Parameter unserer Arbeit, selbst wenn wir sie nicht „als Musik" einsetzen, sondern „nur" für das Gespräch.

Wichtig erscheint mir die Pflege und Gesunderhaltung[1] der Stimme, da wir uns in einem steten Kontinuum bewegen. Sie ist mehr als bloßes „Material", das wir benutzen. Sie vermittelt von sich aus mit ihrem Klang, ihrem Schwingen, ihrer Resonanz einen wichtigen Teil des therapeutischen Seins und des Prozesses. Darüber hinaus kann der Umgang mit der Stimme etwas sehr Freudvolles und auch Sinnliches sein, das wiederum auf vielen Ebenen auch für uns selbst gesundheitsfördernd und erhaltend sein kann.

Wenn ich mit meiner Stimme im Einklang bin, wenn ich sie nutzen, achtsam führen und schätzen kann, wird sie auch in der therapeutischen Arbeit zu einem wichtigen Instrument, das nicht nur Inhalte gesund vermitteln kann, sondern auch Baustein einer tragfähigen Beziehung und Gestalterin einer wertschätzenden und respektvollen Atmosphäre wird. Auf diese Weise wird ein Wohlfühlen mit der eigenen Stimme angestrebt, das ein Wohlfühlen und

[1] Als Anregung kann auch A. Antonovskys Konzept der Salutogenese dienen. Petzold (www.salutogenese-zentrum.de. Zugriff 05.05.2018) beschreibt in seinen Grundlagen systemischer Kohärenzregulation die „Dynamische Definition von ‚gesund': ‚Gesund' bedeutet, auf einem Weg zu mehr Gesundsein, innerer und äußerer Stimmigkeit (Kohärenz, Wohlbefinden) zu sein." Stimmigkeit lässt sich dann vielleicht auch wörtlich denken als ausgewogene stimmliche Äußerungen.

Entspannung im therapeutischen Prozess unterstützt, der wiederum auf diese Weise an Tragfähigkeit gewinnen kann.

Stimmphysiologisches Wissen

Ein wenig anatomisches Wissen, mehr aber noch anatomische *Erfahrung* um die Stimmerzeugung kann hilfreich sein, sowohl um den eigenen Umgang zu unterstützen, als auch um im therapeutischen Prozess eine gute Basis zu haben. Beispielsweise auch dort, wo das Singen selbst ein Aspekt der Therapie wird. Diese Erfahrung, die uns selbst öffnet und auch wieder mit der Seite der Empfangenden verbindet, war Basis des Workshops.

Anatomische Bilder (bspw. Spiecker-Henke, 2014, S. 255 ff.; Seidner, 2010, S. 21) erleichtern oftmals den Zugang zu diesem Wissen, werden jedoch aufgrund der Eingrenzung der Darstellung nicht weiter ausgeführt.

Spielerisch der Stimme zu begegnen und dabei noch resonanzreich zu singen, mag manchmal „zu leicht" klingen – wenn das so einfach wäre, dann ... Doch letztlich ist genau das ein guter Zugang zu einem Prozess, der sehr die Leichtigkeit als eines seiner Ziele hat. Ein Prozess bedeutet natürlich, dass ein Workshop nur eine Idee umreißen, ein Interesse wecken, eine Entwicklung erahnen lassen oder eine paar Schritte eines (neuen oder alten) Weges begleiten oder anregen kann.

Von unten nach oben aufbauen

Als innerliche Orientierung der dargestellten Vorgehensweise dient die Struktur, den Körper von „unten nach oben" aufzubauen. So wie ein gut in die Erde gepflanzter Baum wachsen, gedeihen und Früchte tragen kann, hilft diese Erdung uns ebenfalls, nach oben zu wachsen und die sprichwörtlichen Wurzeln zu stärken, die der Stimme schließlich die Möglichkeit geben, Flügel geschenkt zu bekommen. Der Weg, der sich „dazwischen" befindet, wird hier allenfalls skizziert, jedoch als Orientierung immer mitgedacht.

Angefangen bei den Füßen führt uns die vorgestellte *Diaphragmenkette*[2] (vgl. Rohmert, Landzettel, 2015, S. 49 f.) hinauf zum Beckenboden, weiter zum Zwerchfell, dann zum Kehlkopf (mit den Stimmlippen und den Taschenfalten), darüber zum Mundboden, Gaumensegel, zu den Trommelfellen (einzig eher senkrecht bzw. leicht diagonal im Körper), zum „Diaphragma sellae" (Anteil der Dura mater, der nach oben die Hypophysenloge vom Gehirn abgegrenzt) und endet schließlich bei der Fontanelle. Dieser anatomischen Sicht-

2 Allgemein wird unter Diaphragma oftmals sofort (und nur) das Zwerchfell verstanden. Hier werden die Diaphragmen jedoch zunächst allgemeiner als waagerechte Faszienverbindungen aufgefasst.

weise entspricht auch eine Sichtweise, die eher philosophisch anmuten mag. Es geht darum, dass sich die Stimme in ein Ganzes überträgt, das sich von unten aufbaut. Jede Ebene mag symbolhaft für etwas stehen, für Verankerung, Kommunikation, Verwirklichung, wichtig dabei ist mir vor allem die Ganzheitlichkeit und damit das Mehr- und Anderssein des Ganzen im Vergleich zu seinen Einzelteilen (sowie es nach Ehrenfels in der morphologisch orientierten Musiktherapie wieder benannt ist (vgl. Tüpker, 2001, S. 62) und uns so auch wieder zum Therapeutischen zurückführt). Wenn wir die einzelnen Ebenen (wieder) zum Schwingen bringen, kann sich die Stimme und damit wir als Ganzes zeigen und zu einem freien und berührenden Ausdrucksmittel werden.

Ankommen und aufwärmen

Ein erster Schritt ist also das *Ankommen im Körper*, das Wahrnehmen. Dies kann im Sitzen (z. B. im „Kutschersitz", wo man zudem noch gut den Kiefer fallen lassen kann.), sehr gut jedoch auch im Liegen stattfinden, da dort die Kräfte, die auf den Körper wirken, noch weniger spürbar sind und sich weiter verteilen.

Frei von Erwartungen wahrnehmen und zunächst unserem Körper eine Weile lauschen verbindet uns mit ihm und zeigt uns, wo wir uns mit unserem Körper befinden, wo eventuell Spannungen sind, wo es fließt. Wir sind heute oftmals gut beschäftigt, müssen oder wollen funktionieren, und finden wenig Zeit oder Gelegenheit, uns selbst und unserem Körper achtsam zuzuhören. Hier kann die Arbeit mit der Stimme eine Einladung sein, sich diesem wieder zu widmen und ihn vielleicht neu zu entdecken. Wir werden zu Beobachtern statt zu Beurteilern, observieren zunächst nur *was* geschieht und nehmen es an.

Dort wo Spannungen spürbar sind geht oftmals unsere Aufmerksamkeit zuerst hin. Meist mit dem Wunsch, diese (verständlicher Weise) so schnell wie möglich zu beseitigen. Meiner Erfahrung nach lohnt es sich jedoch zunächst das was ist, zu akzeptieren und einen Augenblick zu überlegen, wo diese Spannung herkommen könnte. Vielleicht kommt sie gar von einem anderen Punkt im Körper (hier ist die aktuelle Faszienforschung ein spannendes Feld, das uns neues Wissen bringt), kann sich jedoch derzeit leichter an genau diesem Punkt symptomatisch zeigen und hat eventuell sogar einen besonderen Sinn in diesem Moment.

Von hier aus gestaltet sich der Weg, um nach und nach unangenehme Spannungen abzubauen und den Körper und damit auch die Stimme wieder in eine schwingungsfähige Balance zu bringen, die schließlich auch hörbar wird. Im Grunde soll Singen nichts Anstrengendes sein, sondern aus der Leichtigkeit entwickelt sich Resonanz und Klang. Dem in diesem Zusammenhang sicher schon viel bemühten Begriff der *Per-son*, als der Maske des Schauspielers, durch die hindurch-getönt wird, bekommt Bedeutung, da nur solches Gewebe (und damit auch wir) durchschwingen kann, das in einer positiven Spannung ist, weder über- noch unterspannt.

Aus einer vielschichtigen Wahrnehmung heraus kann der Übergang zu einem Aufwärmen, einem Bereitmachen des Körpers und damit auch der Stimme erfolgen, sodass ein Dialog zwischen Körper und Stimme entstehen kann, der sich gegenseitig bereichert. Wir suchen nach der gesunden und damit funktionsfähigen Verbindung und Balance aller Teile unseres Körpers, womit ein ganzheitlicher Ansatz für das Singen deutlich wird. Sicherlich gibt es Körperregionen, die für das Singen etwas mehr in den Fokus rücken, immer jedoch mit dem Blick auf Verbindung zum Ganzen. Die gesamte Atem- und Atemstützmuskulatur[3] sowie alle direkt an der Phonation und Artikulation beteiligten Körperteile, Muskeln, Faszien usw. gehören besonders dazu. Darüber hinaus werden auch verschiedene Ebenen unsere Nervensystems, vielleicht sprechen wir sogar lieber im Plural, was die Verbindungen und unterschiedlichen wissenschaftlichen Ansätze deutlicher werden lässt, mit feinen Informationen versorgt, sodass der Körper umfassend mit Informationen versorgt wird und diese in das Singen und den Alltag hineintragen werden können.

Wir können damit beginnen, die Gelenke sanft zu bewegen, von den Füßen bis zum Kopf, und enden schließlich in der Aufrichtung mit gut „gepflanzten“ Füßen damit, den Oberkörper aus der horizontalen Mittelachse zu drehen, während die Arme ganz locker hängen und die Pendelbewegung nahezu passiv ausführen, ohne aktiv etwas festzuhalten. Eine Partnerübung kann dies unterstützen: Die Partner stehen hintereinander, der hintere „pflanzt“ den vorderen gut ein, sorgt sich um dessen Füße und Beine sowie ggf. noch um das Becken, und unterstützt ihn in der Aufrichtung, indem er ihn ggf. am Schädel sanft etwas hochhält. Diese verbindet gleichzeitig wieder positiv mit der Schwerkraft und erdet uns.

In diesem guten Stand stupst die eine Partnerin die andere sanft am Brustbein an, diese denkt einmal nur an ihren Kopf, dann an den Bauch, dann an die Füße – was passiert? Welchen Einfluss haben die Gedanken?

Um sich wieder etwas zu vergegenwärtigen, macht die Vorstellung Spaß, mit dem Becken unsere Telefonnummer zu schreiben, das bringt uns wieder in Schwung. Das Reiben der Hände bringt Energie und kann in eine kleine Gesichtsmassage münden, von wo aus auch der restliche Körper sanft geschüttelt und wach geklopft werden kann.

[3] Einfach gehaltene und gut nachvollziehbare Bilder dazu finden sich im Buch, in der App oder auf der Internetseite des „Complete Vocal Institute“ (s. Internetquellen im Literaturverzeichnis) aus Kopenhagen.

Ebenso können erst einmal ohne Stimmeinsatz die Stützmuskulatur gespürt und dann aufgewärmt werden.

Hier bietet sich auch die Verbindung mit dem Atem an, besonders um die Atemführung und das leichte Abspannen zu unterstützen. So könnten an dieser Stelle viele Körperübungen auftauchen, die von der Wahrnehmung in die Aktivierung führen, sei es ein Sich-Abklopfen, eine leichtes Marschieren auf der Stelle mit großen Arm- und Beinbewegungen. Damit kann das Abspannen kombiniert werden, um bei weniger geübten Menschen dieses schon frühzeitig organisch spürbar werden zu lassen. Beim Einatmen die Arme zu heben stimuliert schon hier die Zwischenrippenmuskulatur. Eine Reihe von „Spielzeugen" kann hier wunderbar unterstützen: Thera-Bänder, Therapiekreisel, (Tennis-) Bälle, Korken etc. Übungen hierzu finden sich in vielerlei Literatur (vgl. z. B. Bengtson-Opitz, 2010, S. 68 ff.): So lässt sich beispielsweise das Thera-Band nutzen, indem man es einmal um die Hände schwingt, sodass die Hände nicht zugreifen müssen und es dennoch nicht abrutscht. Die Hände werden dann etwa auf Schultern vor sich gehalten, Handflächen geöffnet und nach vorn, die Bewegung der Hände nach außen wird mit der zu singenden Phrase bzw. dem Atem synchronisiert, sodass nach Ende der Phrase dass muskuläre Abspannen erfolgt und das Band wieder in seine Ausgangsposition vor dem Körper zurückschnellt. Durch die Nutzung des Bandes wird auf positive Weise der Muskeltonus erhöht und eine bessere Atembalance während des Singens erreicht (vgl. Bengtson-Opitz, 2010, S. 92–97).

Atem

Mit dem Körper im Kontakt geht auch der *Kontakt zum Atem*, der Quelle unserer Stimme (und unseres Seins) einher. Der freie und fließende Atem schafft ein Gefühl von Unbeschwertheit. Für das Singen ist es oftmals notwendig, den Atem kontrollieren zu können, vielmehr aber auch hier, ihm (Spiel-) Raum zu geben. Kontrolle klingt schnell nach Festigkeit, nach Enge und wenig Raum. Für einen tragenden und schwingungsfähigen Klang ist frei fließender Atem nötig. Dafür wiederum ist es wichtig, dass nur die Muskeln beteiligt sind, die für den Prozess von Atem und später von Stimmgebung bzw. Gesang notwendig sind. Unsere Muskeln sollten keine anderen Aufgaben übernehmen müssen, als die, für die sie gedacht sind (Funktionalität), sonst blockieren sie wiederum an anderer Stelle und die Balance fehlt erneut. Selbst unser Herz wird von einer guten und freien Atmung sanft gewiegt – und trägt so zu seiner Gesundheit bei. Die freie Zwerchfellbewegung führt den Herzbeutel mit der Einatmung sanft herunter und mit dem Ausatmen wieder herauf. Das Zwerchfell ist „Motor der Atmung" (Spiecker-Henke, 2014, S. 187) und damit gemeinsam mit der Zwischenrippenmuskulatur einer der *Hauptverantwortlichen* für die Atemarbeit (vgl. Seidner, 2010, S. 23 ff.).

Als Weiterführung gibt es Bewegung bis in den Beckenboden, der sozusagen eine Art *paralleles Zwerchfell* ist. So geht die Kette der Diaphragmen (vgl. McMurtrie/vgl. Lichtenberger Institut) weiter bis hinunter zu den Fußgewölben und hinauf bis zur Schädeldecke. Die Füße hängen also bildlich gesprochen quasi am Schädelrand (gewissermaßen verbunden durch den längsten Muskel im Körper, den Musculus Longissimus). Alles ist verbunden, wir sind wieder ganz, die Stimme wird frei, bekommt Flügel.

Einfachheit

Letztendlich soll Singen kein Geheimnis, sondern jedem möglich und somit einfach sein, so benennen die Forscher vom Complete Vocal Institute (vgl. Complete Vocal Institute, 2018) drei Hauptmerkmale, die Beachtung finden sollen: Support (die Atemunterstützung), necessary Twang (das Bilden eines epiglottischen Trichters für einen tragfähigen Ton), Avoid protruding the jaw and tightening the lips (das Vermeiden eines vorstehenden (Unter-) Kiefers und zusammengezogener bzw. angespannter Lippen). Dieses gilt als Basis, auf die alles andere aufgebaut werden kann und vermag damit ein hilfreiches und erleichterndes Bild sein.

In diesem Sinne bedeutet Einfachheit auch, dass Singen nicht mit übermäßiger Anstrengung oder gar Missempfindungen einhergehen sollte. Wenn alles frei fließt, wird das Singen zu einem organischen Vorgang, der innerlich balanciert ist und nach außen resonanzreich klingen kann.

Jeder Mensch hat von Natur aus eine grundsätzlich kraftvolle Stimme. Aus der Perspektive der Evolution betrachtet, war ein lautes Stimmorgan, ein sich bemerkbar machen können, unter Umständen lebensnotwendig. Eine freie (oder befreite) Stimme führt uns zu dieser Ursprünglichkeit zurück, wir können sie variabel und ganz im Sinne von Kunst und Kommunikation einsetzen.

Artikulation

Immer noch „stimmlos“ kann das Spiel mit und damit das Aufwärmen der *Artikulation*sorgane Lippen, Zunge und Kiefer (vgl. Alavi Kia, 2012, S. 38 ff.) erfolgen. Wenn diese in ihrer Funktion zunächst einmal einzeln und möglichst unabhängig voneinander entwickelt werden, lassen sie sich im Anschluss auch bewusster und gezielter einsetzen, sodass sie kein unerwünschtes Eigenleben entwickeln, sondern das tun, was zum gesunden und klangreichen Singen notwendig ist.

Probieren Sie z. B. die Zungenspitze hinter den oberen Schneidezähnen liegen zu lassen und nur den Kiefer weit zu öffnen und zu schließen. Oder wechseln Sie bei leicht geschlossenem Mund und nicht auf einander gebissenen Zähnen zwischen „Küssen“ und „Lächeln“ hin und her und trainieren so die Lippenringmuskulatur. Oder legen Sie die Zungenspitze hinter die unteren Schneidezähne und lassen den Zungenrücken vor und zurückrollen wie ein „Rollmops“.

Ein einfaches Gedicht wurde im Workshop vor und nach den Übungen gelesen – mit einem erfreulich positiven Ergebnis von bereits mehr Artikulation und damit Verständlichkeit und ebenso mehr Präsenz insgesamt.

AEIOU[4]

(Werner Halle)

Tante Klara macht am Abend
manchmal sich ein warmes Bad,
radelt gern und mag Bananen
oder Ananassalat.

Besengret, die Wetterhexe,
hext den Regen, hext den Schnee,
fegt auf ihrem Hexenbesen
über Felder, Berg und See.

Zipf und Kipf, die beiden Wichtel,
sitzen schon seit Viertel vier
auf dem Fliegenpilz und trinken
Wichtelwein und Wichtelbier.

Oben jodelt, oh wie komisch,
Onkel Otte aus Tirol,
hat ein Loch im Hosenboden
und kocht morgen Rosenkohl.

Unten schlurft durch dunkle Stuben
Urgroßmutter Uhlenfuß,
brummt und braut Rapunzelsuppe,
Wurzelwein und Gurkenmus.

Letztlich ist unsere Stimme bzw. vielmehr sind die Stimmlippen mehr oder weniger stets „aufgewärmt“, denn schließlich befinden sie sich gut im Inneren unseres Körpers. Hingegen ist alle unterstützende Muskulatur dazu zu denken, da sie oftmals weiter außen liegt und die Bewegungsabläufe nicht gewohnt ist. Es

4 Das Gedicht AEIOU von Werner Halle ist entnommen aus: Kliewer 2005, S. 164.

lohnt sich also, den Körper insgesamt (wieder von oben nach unten) vorzubereiten, da er auf diese Weise sowohl einsatz- als wieder schwingungsfähig wird.

Stimmgebung

Darüber hinaus dienen spezielle Gesangsübungen der feinen Einstellung aller beteiligten Organe und dem Bearbeiten bestimmter gesangstechnischer Herausforderungen. Der Körper stellt sich so ein, dass Gesangspassagen erfolgreich ablaufen können ohne die Stimme zu belasten. Je nach dem, was gesungen werden soll, kann es spezifische Übungen geben. Ebenso gibt es natürlich auch „gesangsstil-neutrale“ Übungen, die eher funktional bestimmte physiologische Abläufe anregen.

So folgen sinnvoller Weise einige Aufwärmübungen für die Stimme. Diese dienen besonders einem weichen Stimmeinsatz bzw. weichen Stimmbandschluss, gerade wenn die Stimme vielleicht noch etwas müde ist.

Ein einfacher Wechsel zwischen stimmlosem und stimmhaftem S oder F (F wird stimmhaft schließlich ein W) kann hierbei helfen. Wieder als Partnerübung (hinter einander stehend) kann der Hintere dem Vorderen Schwung in die hängenden Arme geben, der diesen Schwung in Töne umwandelt, von einem ersten „w“ bis zum Beginn des Kanons „Wachet auf“.

Johann Jacob Wachsmann (1791–1853)

Abb. 1 Kanon „Wachet auf“

Ebenso unterstützen Glissando-Übungen, die sanft in Schwingung bringen und dabei sanfte Masseverschiebungen ermöglichen, gerne in Kombination mit dem Lippenflattern, das eine der grundlegendsten Übungen ist, da es eine Art Doppelventil herstellt, das so Spannung auf Ebene der Stimmlippen reduziert.

Das Thema Registerübergänge ist und bleibt in der Gesangspädagogik ein viel besprochenes und stets aktuelles. Ohne detaillierte Erklärung und Einstieg in die Diskussion zwei Übungen, die sich immer wieder bewährt haben. Sie unterstützen auf sanfte Weise diesen Aspekt, der auch immer wieder für einen flexiblen Umgang mit der Stimme wertvoll ist:

Abb. 2[5]

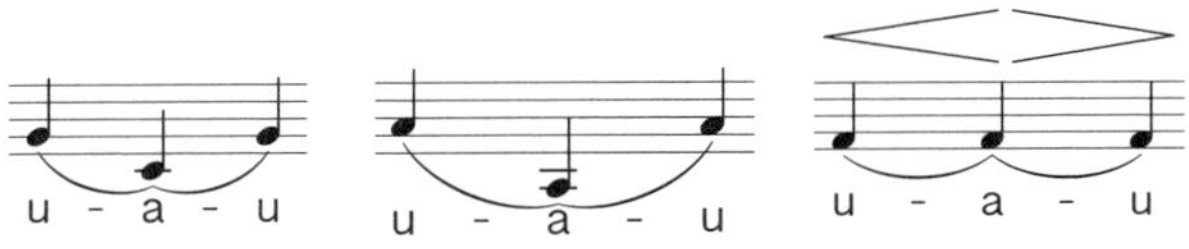

Abb. 3[6]

Weitere Übungen bereiten z. B. eine Resonanzerweiterung vor: Übungen im Quintraum mit Silben wie „mjom", „ping, pang, pong"; regen eine gesunde Kopfstimmfunktion an (Kanon auf dem Vokal „u", s. Abb.) oder stimulieren einen gesunden Twang-Anteil in der der Stimme (Übung im Quintraum auf der Silbe nä oder njä). Über diese gesangpädagogische Sicht hinaus soll eine weitere Perspektive (nur) angedeutet werden, wenn z. B. bei der Arbeit auf Ebene des Nasen(resonanz)raumes und auf „Augenhöhe" auch gleichsam das Thema Authentizität auftaucht. Hier zeigt sich wiederum die Ganzheitlichkeit der stimmlichen Arbeit.

Abb. 4 Hu-Kanon[7]

5 Die Übung wird im Verlauf transponiert, um funktional sinnvoll zu sein.

6 Die Übung erfolgt entweder über die Quinte oder über die Oktave und wird im Verlauf transponiert. Sie lässt sich auch als „Messa di voce"-Übung durchführen, dann bleibt man auf einem Ton, lässt diesen an- und abschwellen (s. Abb.).

7 Ursprünglich wird der Kanon auf der Silbe „Nu" gesungen, hier wird er jedoch in abgewandelter Form auf der Silbe „Hu" gesungen. Hu ist in der Sufi Gesangstradition die Silbe für den Atem. Dies lässt sich oftmals leichter singen, da der Vokal „u" zudem die Randschwingungsfunktion der Stimme erleichtert. Das Lied findet sich aus mündlicher Überlieferung aufgeschrieben in der Liedersammlung der Zenith Camps – Circle Songs, Notation und Layout Nirtan Broelinck.

Mehr Übungen sollen hier nicht aufgeschrieben werden, da die Übungen oftmals vom Kontext abhängen und „einfach so" durchgeführt nicht immer zum gewünschten Ergebnis führen bzw. einer sensiblen Begleitung in der Durchführung bedürfen. Es lohnt sich damit zu spielen und sich ggf. gesangspädagogisch unterstützen zu lassen. Das Feld des Spielens ist weit, Konsonanten und Vokale, Atmung, Haltung, Resonanz sind nur Stichworte. Da der Klang vor allem über die Vokale gebildet wird und durch sie resonanzreich klingen kann, bietet sich noch ein kurzer Verweis auf das Sängern bekannte Vokaldreieck (Alavi Kia, 2012, S. 52) bzw. Viereck[8] (Spiecker-Henke, 2014, S. 279) an, mit dem sich ebenfalls herrlich spielen lässt. Es lädt dazu ein, sensibel und immer differenzierter die persönlichen Einstellungen vorzunehmen.

Eine Übung jedoch noch zum Schluss, die wunderbar funktioniert, wenn das Gefühl entstanden ist, dass es *fest* geworden ist: Legen Sie die Fingerspitzen sanft neben den Kehlkopf, um gut spüren zu können und tönen Sie dann langsam ein „u" während des *Einatmens* (!), das stimuliert die Senkermuskulatur und der Kehlkopf kommt wieder lockerer in seine neutrale Position. Ähnlich funktioniert ein geräuschhaftes Einatmen, während man sich sanft auf die Zungenspitze beißt, dies aktiviert zusätzlich die Flankenatmung.

So vorbereitet kann der Weg in das gemeinsame Singen gelingen.

Improvisatorische Elemente, einfache Kanons und leichte mehrstimmige Lieder bilden Gelegenheit spielerisch zu sein und den Raum resonanzreich zu füllen.

Besonders schön klingen mehrstimmig gesungen traditionelle georgische Lieder mit ihrer tiefen Verbundenheit und Wirkung sowie ihrer bisweilen für unsere westeuropäischen Ohren starken Harmonien. Die Kraft dieser Lieder liegt auf mehreren Ebenen. Sie sind stark mit dem Alltag der Menschen und mit ihrer Gemeinschaft verbunden, was sich oftmals auch in der speziellen Dreistimmigkeit (hier etwas vereinfacht dargestellt) zeigt: der (verzierende) Pirveli, der (erzählende und eröffnende) Meore und der (stützende) Bani (Bass). Auf dieser Ebene der Musik sind sie zum einen einfach genug, um ihnen gut näher zu kommen und zum anderen bergen sie soviel harmonischen Anreiz, dass wir uns auf Neues einlassen und mehr an der vertikalen Harmonie denn an der einzelnen Melodie orientieren können. Harmonien, die viele Quarten und Quinten beherbergen und sich immer wieder unabhängig zwischen Dur und Mollklängen bewegen. Ähnliches lehrt uns auch das Obertonsingen, wenn Wolfgang Saus (vgl. Saus, 2015, S. 22–26) in seinen Ausführungen über die Chorphonetik klarmacht, wie die bewusste Arbeit mit den

---

8 Die Internationale Phonetik Gesellschaft bietet ebenfalls Hinweise: https://www.internationalphoneticassociation.org/sites/default/files/IPA_Kiel_2015.pdf (Abgerufen am 05. Mai 2018)

Obertönen den Ensembleklang und die Intonation positiv beeinflussen kann und ganz besondere Klangerlebnisse und damit sogar Empathieerfahrungen ermöglichen kann.

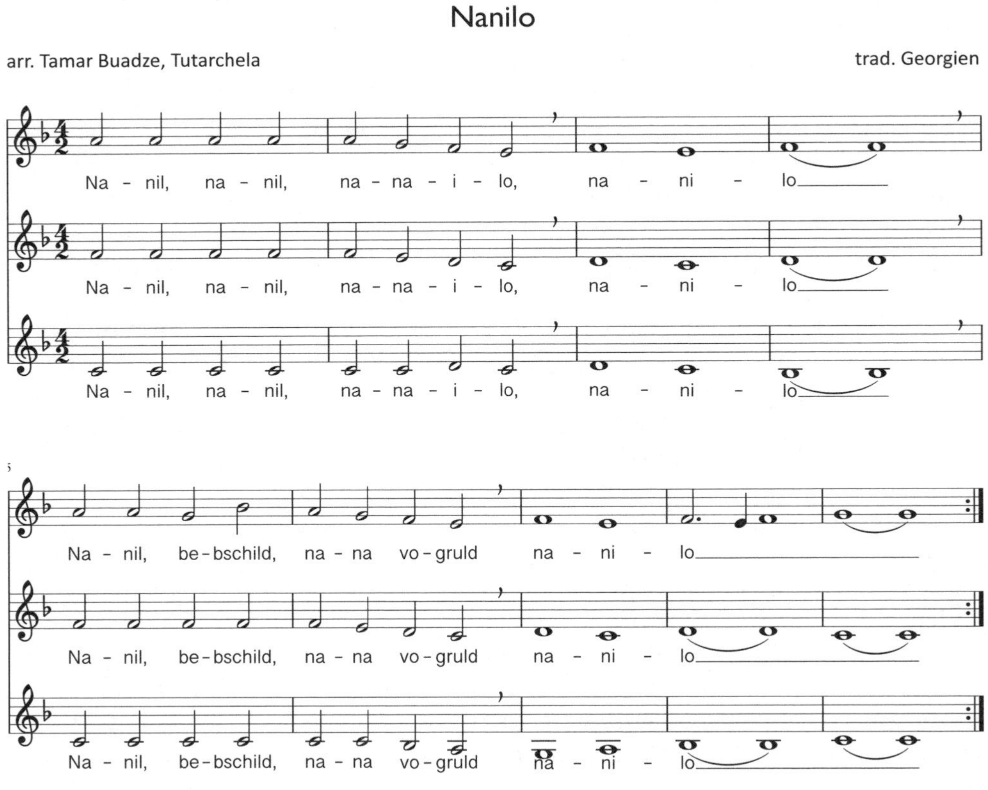

Abb. 5 Nanilo, 1. Strophe[9] (trad. Georgien/Swanetien) (Buadze/McMurtrie, 2018)

Ein paar Gedanken über den Workshop hinaus

Der Umgang mit unserer Stimme, ihre Entfaltung, Schulung und Pflege eröffnen einen freudvollen Raum. Singen ist dabei nicht „nur" etwas Schönes, sondern es ist zudem sprichwörtlich „gesund" und schließlich auch von sozialer Bedeutung.

Viele Untersuchungen haben sich schon mit der gesundheitsfördernden Wirkung des Singens beschäftigt. Es wurde beispielsweise untersucht, dass

9 Bedeutung des georgischen Textes: Schlaf, mein Kind, schlaf ein, mein Goldkind.

Singen „tatsächlich“ gesund sei: Abgesehen vom persönlichen Wohlbefinden wurden bei Probanden nach der Chorprobe Speichelproben genommen, welche einen Anstieg von Antikörpern (Immunglobulin A) sowie Oxytocin, eine Ausschüttung von Endorphinen (vgl. Kreutz, 2014, S. 274 ff.) und einen Rückgang des Stresshormons Cortisol zu bestätigen scheinen. Zudem unterstützt das Singen eine tiefere Atmung oder eine aufrechte Haltung.

Gemeinsames Singen bildet eine Grundlage für soziale Kontakte, für ein Miteinander abseits von starken Hierarchien und stärkt die Freude am gemeinsamen Tun.

Singen hält, etwas salopp ausgedrückt, Körper und Seele zusammen – und wenn dies spielerisch und mit Freude geschieht, wird der Umgang zu einem Spielraum, der zum Verweilen, zum Miteinander Spielen und zu Weiterentwicklung einlädt.

Insofern kann ein Workshop immer nur eine Anregung sein, ein bocconcino appetitoso, der Lust macht auf mehr Beschäftigung mit der Stimme und auf ein immer feiner werdendes Spüren und Lauschen in sich hinein, um von dort aus wieder freudvoll, frei und authentisch aus sich herausklingen zu können.

In der therapeutischen Arbeit kann uns wieder bewusst werden, dass die Stimme auf vielen Ebenen Trägerin von Informationen, Emotionen oder Atmosphären ist. Über sie werden weit mehr als Inhalte vermittelt. Sie knüpft an unsere Vorerfahrungen an, lässt Bilder entstehen oder kann schlicht als angenehm oder weniger angenehm empfunden werden. Je mehr wir selbst im Einklang mit unserer Stimme sind, wozu auch ihre Gesunderhaltung zählt, umso „erfolgreicher“ kann sie auch der therapeutischen Arbeit dienen und die heilsame Arbeit unterstützen, wenn sie dann zu einem öffnenden, schützenden und Raum gebenden „Safe Place“ der Beziehung, der Vermittlung und des Prozesses werden kann.

Seelenaspekt der Stimme

Es geht darum, den Seelenaspekt der Stimme herauszuarbeiten, so wie ein Bildhauer aus einem Stein nach und nach eine wundervolle Skulptur erwachsen lässt, so entwickelt die Stimme ihre Eigenheit und ihren „Zauber“.

Wenn es gelingt, diesen Aspekt zu erlauschen und hörbar zu machen, wird die Stimme nicht nur schwingungs- und resonanzreich, sondern vor allem berührend. Und zwar letztlich nicht aus einer künstlichen Perfektion heraus, sondern aus einer authentischen Stimmigkeit. Auf diese Weise schließt sich der Kreis zum Titel der Tagung, wenn wir uns mit Spielfreude an den Umgang mit der Stimme wagen und ihren Spielraum erkennen, erkunden und erweitern. Und diese Ausführung soll mit einem Zitat von Andreas Weber (Weber, 2018, S. 43) schließen:

„Wenn Musik die Welt von innen ist und wir uns als ‚Laut produzierende Wesen' in der Stimme selbst in Musik zu verwandeln vermögen, können wir im Erlebnis diese Welt von innen ganz sein und dies dadurch, dass wir ganz Selbst sind, denn jede Stimme ist individuell, eine einmalige Gabe."

Literatur

Alavi Kia, Romeo (2012). *Die Musik des Körpers*, 2. Auflage. Bielefeld: Aurum.

Bengtson-Opitz, Elisabeth (2010). *Anti-Aging für die Stimme*, 3. Auflage. Hamburg: Timon.

Bengtson-Opitz, Elisabeth & Opitz, Sophie (2010). *Anti-Aging für die Stimme II*. Hamburg: Timon.

Bernatzky, Günther & Kreutz, Gunter (Hrsg.) (2015). *Musik und Medizin*. Wien: Springer

Buadze, Tamar & McMurtrie, Imke (2018). Songbook Georgia – *Liederbuch Georgien. Georgia's World Cultural Heritage – Georgiens Weltkulturerbe*. Wiesbaden: Reichert.

Engert-Timmermann, Gabriele & Wolf, Hanns-Günter. (Hrsg.) (2013). *Die Stimme in der Musiktherapie*. Wiesbaden: Reichert.

Fuchs, Michael (Hrsg.) (2007 ff.). *Kinder- und Jugendstimme*; Bände zur Dokumentation des Leipziger Symposiums zur Kinder- und Jugendstimme. Berlin: Logos.

Haupt, Evemarie (2006). *Stimmt's! Stimmtherapie in Theorie und Praxis*. 4. überarbeitete Auflage. Idstein: Schulz–Kirchner.

Kreutz, Gunter (2014). *Warum Singen glücklich macht*. Gießen: Psychosozial.

Kliewer, Heinz-Jürgen & Kliewer, Ursula (Hrsg.) (2005). *Die Wundertüte: Alte und neue Gedichte für Kinder*. Stuttgart: Philipp Reclam jun.

Reinders, Ank (1997). *Atlas der Gesangskunst*. Kassel: Bärenreiter.

Rhiannon (2013). *Vocal River*. Hawaii: Rhiannon music.

Rohmert, Gisela & Landzettel, Martin (2015). *Lichtenberger Dokumentationen – Erkenntnisse aus Theorie und Praxis der Physiologie des Singens, Sprechens und Instrumentalspiels*. Band 1. Lichtenberg: Lichtenberger Verlag.

Saus, Wolfgang (2015). Chorphonetik – wenn Vokale die Intonation steuern. Bundesverband Deutscher Gesangspädagogen e. V. (Hrsg.) *Vox Humana – Fachzeitschrift für Gesangspädagogik*, Bd. 11(1/2), 22–26.

Seidner, Wolfram (2010). *ABC des Singens*. Leipzig: Henschel.

Spiecker-Henke, Marianne (2014). *Leitlinien der Stimmtherapie*, 2. überarbeitete Auflage. Stuttgart: Thieme.

Tüpker, Rosemarie (2001). Morphologisch orientierte Musiktherapie. In Hans-Helmut Decker-Voigt (Hrsg.): *Schulen der Musiktherapie* (S. 55–77). München/Basel: Ernst Reinhardt.

Weber, Andreas (2018). Stimme sein. In Michael Fuchs (Hrsg.): *Kinder- und Jugendstimme*; Band 12 (S. 31–54). Berlin: Logos.

Werbeck-Svärdström, Valborg (1994). *Die Schule der Stimmenthüllung*. 4. Auflage. Dornach: Goetheanum.

Internetquellen (Alle abgerufen am 11. März 2019)

Bundesverband Deutscher Gesangspädagogen. http://bdg-online.org.

Complete Vocal Institute. http:// completevocal.institute.

CJD Schule Schlaffhorst-Andersen Bad Nenndorf. http://www.cjd-schlaffhorst-andersen.de.

Imke Mc Murtrie. http://www.imke-mcmurtrie.net.

Lichtenberger Institut für angewandte Stimmphysiologie. http://lichtenberger-institut.de.

Zentrum für Salutogenese. http://www.salutogenese-zentrum.de/cms/fileadmin/user_upload/Petzold-Theorie-1211-Salutogenese.pdf.

Die Bedeutung der Intention in der Musiktherapie

Thomas Adam

Einleitung

Im Rahmen des Buches „Singende Trommeln – Musiktherapie im Altenwohnheim“ (Adam 2016) beschäftigte ich mich eingehend mit der Bedeutung von Resonanzphänomenen in der Gruppentherapie. Grundlegend handelt es sich dabei um ein ganzheitliches Aufeinanderbezogensein, welches das therapeutische Beziehungsgeschehen beeinflusst und materielle, transmaterielle, physische wie psychische Aspekte beinhaltet (vgl. Gindl, 2002, S. 67). Dieses Aufeinanderbezogensein wiederum lässt sich in der therapeutischen Beziehung auf unterschiedlichen Ebenen wie beispielsweise dem Gespräch, dem freien Spiel auf Instrumenten aber auch dem einfachen Zusammensein, atmosphärisch betrachtet wahrnehmen und beobachten.

Immer wieder konnte ich im Spiel mit Menschen beobachten, wie emotionale, mentale, spirituelle aber auch physische Ebenen angesprochen und aktiviert wurden und uns so die Möglichkeit gegeben wurde, alte Verletzungen, begrenzende Glaubenssätze und andere Themen in neuem Licht zu sehen oder anders ausgedrückt in einer neuen Stimmung zu hören, in einer anderen Schwingung wahrzunehmen. Die daraus resultierenden neuen Perspektiven führten oftmals zu einer neuen, positiveren, das Sein bejahenden Ausrichtung der Mitspielenden.

In diesem Zusammenhang wurde meine Aufmerksamkeit immer mehr auf die Bedeutung der Intention, insbesondere innerhalb des musiktherapeutischen Spiels, aber auch viel umfassender in Bezug auf das, was ich als Aufgabe des Therapeuten betrachte und in welchem Licht ich mich selbst aber natürlich auch die Menschen, die zu mir kommen, sehe beziehungsweise sehen möchte.

Genau aus diesem Grund möchte ich in diesem Beitrag die Bedeutung der Intention in der Musiktherapie, und in diesem Zusammenhang insbesondere im musiktherapeutischen Spiel, einem bedeutenden Handwerkszeug des Musiktherapeuten, genauer betrachten. Natürlich lässt sich dies in dem für dieses Projekt zur Verfügung stehenden Umfang nur rudimentär bewerkstelligen. Deshalb verstehe ich meinen Beitrag eher als Anregung, sich selbst über therapeutische Prozesse und die Bedeutung der Absicht im freien Spiel auf Instrumenten Gedanken zu machen.

Am Anfang meines Beitrags werde ich, in Anlehnung an Barbara Gindl noch einmal die Idee der Resonanzphänomene als Grundlage eines jeden Beziehungsgeschehens erläutern, da diese gewissermaßen die Grundlage weiterer

Überlegungen darstellt, die sich auf die Bedeutung und die Rolle der Intention in der Musiktherapie und dem musiktherapeutischen Spiel beziehen.

Im zweiten Teil geht es darum, Überlegungen anzuregen, die sich auf die Bedeutung der Intention beziehen. Hierzu werde ich einige Beispiele aus der Praxis anführen und unterschiedliche Spielideen vorstellen. Die Beziehung zwischen Intention und Spielidee ist für mein Empfinden besonders eng, was vielleicht noch deutlicher zum Ausdruck kommt, wenn man das Wort Spielidee anders ausdrückt und als die Idee des Spiels begreift. Die Idee des Spiels könnte so nahezu identisch mit der Absicht des Spiels verstanden werden.

Da sich die Absicht manchmal nur schwer ausmachen lässt, da es vielleicht immer auch eine uns noch verborgene Absicht hinter der Absicht gibt, die uns aufgrund unterschiedlicher Begrenzungen und persönlicher Themen noch nicht bewusst ist, kann ich mich der eigentlichen Intention vielleicht immer nur bedingt nähern beziehungsweise mir dieser bewusst sein. Verfolgt man diese Gedankengänge weiter, wäre man wohl schnell im Bereich philosophischer Fragestellungen. Hier soll es aber lediglich darum gehen, den Therapeuten anzuregen, sich mit seinen Absichten auseinanderzusetzen und soweit es das Bewusstsein eben zulässt sich diese auch bewusst zu machen. Dies scheint mir für eine erfolgreiche therapeutische Arbeit von großer Bedeutung zu sein, da Absichten, wie sich später zeigen wird, das Beziehungsgeschehen und damit den therapeutischen Prozess grundlegend beeinflussen.

Resonanzphänomene und das therapeutische Beziehungsgeschehen

Im Folgenden geht es mir darum, das Phänomen der Resonanz innerhalb von Beziehungen etwas genauer zu beleuchten und die Bedeutung von Resonanzprozessen für das therapeutische Beziehungsgeschehen zu veranschaulichen. Mein Verständnis von Resonanzphänomenen basiert auf der Arbeit von Barbara Gindl. Diese beschreibt das Beziehungsgeschehen zwischen Therapeut und Patient als eine Form des Aufeinanderbezogenseins, welches von wechselseitigen Resonanzprozessen geprägt ist, die wiederum als eine bestimmte Form der zwischenmenschlichen Interaktion betrachtet werden können (vgl. Gindl, 2002, S. 15). Resonanzprozesse zeigen sich in der Musiktherapie unter anderem darin, dass der Klang der Flöte, die Fragen des Therapeuten oder das Trommelspiel des Patienten bestimmte Gefühle, Gedanken, Bilder, Assoziationen oder auch Reaktionen auf der körperlichen Ebene wie zum Beispiel Schweißausbrüche, Entspannung oder dergleichen beim jeweiligen Gegenüber auslösen können. Resonanzprozesse in Beziehungen sind immer wechselseitig, so dass innerhalb einer Beziehung zwischen Patient und Therapeut sowohl der Therapeut beim Patienten als auch der Patient beim Therapeuten Resonanzen hervorrufen kann. Diese können sich auf unterschiedlichen Ebenen zeigen und sich auf alle Bereiche des menschlichen Daseins beziehen.

Resonanzphänomene beinhalten sowohl materielle, transmaterielle, physische wie auch psychische Aspekte (vgl. ebd., S. 67). Das Spiel auf der Gitarre beispielsweise könnte ein bestimmtes Gefühl in mir auslösen, den Gedanken hervorrufen, dass ich früher vielleicht immer gerne Gitarre gelernt hätte oder auch eine Erinnerung an meinen Gitarre spielenden Freund beleben. Betrachtet man dieses Geschehen im Rahmen des oben beschriebenen Bezugssystems, könnte man von einem Resonanzprozess sprechen. Ich gehe in Resonanz mit der Gitarre beziehungsweise mit einem bestimmten Aspekt der Gitarre, des Gitarrenspiels oder des Klangs der Gitarre, und diese Resonanzerfahrung belebt Gedanken auf der mentalen Ebene, Gefühle auf der emotionalen Ebene, löst Erinnerungen, Assoziationen oder anderweitige Erfahrungen in mir aus. Ob und inwiefern sich die ausgelösten Gefühle und Gedanken wiederum auf das Instrument beziehungsweise dessen Klang auswirken, wäre sicherlich interessant weiter zu untersuchen.

Ein weiterer wichtiger Punkt in diesem Zusammenhang besteht darin, dass in der therapeutischen Arbeit mit Gruppen durch die unterschiedlichen, wechselseitigen Resonanzprozesse eine Art intersubjektives Feld entsteht, das die Teilnehmer und den Therapeuten auf unterschiedlichen Ebenen miteinander verbindet und in Beziehung bringt. Dieses Feld, das im intersubjektiven Raum entsteht, wirkt sich sowohl auf die einzelnen Teilnehmer als auch auf die Gruppe als Ganzes aus. Die Entstehung dieser Felder können in der Gruppentherapie oft in Vorstellungsrunden beobachtet werden. Hierzu ein Beispiel aus der Praxis: Ein Teilnehmer stellt sich in der Begrüßungsrunde kurz vor und erzählt eine Anekdote zu seinem Namen oder genauer gesagt zu der eigentümlichen Schreibweise seines Namens. Im weiteren Verlauf der Vorstellungsrunde gehen weitere Teilnehmer mit unterschiedlichen Themen rund um die Namensgebung oder der Bedeutung von Namen in Resonanz und berichten dazu aus ihrem Leben sowie von ihren ganz eigenen Erfahrungen mit ihren Namen. Betrachtet man die Gruppe als Ganzes, steht nun ein Thema im Raum, das sich auf Namen im weitesten Sinne bezieht und damit vielleicht auch auf das Menschsein, eine Persönlichkeit sein. Jeder einzelne Teilnehmer wiederum hat dabei ganz unterschiedliche, eben individuelle Erfahrungen gemacht, mit denen er in Resonanz geht. Eigenen Beobachtungen zufolge, würde ein freies Spiel an dieser Stelle meistens dazu führen, das auch in dem musikalischen Spiel noch einmal mit dem kollektiven, im intersubjektiven Raum stehenden Thema in Resonanz getreten wird. Im Spiel könnte sich dies beispielsweise darin zeigen, dass auf einer symbolischen Ebene bei einigen Mitspielern Bilder von Wellen auftauchen, die entstehen und vergehen, dass andere wiederum das Gefühl haben ausgegrenzt zu werden, vielleicht auch weil sie immer wegen ihres Namens gehänselt wurden oder aufgrund von andersartigen Erlebnissen, die im Kontext von Erfahrungen stehen, einen Namen zu haben beziehungsweise eine Persönlichkeit zu sein. Betrachtet man das Thema

Menschsein weiter in seinen für das Dasein auf der Erde charakteristischen Polaritäten, könnte es auch sein, dass einige Teilnehmer die Erfahrung machen, Ozean zu sein. In der Erfahrung Welle (Persönlichkeit) zu sein ist eben auch die Erfahrung angelegt, das Gegenteil zu sein, die Tiefe des Ozeans (das große Ganze). Verdeutlicht wird durch dieses Beispiel, dass ich im Spiel auf den Instrumenten mit dem kollektiven Thema und dabei mit dem einen oder dem anderen Pol in Resonanz gehen kann und das Resonanzprozesse nicht an zeitliche oder räumliche Ebenen gebunden sind. Aus meiner Erfahrung ist es oft so, dass bereits Besprochenes später wieder in der Musik auftaucht und sich dort weiter wandelt, um neue Facetten auf anderen Ebenen zu offenbaren. Ein weiteres Beispiel hierzu ereignete sich ebenfalls in einer Gruppe mit erwachsenen Teilnehmern. Die Begrüßungsrunde wurde eröffnet und der erste Teilnehmer stellte sich mit seinem Namen vor und fügt noch hinzu, dass er wegen seiner Depression in der Gruppe sei. Die restlichen Teilnehmer, mit Ausnahme einer Teilnehmerin, griffen das Thema Diagnosen und Krankheitsbilder auf und machten dies zum Thema der Begrüßungsrunde. Anschließend teilte sich die Gruppe während des Spiels so auf, dass ein Teil in Glücksgefühlen badete, während der andere Teil mit Gefühlen von Hoffnungslosigkeit, tiefer Trauer und Entsetzen konfrontiert war. Es war beinahe so, als hätten wir ein Art bipolares Krankheitsbild gespielt.

Bevor ich den ersten Teil Resonanzphänomene und die therapeutische Arbeit im wechselseitigen Resonanzgeschehen abschließe und mich dem zweiten Teil dieses Beitrags zuwende, möchte ich noch zwei weitere wichtige Aspekte aus Gindls Arbeit erwähnen, um das Thema Resonanzphänomene und die therapeutische Arbeit in diesem Bezugsrahmen abzurunden: die Resonanzbereitschaft des Therapeuten und das Erfahren emotionaler Resonanz.

Der bewusste Umgang mit dem intersubjektiven und wechselseitigen Resonanzgeschehen innerhalb der Therapie wird hauptsächlich durch die Resonanzbereitschaft des Therapeuten ermöglicht. Die Resonanzbereitschaft des Therapeuten bezeichnet Gindl als eine „aktive Haltung hinspürender Bezogenheit, eine aufmerksam bezogene und liebevolle Wachheit, die mich selbst und den anderen Menschen in seiner Gesamtheit, also in der leiblichen, seelischen, geistigen und transpersonalen Dimension, umschließt" (Gindl, 2002, S. 153). Die Bereitschaft des Therapeuten genau aus dieser Haltung heraus mitzuschwingen, begünstigt wiederum das Erfahren emotionaler Resonanz seitens der Gruppenteilnehmer. Für Gindl liegt genau in dieser Erfahrung der zentrale Wirkfaktor der therapeutischen Beziehung (vgl. ebd., S. 15). Gindl veranschaulicht eine gefühlte Resonanzerfahrung mit dem Ausdruck Anklang zu fühlen und Anklang zu finden auf eine sehr eindrucksvolle und ausdrucksstarke Art und Weise. Anklang zu erfahren, umfasst für sie „die innere Gewissheit, gehört und wahrgenommen zu werden, als wertvoll erachtet zu werden und für den eigenen Wert Bestätigung zu erhalten, durch eigenes So-Sein in anderen Menschen etwas zu berühren (bzw. andere Menschen berühren zu können), in ihnen eine Wirkung zu hinterlassen und sich zugehörig fühlen zu dürfen. Anklang zu fühlen macht die eigene Daseinsberechtigung für uns fühlbar und konkret erlebbar.“ (ebd., S. 15).

Das Erfahren emotionaler Resonanz entzieht sich natürlich unserer Kontrolle. Der Therapeut kann diese Erfahrung nicht erzeugen, sondern lediglich durch seine Resonanzbereitschaft den Boden bereiten, auf dem diese Art von Erfahrung gedeihen kann. Die Resonanzbereitschaft und ein bewusster Umgang mit den Resonanzphänomenen im intersubjektiven Raum können jedoch als wichtiges therapeutisches Werkzeug betrachtet werden, aus dem sekundär natürlich auch therapeutische Methoden und Interventionen entstehen können (vgl. ebd., S. 22). Unter anderem darum soll es im zweiten Teil dieses Beitrags gehen.

Die Bedeutung der Intention in der Musiktherapie

In diesem Teil des Beitrags geht es mir hauptsächlich darum Methoden, Beobachtungen und Überlegungen zu erläutern, die aus der Praxis entstanden sind und damit aus meiner ganz persönlichen Arbeitsweise stammen. Ich verfolge damit keinen wissenschaftlichen Anspruch im engeren Sinn, sondern vielmehr die Intention zum Nachdenken, zum Reflektieren und damit vielleicht auch zum Austausch untereinander anzuregen.

Die Frage nach der Absicht, nach der Intention des Therapeuten, des Patienten, der musikalischen Improvisation, etc. scheint mir von großer Bedeutung für die therapeutische Arbeit zu sein, da diese schließlich maßgeblich daran beteiligt ist, mit wem oder was ich in mir oder vielleicht auch außerhalb von mir selbst in Resonanz gehe. Die Intention und damit verbunden immer auch die Perspektive, aus der heraus ich auf einen Sachverhalt oder auf einen Menschen schaue, beeinflusst einerseits das intersubjektive Feld zwischen den unterschiedlichen Teilnehmern einer Gruppentherapie und andererseits natürlich auch das „innersubjektive“ Feld im Therapeuten selbst, das vielleicht aus verschiedenen Charakterzügen, verschiedenen Facetten oder verschiedenen Wesensanteilen des Therapeuten besteht.

An dieser Stelle soll es nun erst einmal um die Perspektive gehen, um das Bild, den Blickwinkel, aus dem heraus vielleicht die ersten Intentionen entstehen, die mein therapeutisches Handeln grundlegend beeinflussen und unter Umständen auch mitbestimmen. Fragen, die sich hier aufdrängen, beziehen sich unter anderem auf mein Selbstverständnis als Therapeut, und wie ich oftmals resultierend aus diesem den Menschen wahrnehme, der sich bei mir in musiktherapeutische Behandlung begibt. Ist der Therapeut beispielsweise stark in Resonanz mit einem Charakterzug, der das Ziel hat seinem Gegenüber zu helfen, diesem sogar helfen muss, weil *die Arbeit des Helfers eben Helfen ist*, beeinträchtigt diese Resonanz auch maßgeblich das Bild, das der Therapeut von seinem Gegenüber hat. Die Perspektive des Helfers ist immer, dass der Patient Hilfe benötigt. An dieser Stelle drängt sich weiter die Frage auf, was diese Perspektive nun mit dem Patienten, dem Gegenüber macht. Gesetzt den Fall dem Patient ist diese Dynamik nicht bewusst und der Wesensanteil des Hilfesuchenden zudem ein alter Vertrauter, wird er höchstwahrscheinlich in Resonanz mit genau diesem Anteil gehen. Denkt man die sich hier entfaltende Dynamik weiter, kommt man unweigerlich zu der Frage, ob der Therapeut, der in Resonanz mit dem Wesensanteil ist, den man vielleicht als Helfer bezeichnen könnte, überhaupt daran interessiert ist, den Hilfesuchenden in seine Unabhängigkeit, in seine Kraft zu bringen, da er sich dadurch schließlich seiner eigenen Existenz berauben würde. Analog dazu könnte man vielleicht das Bild vom Feuerwehrmann heranziehen, der selbst das Feuer legt, um anschließend löschen zu können. Was die therapeutische Situation und die damit verbundenen Perspektiven anbelangt, können Dynamiken wie beispielsweise die oben geschilderte aus meiner Erfahrung nur dann entstehen, wenn beide Seiten die sich anbietende Resonanz auch annehmen. Hält der Therapeut unbewusst diese Dynamik am Leben, kann der Patient unter Umständen ewig Therapie machen, ohne dass sich etwas an dem Grund ändert, weshalb er sich vielleicht anfangs überhaupt in Therapie begeben hat. Die Intention, mit der sich ein Patient in Therapie begibt, bedingt meist schon die sich entfaltende Dynamik in der Therapie und damit verbunden die unterschiedlichen Perspektiven, die sich unter Umständen anbieten und mit der Anfangsintention des Patienten, sich überhaupt in Therapie zu begeben, untrennbar verbunden sind. Unzählige weitere Perspektiven und Bilder könnte man an dieser Stelle noch heranziehen, die unter Umständen nie zu einer Lösung führen, sofern sie eben nicht erkannt und aufgelöst werden: Der Mächtige tanzt mit dem Ohnmächtigen, der Wissende lässt sich auf ein Spiel mit dem Suchenden ein, und so weiter und so fort. Der Grund in Therapie zu gehen, basiert eben oftmals schon auf einer Intention, die aus einem Wesensanteil heraus entstanden ist, der oftmals gar nicht daran interessiert ist, gesund zu werden. Um diese Dynamiken zu unterbrechen, um Heilungsimpulse zu ermöglichen, ist es für mein Empfinden wichtig, diese Dynamiken zu erkennen und unter Umständen auch zu benennen, damit diese nicht mehr aus dem Verborgenen heraus agieren können und sich dadurch dauerhaft wie selbst aufrechterhalten. An dieser Stelle entsteht eine gewisse Distanz zu den unterschiedlichen Wesensanteilen und damit natürlich auch neue, wie ich finde, gesündere Intentionen, die sich auf das höchste Wohl aller Beteiligten hin ausrichten. Noch einmal kurz zusammengefasst: Der Grund dafür, sich in Therapie zu begeben, hat einen grundlegenden Einfluss auf die Dynamik zwischen Therapeut und Patient. Dieser Ausgangssituation sollte man unbedingt großes Augenmerk schenken, da es unter Umständen sein kann, dass der ursprüngliche Grund sich in Therapie zu begeben eben schon auf einem „ungesunden“ Blickwinkel basiert. Und genau dieser ungesunde Blickwinkel kann eine Dynamik aufbauen, die sowohl die Intentionen des Therapeuten als auch die des Patienten entscheidend mitbeeinflussen. Deshalb ist es für mein Empfinden auch besonders wichtig, die Ziele am Anfang einer Therapie ganz klar und aus einer liebevollen Haltung sich selbst und den anderen gegenüber heraus zu formulieren und zu klären. Das Ziel oder eben anders gesagt die Intention bestimmt den Verlauf der Therapie grundlegend mit.

Wenn der Therapeut aus der Liebe heraus schaut, könnte man dies vielleicht am besten mit Gindls Auffassung von Resonanzbereitschaft als „aktive Haltung hinspürender Bezogenheit, eine aufmerksam bezogene und liebevolle Wachheit, die mich selbst und den anderen Menschen in seiner Gesamtheit, also in der leiblichen, seelischen, geistigen und transpersonalen Dimension, umschließt“ (Gindl, 2002, S. 153) umschreiben. Im letzten Abschnitt soll es folglich noch um die Frage nach einem sinnvollen Umgang mit den aus diesem besonderen Blickwinkel heraus resultierenden Erkenntnissen gehen.

Mit dem Blick auf die Erkenntnisse, die aus der Resonanzbereitschaft des Therapeuten, entstehen, möchte ich mich abschließend noch dem eigentlichen Handwerkszeug des Musiktherapeuten zuwenden, dem Umgang mit der Musik. Die freie Improvisation ist für mich persönlich der Raum, in dem neue Dinge ausprobiert und kreiert werden können. Zudem stellt sie Raum zur Verfügung, Erfahrenes auszudrücken und nicht Gehörtes hörbar zu machen. Es ist aber auch der Raum, in dem ich mich mit Erfahrungen aussöhnen kann, da die freie Improvisation Möglichkeiten bietet, Wandlungen zu vollziehen, Blockaden und Muster zu transformieren. Um diesen Raum optimal zu nutzen, bediene ich mich unterschiedlicher Spielideen, die meistens aus der gemeinsamen Arbeit mit den Patienten entstehen. Über das freie Spiel auf den Instrumenten, verbunden mit einer Intention, einer Spielidee können wir aus meiner Erfahrung eben bewusst entscheiden, mit wem oder was wir in Resonanz gehen möchten. Und da wir in der Musik immer auch kreieren können, könnte eine Spielidee beispielsweise folgendermaßen lauten: Ich weiß, wie es sich anfühlt, im Frieden mit dieser oder jener Erfahrung zu sein. Sich dieses Gefühl über das gemeinsame Musizieren zeigen zu lassen, in Resonanz zu gehen mit einem Gefühl, das unter Umständen eben erst über das Kreieren der Musik zugänglich wird, kann die Patienten darin unterstützen, neue Anteile, neues Wissen, neue Gefühle in sich zu entdecken, Informationen abzurufen, die vielleicht über den rationalen Verstand im Alltag so nicht zugänglich sind. Bei dieser Art von Spielidee können Patienten immer wieder einen Kraftzuwachs beobachten, sie haben gefühlt mehr Freiraum, sind nicht mehr an bestimmte Erfahrungen und den Kampf gegen selbige gebunden, können zumindest in der Musik Abstand gewinnen und loslassen. Aus meiner Erfahrung kann uns das freie Spiel auf Instrumenten mit einer Weisheit verbinden, mit Wissen, das im Alltag unbewusst scheint, im freien Spiel aber unter Umständen zugänglich wird. Der Raum des freien Spiels wird hier zum Tor, sich mit unbewussten Aspekten des Seelischen zu verbinden. Natürlich braucht es hierzu die Bereitschaft des Patienten, sich auf neues Terrain einzulassen, da die Bereitschaft, Neues zuzulassen, wie eine Art Voraussetzung ist, Neues eben auch zu erleben. Die Musik dient uns dabei wiederum als Raum, in dem neue Wege beschritten und erprobt werden können, ohne Gefahr zu laufen, dass dabei etwas wirklich Schlimmes passieren könnte. Im Alltag scheint es eben oftmals so zu sein, als wäre die Angst vor möglichen Konsequenzen neuer Wege zu groß.

Natürlich lässt sich die Verbindung mit unbewussten Informationen über die Musik nicht immer herstellen, auch wenn die Bereitschaft Neues zu kreieren sowohl beim Therapeuten als auch beim Patienten prinzipiell vorhanden ist. In so einem Fall könnte es sein, dass es einfach noch nicht an der Zeit ist, dieses oder jenes zu erschaffen, diese oder jene Information zu erhalten oder es braucht eben einen ganz anderen Schritt, um heilsame Resonanzerfahrungen zu ermöglichen. Hierzu könnte die Spielidee vielleicht folgendermaßen lauten: Was kann mich darin unterstützen, den nächsten Schritt zu gehen? Wie könnte dieser aussehen? Des Weiteren schilderten Patienten häufig im Anschluss an das freie Spiel unterschiedliche Bilder und Symbole aus Szenen, an die sie sich während des Spiels erinnerten. Eine Patientin beispielsweise schilderte eine Fluchtszene, die vor ihrem inneren Auge ablief. Manchmal werden ähnliche Erfahrungen auch weniger bildhaft, einfach durch die Schilderung eines Gefühls zum Ausdruck gebracht. In diesem Fall hätte die Aussage vielleicht folgendermaßen lauten können: Die Musik klang, als sei jemand auf der Flucht gewesen. Wenn Patienten Symbole, Bilder oder bildhafte Gefühle mitteilen, kann es manchmal auch unterstützend sein, mit diesen weiterzuarbeiten. Man könnte den Patienten beispielsweise fragen, ob jemand in dieser Szene etwas braucht, ob etwas fehlt oder ob man jemand etwas Gutes tun kann. Daraus könnten in Bezug auf das oben erwähnte Beispiel folgende Spielideen resultieren: Ich weiß, wie es sich anfühlt anzukommen; ich lasse mir über die Musik zeigen, wie es sich anfühlt in Sicherheit zu sein oder ich weiß wie es sich anfühlt, mich in meinem Tempo bewegen zu dürfen.

Ich hoffe, dass ich mit diesen Beispielen einen Einblick geben konnte, wie wir Intentionen und damit verbunden Spielideen nutzen können mit bestimmten Erfahrungen, Gefühlen, Ideen oder mit neuem Wissen über das freie Spiel auf Instrumenten in Resonanz zu gehen. Vielleicht kann ich mit dieser Ideensammlung ja einen Beitrag dazu zu leisten, bestehende Begrenzungen zu hinterfragen und überdies vor allem praktizierende Musiktherapeuten zu ermutigen kreativ und phantasievoll mit Spielideen umzugehen. Getreu dem Motto: Im Spiel und in der Musik ist alles möglich.

Literatur

Adam, Thomas (2016). *Singende Trommeln. Musiktherapie im Altenwohnheim*. Wiesbaden: Reichert.

Gindl, Barbara (2002). *Anklang – die Resonanz der Seele. Über ein Grundprinzip therapeutischer Beziehung*. Paderborn: Junfermann.

Wenn Spielräume verschlossen sind, wenn in der Therapie nichts mehr geht?

Martin Lenz

Die mahnenden Worte meiner Mutter: „Klimper nicht rum, spiel das, was du aufbekommen hast", haben nicht gefruchtet. Schon als Kind war das Klavier in unserem Esszimmer mein Spielzeug, das Zimmer also auch ein Spielraum. Spielen, das ist für mich:

- sortieren von Material
- aufbauen und zerstören
- probieren und verwerfen
- erfinden und gefunden werden
- berühren und verletzen
- genießen und auskotzen
- gewinnen und verlieren
- Strategien austüfteln und dem Chaos nachgehen
- strukturieren und Strukturen auflösen
- es leicht nehmen und es schwer haben
- in Gedanken sein und gedankenlos sein

Und all das braucht einen Raum: ein Zimmer, eine Ecke irgendwo, einen Garten, die Straße, einen Baum, einen Wald, ein Bett, ein Versteck. Jede und jeder denkt dabei sicher schon an eigene vertraute Spielräume.

Ein Spielraum unter vielen ist der Raum, in dem es klingen darf. Nicht soll oder muss – das sind keine Spielräume. Das sind Schulen, Übungsräume oder sogar Strafräume: „Du übst jetzt Klavier, bis Du es kannst. Spielen mit Deinen Freunden ist heute nicht. Basta."

Wir haben als Musiktherapeuten einen Beruf gewählt, in dem wir immer noch oder wieder spielen dürfen. Das Rumklimpern ist nicht mehr sinnlos und leistungsfern, es ist der von uns zur Verfügung gestellte Raum, sich dem Spiel mit allem, was uns ausmacht, wieder stellen zu dürfen. Die Tragik des Älterwerdens besteht ja darin, dass Spielen schon sehr früh geregelt wird. Da gehören schon im Kleinkindalter die runden Steinchen ins runde Loch und die würfelförmigen ins quadratische. Da gibt es beim Kartenspiel sehr schnell Gewinner und Verlierer. Und es gibt den Satz „Das Kind muss auch verlieren lernen!" Und dann dauert es nicht lange und man bekommt Zensuren, für das, was man macht und Beurteilungen, Zeugnisse und Referenzen.

Wo bleibt das Spielen? Wo bleibt der spielerische Umgang mit sich, mit seinen Mitmenschen und der Umwelt?

Einige Menschen bewahren sich eigene Spielräume in ihrem Leben. Sie können leisten, sie können aber auch spielen, ohne dass es dabei ums Gewinnen und Verlieren geht.

Menschen, die sich emotional ganz auf der Verliererseite fühlen, begegnen wir in der Musiktherapie. Und was wir dort tun, ist im Grunde ja erst einmal, den Leistungsdruck heraus zu nehmen und die Erinnerung an die eigenen Spielfähigkeiten zu wecken. Mal davon abgesehen, dass es leider sehr viele Menschen gibt, die nie spielen durften. Menschen, deren Existenz auf Angst vor Verletzung und der Suche nach Selbstschutz aufgebaut ist. Aber gerade bei schwer traumatisierten Patienten ist das Eröffnen eines Spielraumes eine neue Erfahrung, die – so ungewohnt sie für sie ist – Chancen für Erholung, Bearbeitung, Veränderung und Befreiung bieten kann.

Wir haben uns als Musiktherapeuten entweder den Schatz des Spielenkönnens bewahrt oder wir haben ihn während der Ausbildung wieder gefunden. Was hilft es aber einem Patienten, wenn wir spielen können, wenn wir Räume fürs Spielen finden oder schaffen?

Von Vorstellungen, das Spiel oder gar die Musik helfe oder heile schon an sich, bin ich weit entfernt. Dann bräuchte es keine Musiktherapeuten. Und wenn es so wäre, hätten viele Jahrhunderte Musikgeschichte es schon beschrieben.

Was machen wir aber sonst? Ich bevorzuge es, mich als Sortierer zu verstehen. Besser noch als Sortieranleiter. Ich sortiere mit Patienten gemeinsam deren Stärken und Schwächen, deren Gefühle, deren Motivationen, Wünsche und Träume, deren Nöte, Kränkungen, Verletzungen.

Ich sortiere gemeinsam mit Patienten biographische Ereignisse, die stark machten, die Lebenslust verspüren ließen, die Perspektiven öffneten. Und auf der anderen Seite jene biographischen Katastrophen, die dem wachsenden Selbst den Boden unter den Füßen wegzogen, die verunsicherten, die beschämten, die den Glauben an sich selbst und die Mitmenschen beschädigten. Man kann das auch alles anders nennen. Aber ich will hier keinen Fachartikel schreiben.

Und was hat das alles mit dem Spielraum Musiktherapie zu tun? Es ist ein himmelweiter Unterschied, ob ich als Patient in einer musikalischen Spielsituation etwas aufwecke, etwas erinnere, etwas beobachte, etwas fühle, was ich aus ganz andern Lebenssituationen kenne, oder ob ich im Gespräch aufwecken, erinnern, beobachten oder fühlen *soll*.

Das Spielerische im Umgang mit den Instrumenten verwandelt Gedanken, Gefühle und Impulse in etwas Machbares. Das Seelische wird konkret, es bekommt Gestalt – eine musikalische Gestalt – und wird dadurch beweglich, veränderbar, regulierbar, verstehbar.

Wir brauchen oft nicht die psychologische Sprache, um Phänomene zu beschreiben. Uns hilft die musikalische Sprache oft zum Einstieg und zum Verständnis und zur Bearbeitung von seelischen Nöten. Aber auch bei der Suche individueller Lebens- und Überlebensstrategien.

Ich will von einem Beispiel erzählen, das aus dem gewohnten Musiktherapieraum heraus geht. Das Setting, d. h. der Spielraum, wird verlegt.

Ich hatte über einen langen Zeitraum einen Mitfünfziger Akademiker in Therapie. Ihn narzisstisch zu „füttern“, war eine besondere Herausforderung. Ihn über seine morgendlichen Suizidphantasien zu begleiten, die ihn seit vielen Jahren schon quälten, hieß, ihn in seinen selbst gefundenen Strategien zu stützen. Er spielte redlich Klavier, konnte aber seine Fähigkeiten überhaupt nicht real einschätzen. Seine Vorbilder waren Alfred Brendel und Co.

Er stellte aber fest, dass das regelmäßige Klavierüben ihn vor großen Abstürzen bewahren konnte. Es stabilisierte ihn. Meine Herausforderung war es, sein Spiel angemessen und wahrhaftig zu würdigen.

Gelegentlich brachte er also seine Noten mit, um mir vorzuspielen, woran er gerade arbeitete. Viel zu schwere Stücke. Und wir gingen dann in einen großen Saal mit dem Flügel, ich nahm in der 1. Reihe Platz und er begann zu konzertieren. Mendelssohns „Lieder ohne Worte“. Sie wissen, wie schwer das ist. Mir drohten die musiktherapeutischen Felle weg zu schwimmen. Ich hatte keine Ahnung, was das werden soll.

Er spielte sich mühsam von Takt zu Takt. Jeder Klavierlehrer wäre wahnsinnig geworden. Und dann die Frage an mich, was ich dazu sage …

An dieser Stelle geht es um Wahrhaftigkeit und nicht um billiges Lob, das ob seiner Unwahrheit durchsichtig ist. Ich hatte gehört und erlebt, wie sich dieser Mann bei jeder Auflösung einer Dissonanz entspannte, wie er sie auskostete und eigentlich davon lebte. Das sagte ich ihm. Und das war es. Er konnte seine Suizidphantasien ertragen, mit ihnen leben, weil er am Klavier etwas mit seinen Händen bewerkstelligen konnte, das ihm inneres Modell für sein seelisches Problem und dessen Selbstbehandlung war: Die Fähigkeit, Dissonanzen aufzulösen. Die therapeutische Aufgabe war eigentlich nur, dies zu hören, zu validieren, um durch Benennung und Anerkennung zum Weitermachen zu ermutigen.

Dies ist ein Beispiel, an dem sich mir zeigte, dass sich in mir unbewusst die Gedanken an eigenes Klaviergestümper, an meine spätere Rolle als Musiklehrer und dann die große Freiheit als Musiktherapeut kreuzten. Eigene biographische Erfahrungen verunsicherten mich für einen Augenblick in meiner Rolle als Musiktherapeut, hart an der Grenze zum Nicht-mehr-weiter-wissen.

Was aber, wenn in der Therapie wirklich gar nichts mehr geht? Wenn der Spielraum zum Raum der Verzweiflung, der Ratlosigkeit oder Lähmung wird? Je öfter ich Situationen erlebte, in denen ich nicht weiter wusste, desto gelassener wurde ich und offener in meiner Wahrnehmung. Das Nicht-weiter-Wissen ist ja ein Einfühlen in die Ratlosigkeit des oder der Patienten, ein Mitfühlen der Leere, des inneren Chaos, der Lieblosigkeit oder Einsamkeit. Und eine gute Regel heißt ja: Wenn es innen leer oder eng wird, ist es gut, ins Außen zu gehen, das Außen wahrzunehmen. Und sei es der Inhalt eines Rucksacks …

Seifenblasen

Es war eine gespannte Stimmung in der Gruppe. Sechs Menschen, die das persönliche Schicksal auf eine Psychotherapiestation zur Behandlung von Borderline-Störungen und akuten Krisen verschlagen hatte, kamen in den Musiktherapieraum. Irgendetwas hatte sie „auf die Palme" gebracht. Es war „Stunk" auf der Station.

Das ist nichts Besonderes. „Wir Borderliner haben es schwer miteinander und mit uns selbst." Nun ist die gereizte Stimmung, die Unzufriedenheit, der Frust, der Ärger in meinem Raum. Auch die Schuldgefühle, die selbstzerstörerischen Gedanken, das Weglaufbedürfnis, das Aus-der-Realität-entfliehen-Wollen.

Meine übliche Frage: „Was brauchen Sie jetzt?", ruft nicht einmal ein müdes Lächeln hervor. Schweigen. Fertig mit der Welt. Und dann auch noch Musiktherapie.

Wir drehen und wenden uns in einer „Therapie-ist-Pflicht-Situation" und kommen nicht aus der Klemme. Ich lasse mich nicht anstecken. Ich bin schon angesteckt.

Da packt eine junge Frau ihren Rucksack aus. Sie sucht ihr Handy. Handys sind in der Therapie verboten. Plötzlich hält sie eine Dose Seifenblasen in der Hand, will sie schnell wieder in den Tiefen des Sacks verschwinden lassen. Ich sage möglichst unengagiert: „Seifenblasen habe ich eine Ewigkeit nicht mehr gesehen."

„Wollen Sie mal", fragt sie. Die anderen blicken auf. Was läuft hier? Eben ging es noch darum, irgendwie zu überleben. Und jetzt Seifenblasen?

„Machen Sie doch mal", sage ich. Und die Patientin bläst wunderschöne Seifenblasen in den Raum, die von der nachmittäglichen Sonne in ein Funkenmeer verwandelt werden. Es kommt Bewegung in die Gesichter. Vorsichtig. Noch lange nicht in die Körper. Augen beginnen, einzelne Seifenblasen zu verfolgen. Augen leuchten den ganzen Raum aus.

„Wollen wir einzelnen Seifenblasen einen Ton geben? Mit irgendeinem Instrument? Und sie solange mit diesem Ton begleiten, bis sie verschwunden sind?"

Als sei diese Frage das Selbstverständlichste der Welt, suchen sich die jungen Patienten je ein Instrument. Es sind zarte Töne zu erwarten. Und wieder bläst die junge Frau eine Wolke wunderschöner Seifenblasen in den Raum, die nun unsere klangliche Wegbegleitung bekommen. Da gibt es Blasen, die schnell platzen und welche, die verschlungene Pfade auf unsichtbaren Wegen durch den Raum ziehen. Höchstspannung. Entspannung. Es kehrt so etwas wie Frieden in uns. Eine Ruhe, die wir verzaubert genießen, die wir aber auch selbst klingend erzeugen.

Seifenblasen sollten in jedem Rucksack zu finden sein.

(Vgl. Seifenblasen in: Brettschneider; Debus & Lenz, 2008).

Situationen, in denen ich als Musiktherapeut oder Musiktherapeutin nicht mehr weiter weiß, bleiben im Berufsalltag nicht aus. Hilfreich bei der Reflexion ist immer, etwas Ordnung in das Gefühlschaos zu bringen, die derartige Erfahrungen nach sich ziehen.

Wir haben ja alle solche Situationen überlebt, sonst würden wir uns nicht mehr damit beschäftigen.

Mir halfen folgende Überlegungen zu der Frage, auf welcher Ebene die Lösung des Nicht-weiter-Wissens geschah:

- War es die kognitive Ebene? Habe ich für mich selbst oder mit den Klienten im Gespräch die Situation gedanklich geklärt?
- War es die emotionale Ebene? Habe ich meine eigenen Gefühle wahrgenommen und diese nutzen können?
- War es die musikalische Ebene? Habe ich eine spielerische Lösung der Situation gefunden?
- War es die Ebene der Selbstberuhigung? Konnte ich erlernte oder spontane Techniken der Selbstberuhigung anwenden?
- War es die Flucht aus der Situation?
- War es der Wechsel des Außen, also z. B. des Raumes?
- Gab es noch andere Lösungsmöglichkeiten, die in keine der Ebenen passen?
- Und wenn überhaupt nichts ging, wie habe ich das positiv aufarbeiten können?

Es hat sich für mich gelohnt darüber hinaus zu reflektieren:

- Was ist meine Lieblingslösung?
- Welche beherrsche ich wirklich gut?
- Welche will ich mal ausprobieren?
- Welche Variante hat mich neugierig gemacht?

Schlussakkord

Zum Thema der „verschlossenen Spielräume" gehört der Gedanke, dass Spielräume auch Raum für das Entdecken von Schwierigkeiten, für das Feststecken, bieten. Sie bieten Raum für das Finden von Lösungen, nicht immer einfach und linear. Das gilt für Patienten und für uns. Erlauben wir uns doch, dass wir nicht immer für alles sofort eine Lösung haben, dass sich diese manchmal noch entwickeln muss, und geben wird uns dafür den nötigen inneren Spielraum!

Literatur

Brettschneider, Eva-Maria; Debus, Lutz & Lenz, Martin (2008). *Die Seele zum Schwingen bringen. Geschichten aus der Musiktherapie*. Bonn: BALANCE buch + medienverlag.

Über das Warten

Barbara Keller

90 Minuten und 25 Menschen, die über das Warten nachdenken und das Warten, soweit es die Zeit zulässt, auch erleben wollen. Als Leiterin des Workshops, in dem das Warten im Fokus steht, bin ich in einer paradoxen Situation. Die Vorbereitung und Beschäftigung mit dem Thema Warten hat eine Fülle an Material ergeben, das ich weitergeben möchte: Über das Warten im Allgemeinen, über das Warten im privaten Bereich, über das Warten als Haltung, als Methode in der Musiktherapie. Und dann soll das Warten ja auch erlebt werden. Dafür braucht man Zeit, viel Zeit, einfach mal Nichtstun, einen Aufschub dessen, was eigentlich getan werden sollte. Ein großes Dilemma also und die Zeit als Gegner. Da wir als Musiktherapeuten aber geübt sind, trotz strukturbedingter Hürden das Beste (aus sich und den anderen) herauszuholen, betreten wir also gemeinsam guten Mutes den „Spielraum gefühlter Zeit".

Selbsteinschätzung zum Warten

Jeder schreibt auf ein kleines unter dem Stuhl liegendes Zettelchen einen Satz, der mit dem Warten zu tun hat; dies kann etwas Persönliches sein, aber auch eine allgemeine Aussage oder Definition.

Wir stellen uns eine imaginäre Linie im Raum vor. An einem Ende der Linie stehen diejenigen, die von sich sagen: „Ich kann gut warten. Warten macht mir nichts aus." Am anderen Ende wird das Warten als große Herausforderung, als Qual empfunden. Dabei geht es nicht um das berufliche Warten, sondern um den privaten Bereich, z. B. wenn eine Verabredung sich verspätet oder es allzu voll ist im Wartezimmer.

Die Teilnehmer gehen mit ihrem Zettelchen auf die von ihnen gewählte Position auf der Linie. An der „Warten als Qual"- Seite wird begonnen. Jeder sagt zunächst seinen Namen, den Ort, aus dem er kommt und den selbst formulierten Satz. Dazwischen gibt es kleine Pausen. Wir warten aufeinander.

Als ich gefragt worden bin, bei der Spielraum-Tagung einen Workshop durchzuführen, ist mir recht spontan das Thema „Warten" eingefallen. Ich habe mich vorher noch nicht bewusst und gezielt mit diesem Thema beschäftigt, es lediglich eher intuitiv als Methode in meiner musiktherapeutischen Arbeit benutzt; sowohl im außermusikalischen Bereich, in der Gesprächsführung, wie auch in der Musik, in der Improvisation.

Im Seniorenheim ist das Warten aus Sicht der Bewohner ein vertrauter Zustand. Man wartet auf das Essen, auf ein bisschen Gesellschaft, auf Hilfe, auf Besuch, auf das Sterben. Man muss warten und man hat gelernt zu warten. Das Zeitempfinden ist ein anderes geworden.

Aus der Sicht des Personals ist das Gegenteil ein vertrauter Zustand – das Gegenteil von Warten: Handeln, etwas schaffen, hinterhereilen. Und uns geht es ja auch oft so.

Praktikanten, die neu in das Berufsfeld der geriatrischen Krankheitsbilder eintauchen, empfehle ich immer die folgende Übung. In einer Begrüßungssituation soll die Praktikantin der Bewohnerin signalisieren, dass sie anwesend ist durch einen Gruß, einen Handschlag oder eine kurze Berührung an der Schulter. Wichtig ist, dass sie das Gefühl hat, von ihrem Gegenüber wahrgenommen worden zu sein. Dann soll sie langsam innerlich bis 30 zählen. Fast immer kommt daraufhin eine Reaktion. Meist sehr verzögert und überhaupt nicht in unserem gewohnten Kommunikationstakt. Bei demenzkranken Menschen kommt meist eine unerwartete Reaktion. Unser Anwesendsein, unser Interesse an ihrer Person, was ja sehr sensibel wahrgenommen wird, regt an und befördert Inneres nach außen. Die aktuelle Empfindung oder der aktuelle Gedanke findet den Weg heraus. Dieser Mechanismus greift aber nur, wenn wir auch innehalten, warten, nichts vorgeben und nicht durch Aufforderungen oder Ablenkungen abdeckeln, was innen ist.

Ähnlich erlebe ich es auch in der Arbeit mit chronisch psychisch kranken Menschen. Sie spüren, dass sie in der Musiktherapie einen Raum haben, in dem ganz genau zugehört wird und in dem ihnen Zeit gelassen wird. Zeit, um Erlebnisse, Gefühle und Gedanken zu sortieren und Bedürfnisse zu erspüren.

Für manche, das hat sich bei der Selbsteinschätzungsübung abgebildet, ist das Warten geschenkte Zeit. Eine Teilnehmerin formulierte: „Jede rote Ampel ist für mich ein Geschenk." Für viele ist das Warten aber auch eine Qual. Das Warten, Erdulden, Ertragen und Aushalten hat verschiedene soziologische und psychologische Dimensionen.

Jeder wartet, eigentlich fast immer: man wartet auf eine kleine Auskunft oder die große Liebe, auf das Ende einer langweiligen Sitzung oder den Start einer aufregenden Reise. Fans erwarten einen flüchtigen Blick auf ihren Star am Roten Teppich. Flüchtlinge warten auf ihre einzige Chance in endlosen Reihen vor dem Zaun. Wir warten auf einen Geburtstermin oder den Tod. Warten ist eine existentielle und zugleich so alltägliche Erfahrung. Warten ist das „Erleben von Zeit" – und die Qualität dieses Erlebens ist sehr abhängig von äußeren Umständen, davon, wie und worauf man wartet.

Warten ist ein Phänomen oder eine Verhaltensform, die selten wertneutral verläuft. Ist das Warten mit Hoffen verbunden, wird es als positiv erlebt – ganz im Sinne des Sprichwortes „Vorfreude ist die schönste Freude". Ist das Warten mit Fürchten verbunden, kann es als negativ, als angstvoll erlebt werden. Ist es ohne große Gefühle belegt, kann es sehr langweilig sein. Langeweile ist das Gefühl, das eintritt, wenn man nichts zu tun hat und nicht weiß, wie man seine Zeit verbringen soll. Für Rosemarie Tüpker, die auch an dem Workshop teilnahm, kam an dieser Stelle der Einheit ein kleiner Exkurs:

Gibt man in der Suchmaschine „Ruhestand Langeweile" ein, wird an zweiter Stelle die Seite „aktive-rentner.de" aufgeführt mit den folgenden vier Tipps gegen Langeweile im Ruhestand:
- *Tiere betreuen und versorgen*
- *Helfen bei der Grünanlagenpflege*
- *Als Zeitzeuge für Schüler fungieren*
- *Ahnenforschung/Familienstammbaum*

(Selbstverständlich ist es aber auch möglich, Bücher herauszugeben und/oder zu verfassen und/oder Promovenden zu betreuen und/oder im Winter einen Igel.)

Vor allem das Warten-Können ist eine Frage des Individuums und seiner inneren, seiner seelischen Verfassung – und seiner Entwicklung im Laufe des Lebens.

Säuglinge können noch nicht warten – sie melden sich lautstark, wenn sie etwas brauchen oder haben wollen. Warten-Können ist eine Frage der Zeitwahrnehmung – diese wird erst etwa ab dem dritten Lebensjahr immer differenzierter. Vor allem hängt die Fähigkeit, warten zu können, von der Selbstkontrolle ab. Auch diese entwickeln Kinder erst nach und nach; manche mehr, und manche weniger. Das hat der Psychologe Walter Mischel erstmals in den 1960er Jahren wissenschaftlich gemessen in seinem so genannten „Marshmallow-Test" (Mischel u. a., 2011).

Die Aufgabe, die Kinder dabei erhalten, sieht so aus, dass sie an einem Tisch sitzen und eine Süßigkeit vom Versuchsleiter vorgesetzt bekommen, der danach den Raum verlässt. Die Kinder haben die Wahl, entweder diese Süßigkeit sofort zu naschen oder zu warten, bis der Versuchsleiter zurückkommt, um dann noch eine zweite zu bekommen.

Walter Mischel, ein österreichischer Jude, dessen Familie vor den Nazis in die USA geflohen war, hatte diesen weltweit bekannten psychologischen Test an der kalifornischen Universität Stanford zwischen 1968 und 1974 in vielen Variationen mit Vorschulkindern durchgeführt:

Mischel wollte ursprünglich den freien Willen erforschen, und die Selbstkontrolle und der „Belohnungsaufschub" schien ihm ein gutes Messinstrument dafür zu sein. Tatsächlich ist es ein vielschichtiges Warteexperiment geworden, denn es misst nicht nur die Zeit, die jedes einzelne Kind der Verlockung widerstehen konnte, sondern dokumentiert auch ihre Wartestrategien. Maximal 15 Minuten wurden die Kinder mit der begehrten Süßigkeit allein gelassen und dabei durch einen Einwegspiegel beobachtet: Jedes vierte Kind verputzte die Süßigkeit sofort, 30 Prozent schafften die volle Zeit. Alle versuchten, sich irgendwie abzulenken. Einige liefen herum, manche versuchten zu schummeln.

Ich habe nicht widerstehen können und den Test mit unseren damals gerade dreijährigen Zwillingen gemacht, aber in etwas abgeschwächter Variante: Es gab Gummibärchen anstelle von Marshmallows, ich habe das Zimmer nicht gänzlich verlassen und bin auch schon nach 5 und nicht erst nach 15 Minuten zurückgekommen, und die beiden hatten einander, waren also auch nicht alleine. Der Versuch wurde gefilmt und während des Workshops gezeigt. Die Kinder saßen zunächst eine Minute, das Gummibärchen ehrfürchtig betrachtend, still. Dann kam Unruhe auf, sie rochen und lutschten an dem Bärchen, klebten es sich an die Wange und an die Nase, rieben es zwischen den Händen, veränderten mehrfach ihre Sitzposition, legten sich hin (auch aufeinander), aber schafften es schließlich, die Süßigkeit nicht aufzuessen.

Mischel geht nicht davon aus, dass die Fähigkeit zur Selbstkontrolle – zum Warten – angeboren ist. Sie wird im Wesentlichen erlernt und hängt von vielen Umgebungsbedingungen und Erfahrungen ab. Diese These war für die Entwicklungspsychologin Bettina Lamm Anlass, 2014 am Institut für frühkindliche Bildung und Entwicklung der Uni Osnabrück einen **interkulturellen** Marshmallow-Test durchzuführen. Im klassischen Setting wurden 125 deutsche Kinder und 76 aus Kamerun in ihrem Warteverhalten verglichen (Lamm et al., 2017).

Lamm konnte bei den deutschen Kindern Ähnliches beobachten, was auch Walter Mischel schon in den späten 60er Jahren in den USA beobachtet hat: Bei den Vierjährigen schaffen es etwa 30 Prozent, 15 Minuten lang auf die zweite Süßigkeit zu warten; bei den kamerunischen Kindern war die Quote etwa umgekehrt: 70 Prozent haben es geschafft zu warten. Dieses Phänomen ist nach Lamm zu erklären mit unterschiedlichen Sozialisationserfahrungen und Erziehungsmodellen. In Deutschland wird von Beginn an sehr viel Wert darauf gelegt, dass Kinder sich zu Unabhängigkeit, Individualität, Eigenständigkeit entwickeln, dass sie ihre Präferenzen, ihre Emotionen und Bedürfnisse ausdrücken und sich dafür einsetzen. In Kamerun sehen Erziehungsmodelle anders aus. Hier ist es wichtig, dass die Kinder lernen, sich in der Gruppe einzufügen, ihren Platz in der Hierarchie zu finden, respektvoll und gehorsam gegenüber den Älteren zu reagieren. Dies sind Fähigkeiten, die auch mit der Fähigkeit, warten zu können im Zusammenhang stehen. In den Test-Videos war auch deutlich zu sehen, dass afrikanische Kinder besser warten können als deutsche. Die deutschen Kinder sind unruhig, aktiv, müssen sich ablenken oder versuchen es, indem sie mit ihren Händen spielen, auf den Tisch trommeln oder sich selbst etwas erzählen, wohingegen die kamerunischen Kinder ruhig am Tisch sitzen und warten. Einige Kinder konnten sich sogar so gut regulieren, dass sie über dem Warten eingeschlafen sind.

Wie wird das Warten im Allgemeinen erlebt? Zumeist als **unproduktive Zeit**, darum ist es auch so unbeliebt. Warten bedeutet Unterbrechungen im Zeitfluss. Daraus entsteht Ungeduld, noch verschärft durch unser strenges Zeit-Nutzungsprinzip. Erholung, Pausen im Alltag sind kaum vorgesehen.

Doch man kann es aushalten, das Warten, man kann es lernen – sollte, muss es sogar wieder. Also wirklich warten: Eine bestimmte Situation erleben, ohne sie mit einer anderen Aktivität zu belegen, zu füllen, und das nicht nur auszuhalten, sondern auch zu genießen. Früher gab es dafür den Begriff „Muße“, heute „Achtsamkeit“: Warten als eine Zeit verstanden, die man nicht totschlagen muss, sondern als zusätzliche, **geschenkte Zeit**.

Warten-Können kann also auch eine Haltung sein. Diese Haltung erfordert Selbstdisziplin, sie erfordert Gelassenheit, sie erfordert die Fähigkeit, Prioritäten neu sortieren zu können und loszulassen von Dingen, die vielleicht doch gar nicht so wichtig sind.

Außerdem liegt in der Erfahrung des Wartens auch eine **Chance**. Man braucht die Phasen des Nichtstuns, auch der Langeweile, zum Beispiel während einer langen Bahnfahrt, um seinen Gedanken freien Lauf zu lassen. Man schaut aus dem Fenster, die Gedanken gleiten weg – und plötzlich hat man einen guten Einfall. Plötzlich weiß man, wie man etwas anpacken muss. Das ist natürlich nicht garantiert, aber wenn man keine Gelegenheiten schafft für solche Gedanken, dann kommen sie auch nicht. Man muss den Gedanken Raum geben, **Warten als Spielraum für die Gedanken.**

Darum ist das Warten-Können auch eine unerlässliche Kompetenz des Therapeuten. Jan Sonntag bezeichnet das therapeutische Abwarten als Handlungsenthaltsamkeit bei gleichzeitig aufmerksamer Teilhabe an der gegebenen Situation. „Handlungsenthaltsamkeit bedeutet ein Verzicht auf allgemein erwartete Handlungs- und Interaktionsmuster und damit einhergehend eine Offenheit gegenüber dem Unerwarteten.“ (vgl. Sonntag, 2013, 266).

Spüren, beobachten, abwägen, schweigen, warten, die Stille aushalten. Wir eröffnen unseren Klienten einen Spielraum für die Gedanken, für die Erinnerungen, für die Emotionen. Wir geben lediglich kleine Impulse durch Worte, durch Musik oder einfach nur die Atmosphäre, die dann im Klienten weiter wirken können. Dafür brauchen wir Zeit und Geduld. Wir können nichts erzwingen, manchmal passiert auch minutenlang, stundenlang, wochenlang nichts. Aber dann!

Abschlussimprovisation

Das Warten steht im Vordergrund. Kleine Textschnipsel, einzelne Töne und dazwischen ca. dreißigsekündige Pausen ergänzen sich zu einem großen Ganzen. Auf der Stille – der Wartezeit zwischen poetischen und musikalischen Beiträgen – liegt das Hauptaugenmerk. In den Pausen klingt das Gehörte nach; in den Pausen wird auf das gewartet, was klingen wird.

Texte während der Improvisation:
Das Gras wächst nicht schneller, wenn man daran zieht. (Afrikanisches Sprichwort)

Leider sind im Augenblick alle Leitungen belegt. Bitte haben Sie ein wenig Geduld, wir sind gleich für Sie da. (Ansage für automatische Warteschleife)

Die Kunst des Wartens besteht darin, inzwischen etwas anderes zu tun. (Heinrich Spoerl)

Als das Telefon nicht klingelte, wusste ich sofort, dass du es warst. (Dorothy Parker)

Über allen Gipfeln ist Ruh,
in allen Wipfeln spürest du
kaum einen Hauch.
Die Vöglein schweigen im Walde.
Warte nur, balde ruhest du auch. (Johann Wolfgang von Goethe)

Alles nimmt ein gutes Ende für den, der warten kann. (Leo Tolstoi)

Es war einmal ein junger Bauer, der wollte seine Liebste treffen. Er war ein ungeduldiger Geselle und viel zu früh gekommen. Und verstand sich schlecht aufs Warten. Er sah nicht den Sonnenschein, nicht den Frühling und die Pracht der Blumen. Ungeduldig warf er sich unter einen Baum und haderte mit sich und der Welt. Da stand plötzlich ein graues Männlein vor ihm und sagte: Ich weiß, wo dich der Schuh drückt. Nimm diesen Knopf und nähe ihn an dein Wams. Und wenn du auf etwas wartest und dir die Zeit zu langsam geht, dann brauchst du nur den Knopf nach rechts zu drehen, und du springst über die Zeit hinweg bis dahin, wo du willst. Er nahm den Zauberknopf und drehte: und schon stand die Liebste vor ihm und lachte ihn an. Er drehte abermals: Und saß mit ihr beim Hochzeitsschmaus. Da sah er seiner jungen Frau in die Augen: Wenn wir doch schon allein wären … Wenn unser neues Haus fertig wäre … Und er drehte immer wieder. Jetzt fehlen uns noch die Kinder und drehte schnell an dem Knopf. Dann kam ihm neues in den Sinn und konnte es nicht erwarten. Und drehte, drehte, dass das Leben an ihm vorbeisprang, und ehe er sich's versah, war er ein alter Mann und lag auf dem Sterbebett. Und merkte, dass er schlecht gewirtschaftet hatte. Nun, da sein Leben verrauscht war, erkannte er, dass auch das Warten des Lebens wert ist. Und er wünschte sich die Zeit zurück. (Heinrich Spoerl)

Nachtrag

Die Einheit über das Warten habe ich inzwischen als festen Bestandteil meiner Seminare über „Musikalische Elemente in der Sterbebegleitung" für Hospizgruppen und andere in der Begleitung Sterbender Tätige etabliert. Insbesondere das musikalische Aufeinander-Warten/Aufeinander-Hören birgt dabei wunderbare Aha-Erlebnisse. Eine interessante Erfahrung machte ich vor kurzem auch in einer Frauenhilfe (Frauenverband innerhalb der Evangelischen Kirche), als ich dort einen Vortrag über das Warten hielt. Die 16 Damen waren zwischen 79 und 94 Jahre alt. Das Warten, so die einstimmige Meinung, habe man inzwischen gelernt.

„Wenn vor zehn Jahren die Kinder und Enkel zu Besuch gekommen waren, wollte ich immer genau die Ankunftszeit wissen, damit der Kaffee dann fertig ist. Dann kamen sie doch viel später. War das Warten eine Qual, ich habe mich immer so gesorgt! Heute ist mir das ganz egal, das ist Energieverschwendung. Die sollen sich ihren Kaffee selber machen."

Und eine andere alte Münsteranerin über das Fahrradfahren:

„Früher musste ich, wenn vor mir Fahrräder fuhren, immer alle überholen. Ich konnte einfach nicht die Letzte sein. Bis dann alle vor einem an der Ampel anfahren, das dauert ja eine Ewigkeit! Heute mache ich es andersrum. Ich warte ein bisschen und fahre extra langsam, damit mich alle überholen und genieße das, wie sie alle vor mir her strampeln."

Literatur

Lamm, Bettina et al. (2017). *Waiting for the Second Treat: Developing Culture-Specific Modes of Self-Regulation*. Child Development, doi: 10.1111/cdev.12847.

Mischel, Walter et al. (2011): ‚Willpower' over the life span: decomposing self-regulation. *Social cognitive and affective neuroscience*. Bd. 6(2), S. 252–256.

Jan Sonntag (2013): *Demenz und Atmosphäre. Musiktherapie als ästhetische Arbeit*. Frankfurt am Main: Mabuse.

Webseite Aktive-Rentner. www.aktive-rentner.de/4-tipps-gegen-langeweile-im-ruhestand.html. Abgerufen am 23. Juni 2018.

Musiktherapie an der Universität Münster – Ein Rückblick

Rosemarie Tüpker

Dieser Rückblick auf die musiktherapeutischen Studiengänge an der Westfälischen Wilhelms-Universität (WWU) von 1987 bis 2017 beruht sowohl auf den eigenen Erinnerungen der Autorin als auch auf der Durchsicht von Akten mit den Unterlagen zu Vorgängen, Fakten und Zahlen, Namen und Streitigkeiten, Prüfungsordnungen und Gremienbeschlüssen. Diese wurden, wie auch die Prüfungsakten der Studierenden, inzwischen dem Universitätsarchiv übergeben, wo sie dauerhaft verfügbar bleiben werden. Ein Überblick über die beiden Studienprogramme findet sich am Schluss dieses Aufsatzes.

Auffällig bei der Durchsicht der Unterlagen war, dass die Musiktherapie als das vermutlich kleinste Fach der Universität Münster von Beginn an immer wieder in ihrer Existenz gefährdet war. Und auch wenn viele nicht verstehen können, warum diese große Universität trotz der guten Voraussetzungen und bestehenden Strukturen nach dreißig Jahren endgültig entschieden hat, den Master Klinische Musiktherapie nicht fortzuführen, so erschien es nach dieser Sichtung doch eher wie ein kleines Wunder, dass es die musiktherapeutischen Studiengänge so lange gegeben hat. Dazu haben sicherlich auch die zahlreichen Protestaktionen beigetragen, deren Spuren in den Unterlagen zu finden waren: Eingaben, Briefe, kreative Aktionen und Unterschriftensammlungen von Studierenden und Lehrenden, von KollegInnen, Verbänden, Institutionen und Außenstehenden, denen eine staatliche Musiktherapieausbildung wichtig war. In dem knapp gefassten Rückblick sollen, neben dem persönlichen Rückblick, einige Grundzüge der Entwicklungen, die Strukturen und all diejenigen Personen genannt sein, die an der Entstehung und Durchführung des Studiengangs in seinen beiden Formen (Diplom und Master) in unterschiedlichen Rollen beteiligt waren.

Umfangreiche Vorarbeiten zwischen der Musikwissenschaftlerin *Prof. Dr. Maria Brockhoff* (1922–1996), den Musikpädagogen *Prof. Dr. Dr. Karl Hörmann* und *Prof. Dr. Ekkehard Kreft* (1939–2015) sowie den Medizinern *Prof. Dr. Hans E. Kehrer* (1917–2002) und *Prof. Dr. Gerhard A. E. Rudolf* (1939–2011) führten in Kooperation mit dem Ministerium für Wissenschaft und Forschung des Landes NRW 1987 unter der Amtsführung von *Anke Brunn* zur Eröffnung eines Diplomstudiengang Musiktherapie an der WWU, zunächst als ein zeitlich befristetes Modellprojekt. Mit der Zulassungsvoraussetzung eines Ersten Staatsexamens in Schulmusik war er im Grunde wie ein konsekutiver Masterstudiengang organisiert, weil eine solche Struktur zu dieser Zeit aber noch nicht etabliert war, wählte das Wissenschaftsministerium die Bezeichnung *Diplom-Zusatzstudiengang*.

Die Regelstudienzeit betrug, wie im späteren Master, vier Semester. Die Zulassungsvoraussetzung war mit dem Schulmusikabschluss allerdings enger gefasst, was eher der spezifischen Entstehungsgeschichte am damaligen musikpädagogischen Institut geschuldet war, als dass es sich fachlich begründen ließ, insbesondere gegenüber anderen musikalisch-pädagogischen Abschlüssen. Als ich selbst Ende 1990 mit der Leitung des Studiengangs betraut wurde, war diese Struktur aber vorgegeben, und es war mir bis zur Ablösung des Studienmodells durch den Master nicht gelungen, sie zu ändern.

Schon an der Umsetzung der gut ein Jahr zuvor ausgeschriebenen C2-Professur drohte die Etablierung des Studiengangs über den Modellversuch hinaus zu scheitern, weil die Stelle nach Abschluss des Berufungsverfahrens vom damaligen Fachbereich 21 entgegen vorheriger Absprachen der Musikpädagogik wieder entzogen wurde. Damals allerdings regulierte das Wissenschaftsministerium des Landes Nordrhein-Westfalen noch die Hochschulen, wenn es um übergeordnete Interessen ging, und wies aufgrund der deutlichen Proteste von Studierenden und einigen Lehrenden die Besetzung einer zusätzlichen Stelle zur Leitung des Studiengangs an, die ich dann im Oktober 1990 einnahm.[1]

Organisiert war der Studiengang zwischen drei Fächern und drei Fachbereichen: der Musikpädagogik (Fachbereich 21), der Musikwissenschaft (FB 8) und der Medizin (FB 5). Federführend war der jeweilige Geschäftsführer der Musikpädagogik, der in dieser Funktion formal auch für die Musiktherapie zeichnete. Das waren im Laufe der Jahre die Musikpädagogen Ekkehard Kreft, *Prof. Dr. Marie Schulten, Prof. Dr. Jürgen Vogt,* der Althistoriker *Prof. Dr. Elmar Schwertheim* und von 2004 bis zur Aufhebung des Masters der Musikpädagoge *Prof. Dr. Norbert Schläbitz.*

Das Ganze nahm währenddessen allmählich stabilere Formen an: Von 1991 bis 1997 war *Prof. Dr. Heiner Gembris* im Rahmen einer Professur für Musikpsychologie am Musikwissenschaftlichen Seminar mit der Hälfte seines Deputats für die Musiktherapie zuständig und Gerhard Rudolf, der in Prüfungsausschuss Musiktherapie immer wieder betonte, dass seine Stelle explizit zur Mitbetreuung der Musiktherapie geschaffen worden sei, zeichnete als Psychiater für die Organisation des medizinischen Teils der Ausbildung verantwortlich. Eine wichtige formale Hürde wurde 1993 genommen, als der Studiengang von der Modellphase in einen regulären Studiengang überging.

---

1 Diese regulierende Einflussnahme wurde 2006 mit der Einführung des *Hochschulfreiheitsgesetzes NRW* geändert.

Im gleichen Jahr wurde der *Förderverein Musiktherapie an der Universität Münster e. V.* gegründet, der viel zur Erweiterung des Handlungsspielraumes beitrug. Mit den eingeworbenen Mitteln konnten die Studierenden bei der Finanzierung ihrer Selbsterfahrung unterstützt werden, der Vorstand und weitere Aktive initiierten Vorträge, Tagungen, Konzerte und ermöglichten vieles, was die Universität nicht finanziert hätte. Das gab dem Ganzen mehr Spiel, Format und Farbe.

Die Studierendenzahlen im Diplomstudiengang waren mit einer Zahl von durchschnittlich insgesamt 50 bis 60 eingeschriebenen Studierenden scheinbar hoch. Allerdings gab es vermutlich viele, die nach dem Ersten Staatsexamen lediglich die Möglichkeit nutzten, weiter an der WWU eingeschrieben zu sein, da ein Aufnahmeverfahren nicht stattfand. Realiter besuchten, als ich im Oktober 1990 meine Stelle antrat, um die zehn Studierende die Seminare, später kamen dann im Schnitt bis 25 Studierende in die Veranstaltungen, die damals noch nicht in festen Studiengruppen organisiert, sondern meist offen für alle Musiktherapiestudierenden waren. Die jeweilige Seminargruppe war dadurch meist semesterübergreifend zusammengesetzt, was der damals üblichen Form eines Universitätsstudiums entsprach. Die Studierenden konnten und mussten sich ihren Studienplan im Rahmen der recht offen gehaltenen Vorgaben der Prüfungs- und Studienordnung selbst zusammenstellen. Dadurch gab es große Unterschiede in der Intensität des Studiums bei den verschiedenen Studierenden.

In der Gesamtlaufzeit des Diplomstudiengangs bis zur Einstellung im Zuge des Bologna-Prozesses[2] legten 179 Personen ihr Diplom in Musiktherapie ab. Die durchschnittliche Studiendauer betrug sechs Semester. Aufgrund privater Situationen wie z. B. Schwangerschaft/Kinderbetreuung, Unterbrechung des Studiums zur Ableistung des Referendariats oder aufgrund von Krankheit, lag sie vereinzelt sehr viel höher, was in diesen Strukturen problemlos möglich war. Die Genderverteilung war mit 29 Männern und 150 Frauen deutlich ungleich, die Zahl der ausländischen Absolventinnen und Absolventen betrug 15. Sie kamen aus Armenien, Bulgarien, Finnland, Griechenland, Österreich und Rumänien, aus Namibia, Korea, Japan und China.

---

[2] Bundesweite Umstellung der Studiengänge gemäß der 1999 in Bologna von 29 europäischen Ländern getroffenen Entscheidung zur Vereinheitlichung von Studiengängen und –abschlüssen. Ihr Kern ist ein zweistufiges System von Studienabschlüssen in den Formen *Bachelor* und *Master*, verbunden mit der Etablierung des *European Credit Transfer System (ECTS)*, welches eine Vergleichbarkeit einzelner Studienleistungen ermöglichen sollte. 1 *Credit Point (CP)* oder *Leistungspunkt (LP)* entspricht einem studentischen Arbeitsaufwand von 25 bis 30 Zeitstunden.

Eine erste Verschlechterung der Situation musste 1997 hingenommen werden, als Heiner Gembris die Universität verließ und die Stelle vom Musikwissenschaftlichen Seminar nicht mehr für das musikwissenschaftliche Teilgebiet Musikpsychologie ausgeschrieben wurde. Musikpsychologische Themen wurden zwar über einen Lehrauftrag durch die Musikwissenschaftlerin und Musiktherapeutin *Dr. Heidi Buchert* weiter unterrichtet, aber die mit der Stelle verbundenen organisatorischen Anteile entfielen ersatzlos.

Daraufhin kam es zu einer zweiten Protestwelle der Studierenden beim Wissenschaftsministerium in Düsseldorf, die dieses Mal aber erfolglos blieb. Ein Hintergrund dafür war möglicherweise der, dass in dieser Zeit *Johannes Rau*, der als Hochschulreformer auch ein Förderer der Musiktherapie gewesen war, das Amt des Ministerpräsidenten NRWs 1998 im Zuge seiner Kanzlerkandidatur aufgab. In der Zeit der Planung des Studiengangs war er Wissenschaftsminister und Initiator innovativer Hochschulgründungen.

Positiv war hingegen, dass mit der Hälfte einer halben Sekretariatsstelle, die der Musiktherapie zugeordnet wurde, eine kleine, aber dennoch sehr effektive, organisatorische Absicherung entstanden war. Sie übernahm auch die bisher nicht geregelte Aufgabe eines eigenen Prüfungsamtes. Den beiden Stelleninhaberinnen *Rosemarie Reinmüller* und ab 2005 *Anne Lehmann* hat die Musiktherapie an der WWU Münster viel zu verdanken. Die Ordnung und Strukturierung der Verwaltungsaufgaben, die von ihnen mit großem Engagement und einem hohen Maß an Eigenständigkeit hergestellt wurden, brachten für mich und meine Aufgaben in der Lehre und Betreuung der Studierenden eine wichtige Erweiterung des Spielraums sowie eine Entlastung in den organisatorischen Aufgaben, die mit der Leitung des Studiengangs verbunden waren.

Das juristische Spiel hingegen, welches notwendig gewesen wäre, um die Prüfungsordnung aus der ersten Zeit den veränderten Gegebenheiten anzupassen, beherrschte ich wohl noch zu wenig, um hier je zu reüssieren. Die Akten zeugen von vielen vergeblichen Versuchen und den Behinderungen durch diejenigen, die dieses Spiel besser beherrschten, aber nicht wirklich zugunsten der Musiktherapie mitspielten. Auch hatten ungünstige Machtstrukturen, in die der Studiengang eingebunden war, immer wieder eine Einschränkung des formalen Spielraums zur Folge, der nur notdürftig durch einen spielerischen Umgang im Inneren und durch eine gerade noch mögliche Auslegung der Rahmenbedingungen ausgeglichen werden konnte.

Eine dritte studentische Protestwelle gab es im Sommer 2004, als die Landesregierung NRW mit der Wissenschaftsministerin *Hannelore Kraft* eine Studiengebühr von 650 Euro pro Semester für alle sogenannten Langzeitstudierenden einführte. Das betraf unverständlicherweise auch alle Studierenden der Musiktherapie, da der Zusatzstudiengang trotz seines konsekutiven Formats als Zweitstudium eingestuft wurde mit der Begründung, es handele sich bei dem Ersten Staatsexamen in Schulmusik um einen berufsqualifizierenden Abschluss.[3] Wieder wurden von den Studierenden viele Unterschriften gesammelt und ins Ministerium geschickt, ohne Erfolg.[4] 2007 löste sich diese Regelung durch den Regierungswechsel und die Einführung allgemeiner Studiengebühren wieder auf, die in der WWU „nur" 275 Euro betrugen. Der erneute Regierungswechsel führte dann 2011 wieder zur Abschaffung der Studiengebühren.

Eine verbesserte akademische Profilierung des Faches ergab sich durch den Abschluss meiner Habilitation an der Universität Dortmund 2005 und die dadurch entstehende Möglichkeit der Promotion in Musiktherapie, die mit der Verabschiedung der neuen Promotionsordnung der Philosophischen Fakultät auch formal eingebunden wurde. Erfolgreich promovierten bisher[5] zum Dr. phil.: *Kathinka Poismans, Babara Keller, Christoph Kolb, Ruth Liesert, Timo Hoppert* und *Katharina Nowack*. Darüber hinaus waren *Heike Plitt* und *Jan Sonntag* gern gesehene Mitwirkende des Doktorandenkolloquiums, auch wenn sie anderenorts, in Hildesheim und Hamburg, promovierten. In den Promotionsstudiengang eingeschrieben sind derzeit noch zwölf Studierende. Die Einschreibemöglichkeit zum Promotionsstudiengang Musiktherapie wurde zum Sommersemester 2018 durch einen Beschluss des Fachbereichsrats des Fachbereichs 8 geschlossen.

Im Zuge des Bologna-Prozesses zeigte sich die Intention des Rektorats unter der Leitung von *Prof. Dr. Ursula Nelles*, den Studiengang Musiktherapie abzuschaffen, was zu einer vierten Protestwelle führte, an der sich viele Kolleginnen und Kollegen, Studierende und Ehemalige, Verbände und Einzelpersonen mit oft sehr kreativen, aber auch arbeitsintensiven Protesten beteiligten.[6] Die Einschreibung in den Diplomstudiengang war letztmals im Wintersemester 2007/08 möglich.

Ich selbst arbeitete, teilweise in Zusammenarbeit mit *Andrea Kronisch* von der Rektoratsstelle für den Bologna-Prozess, mehrere Modelle für eine Überführung des Diplomzusatzstudiengangs in ein neues Studienmodell aus. Im

---

[3] Ich erinnere ein Gespräch mit einem Mitarbeiter des Ministeriums, der auf meine Frage, welchen Berufsabschluss man denn mit einem Ersten Staatsexamen habe, mit Süffisanz antwortete, man stünde dem Arbeitsmarkt zur Verfügung.

[4] Meine eigenen Bemühungen in diesem Kontext brachten mir fast einen Verweis wegen Nicht-Einhaltung des Dienstweges ein, was aber der damalige Rektor, Prof. Dr. Jürgen Schmidt, netterweise eher lustig fand.

[5] Der Zeitpunkt dieser und der weiteren vergleichbaren Angaben ist Juli 2018.

[6] Die Studienrektorin beschwerte sich in dieser Zeit einmal bei mir, die Protestbriefe würden ja inzwischen einen ganzen Aktenordner füllen.

Hinblick auf die Verknüpfung zum beruflichen Alltag und redaktionell waren daran vor allem die KollegInnen *Dr. Barbara Keller* und *Cornelia Klären* beteiligt. *Dr. Bernd Reichert* als Vertreter der Lehrbeauftragten und Kollege am Universitätsklinikum Münster, weitere Mitglieder des Fördervereins, Lehrbeauftragte und KollegInnen aus der Praxis, PraktikumsmentorInnen und die jeweils aktuell Studierenden waren in verschiedenen Phasen in inhaltliche Diskussionen und die Entwicklung neuer Formen einbezogen. An der Ausarbeitung eines neuen Kooperationsmodells mit der Medizinischen Fakultät wirkte u. a. der Studiendekan *Prof. Dr. Bernhard Marschall* mit, der darin u. a. auch vom Dekan seines Fachbereichs *Prof. Dr. Dr. h.c. Wilhelm Schmitz* unterstützt wurde.[7] Die weiteste zu Papier gebrachte Vision und Version war das Modell eines dreijährigen Bachelors „Musiktherapie in Pädagogik und Kulturarbeit" mit einem zweijährigen konsekutiven Master „Klinische Musiktherapie".[8] Dieses Modell hätte es ermöglicht, den vielen jungen Menschen, denen ich im Laufe meiner Lehrtätigkeit begegnet bin, die den Wunsch haben, direkt nach Abitur und ohne Umwege Musiktherapie zu studieren, endlich eine reguläre, kostenfreie Studienmöglichkeit in Deutschland anzubieten. Die strukturellen Möglichkeiten an der WWU waren für ein solches Modell ideal und wären mit vergleichsweise geringfügig höheren Kosten zu verwirklichen gewesen. Ein solches Modell ließ sich aber letztlich gegenüber dem Rektorat nicht durchsetzen.

Nach vielen zähen Verhandlungen, an denen zuverlässig der Studiendekan der Medizin beteiligt war, zu dieser Zeit aber ebenso der Fachbereich 8 und das Institut für Musikwissenschaft und Musikpädagogik, vertreten durch den Institutsleiter Norbert Schläbitz, kam es dann zumindest zu einer Aufrechterhaltung des bisherigen Studienangebotes durch einen Master. Für die Beteiligung der Fachbereichs 5 konnten erfolgreich *Prof. Dr. Jörg Ritter* und *Prof. Dr. Stefan Evers* gewonnen werden, die den Master bis zum Schluss in der Lehre begleiteten und auch im Prüfungsausschuss mitwirkten, wie später auch der neue Leiter der Kinder- und Jugendpsychiatrie, *Prof. Dr. Georg Romer.* Nach erfolgreicher Akkreditierung durch die Agentur *Aqas* mit sehr positiven Empfehlungen gegenüber der Universität von Seiten der FachkollegInnen der Akkreditierungskommission startete im Oktober 2009 der erste Masterjahrgang Klinische Musiktherapie.[9]

---

7 Dass die Musiktherapie von medizinischer Seite damit von einem Chirurgen und einem Pharmakologen/Toxikologen Unterstützung bekam, zeigt vielleicht, dass es nicht unbedingt die fachliche Nähe sein muss, aus der heraus die Wichtigkeit einer Ausbildung in Musiktherapie verstehbar ist.

8 Auch dieses Modell ist im Universitätsarchiv archiviert.

9 Der Akkreditierungsbericht ist verfügbar unter http://www.aqas.de/wp-content/plugins/aqas/uploads/41_310_MA_KliMu.pdf. Details des Studienmodells finden sich im Modulhandbuch https://www.uni-muenster.de/imperia/md/content/musikpaedagogik/musiktherapie/

Auch wenn ich durch die Verschulung der Studienstruktur durch feste Studiengruppen, Credit Points und einen vorab festgeschriebenen Studienverlaufsplan Einschränkungen des Spielraums befürchtet hatte, war es in der Realität dann doch anders. Vieles von dem, was auch die Jahre zuvor wünschenswert gewesen war, konnte nun verwirklicht werden: so die festere Etablierung der musiktherapeutischen Selbsterfahrung (Lehrtherapie) und die Öffnung für Studierende mit anderen Voraussetzungen als denen der Schulmusik. Auch neue Arbeits- und Prüfungsformen gaben aus meiner Perspektive mehr und angemessenere Spielräume. Dazu gehörten die spezielle Prüfungsform der Falldarstellung, die sich viel stärker an der musiktherapeutischen Arbeitswirklichkeit orientierte und die des Abschlusskonzertes, dessen Vorbereitung sicherlich vielen Studierenden aufgrund der erforderlichen Zusammenarbeit in der Gruppe noch gut in Erinnerung ist. Die Konzerte stellten für jeden Jahrgang eine herausfordernde und dann stets gelungene und feierliche Form des Abschieds vom Studium und der Studiengruppe dar, auch wenn die Masterarbeiten noch geschrieben werden mussten.

In diesem neuen Modell eines zweijährigen konsekutiven Masters mit der Bezeichnung „Klinische Musiktherapie“ gab es sechs Jahrgänge, in denen insgesamt 68 Personen studiert haben. Die Geschlechteraufteilung war mit 59 Frauen und neun Männern auch hier ungleich. Acht ausländische Studierende kamen aus den Niederlanden, den USA, Ungarn, Korea und Japan. 62 Studierende konnten das Studium erfolgreich abschließen. Damit lag der Studiengang deutlich über der durchschnittlichen Studienerfolgsquote des Fachbereichs wie auch der WWU.

Nach sechs Jahren war die übliche Zeit der Akkreditierung des Studiengangs abgelaufen und es hätte zur Fortsetzung eine Reakkreditierung geben müssen. Da sich dies zeitlich mit meiner Berentung überschnitt, hätte es dazu der Absichtsbekundung zur Ausschreibung zumindest einer Professur für die Musiktherapie durch den Fachbereich 8 resp. das Rektorat bedurft, um eine Aussicht auf Erfolg einer Reakkreditierung zu haben. Dazu waren beide nicht bereit. Die Entscheidungskompetenz bezüglich der Stellenausschreibung lag dabei formal beim Fachbereich. Das Rektorat sowie das Wissenschaftsministerium stützten die Entscheidung gegen den Erhalt der Studienmöglichkeit Musiktherapie am Standort Münster trotz der erneut vielen Proteste und Eingaben von Studierenden, Alumni, Fachkollegen und Verbänden, indem sie sich, teilweise gleichlautend, auf die formale Entscheidungskompetenz des Fachbereichs beriefen. Vorhandene Eingriffsmöglichkeiten wurden ebensowenig in Erwägung gezogen wie die aufgezeigten alternativen Möglichkeiten einer Ansiedelung der Musiktherapie an der Musikhochschule der WWU, die Interesse

pdf-dateien/modulhandbuch_3-2011.pdf. Beides wird langfristig im Archiv der WWU aufbewahrt.

gezeigt hatte, das Studienmodell vom Fachbereich 8 zu übernehmen.[10] Auch der Fachbereich Medizin war zur Fortführung des Modells bereit und hatte mit dem neuen Leiter der Kinder- und Jugendpsychiatrie Georg Romer einen engagierten Verfechter der Musiktherapie gefunden, der vor allem auch an der weiteren Akademisierung des Faches durch die bestehende Promotionsmöglichkeit interessiert war.

Der erfreulichere Teil dieses Rückblicks ist die Nennung der Namen all derer, die im Laufe der dreißig Jahre an der musiktherapeutischen Lehre beteiligt waren, sei es in der Vermittlung ganzer Fachgebiete, etwa der Musiktherapie mit Kindern und Jugendlichen *(Dr. Bernd Reichert)*, mit alten Menschen *(Dr. Barbara Keller, Cornelia Klären, Dr. Katharina Nowack)*, mit geistig Behinderten *(Barbara Irle, Oliver Paul)* oder in der Psychiatrie *(Dr. Sylvia Kunkel, Dr. Heike Plitt)*, sei es in der Improvisation, einführenden Seminaren oder in den letzten Jahren in der musiktherapeutischen Selbsterfahrung als integriertem Bestandteil der Ausbildung. Durch die Lehrbeauftragten war in der Lehre und Forschung ein informelles Team entstanden, welches das Umfeld für einen fachlichen Austausch und die notwendigen Diskurse bot. Einer davon, Bernd Reichert, war die gesamte Zeit dabei, andere viele Jahre, wieder andere nur eine kurze Zeit: alle mit großem Engagement und Herzblut, viele mit vielen meist unbezahlten Zusatztätigkeiten wie der Abnahme von Prüfungen, dem Betreuen von Referaten und Hausarbeiten, dem Lesen und Begutachten der Diplom- und Masterarbeiten, in der Organisation von Tagungen und Konzerten – und nicht zuletzt in der unbezahlbaren freundschaftlichen oder kollegialen Unterstützung meiner Person als einziger Hauptamtlicher.

Da eine „gerechte" Gewichtung hier schwierig würde, sollen alle, die in unterschiedlicher Weise als Lehrbeauftragte in musiktherapeutischen Fächern tätig waren in alphabetischer Reihenfolge genannt werden:

Hedda Auffahrt (1958–2017), Gudrun Beinker, Dr. Heidi Buchert, Christiane Buddenberg, Dr. Martin Drewer (1959–2010), Dorothea Dülberg, Rainer Edelbrock, Andreas Espelkott, Peter Geisselbrecht, Jutta Groene, Barbara Irle, Dr. Barbara Keller, Cornelia Klären, Wolfgang Köster, Manfred Kühn, Dr. Sylvia Kunkel, Dr. Katharina Nowack, Oliver Paul, Dr. Heike Plitt, Michael Schmutte, Oliver Schöndube, Paul Weidekamp und Eva-Marie Zimmermann-Peusch.

Nicht namentlich aufgeführt, aber mit Dank erwähnt werden sollen die zahlreichen medizinischen Kolleginnen und Kollegen, die im Diplom- und Masterstudiengang mit kleinen Lehraufträgen die Grundlagen der Medizin

10 Die Musikhochschule ist 2004 in die WWU integriert worden und stellt einen eigenen Fachbereich dar, so dass sich diese Möglichkeit neu bot. Nach der Einstellung des Studiengangs Klinische Musiktherapie ging dann die Musikpädagogik an die Musikhochschule, während die Musikwissenschaft am FB 8 verblieb.

unterrichteten oder die Studierenden der Musiktherapie in unterschiedlicher Form an ihren Veranstaltungen teilnehmen ließen. Namentlich genannt werden soll aber *Prof. Dr. Dietrich Gebhard Palm*, der maßgeblich an der Entwicklung der Neuropädiatrie der Uniklinik Münster beteiligt war und der auch viele Jahre nach seiner Berentung mit großem Engagement die Studierenden der Musiktherapie in der Thematik der verschiedenen Behinderungsarten aus medizinischer Sicht unterrichtete. Zu danken ist auch denjenigen, die die Lehre durch ihre Tutorien unterstützten und die wissenschaftlichen Hilfskräfte, die mit meist sehr kleiner Stundenzahl in der Organisation des Studiengangs hilfreich tätig waren.

Erwähnenswert sind Projekte und Veranstaltungen, die im Laufe der Zeit im Kontext der Musiktherapie durchgeführt oder initiiert werden konnten. So begann der Förderverein Musiktherapie eine Vortragsreihe zur Kultivierung eines tiefenpsychologischeren Umfeldes in Münster, deren universitäre Psychologie sich explizit als „reine“ Naturwissenschaft versteht. Zu den bekannteren Persönlichkeiten, die dieser Bitte und Einladung folgten und jeweils freitagabends im kleinen Kreis für uns da waren und dann am Samstag einen öffentlichen Vortrag im Schloss hielten, gehörten : *Prof. Dr. Gaetano Benedetti (1920–2013), Prof. Dr. Dr. Michael B. Buchholz, Prof. Dr. Gereon Heuft, Prof. Dr. Rudolf zur Lippe, Prof. Dr. Peter Petersen, Prof. Dr. Wilhelm Salber (1928–2016), Prof. Dr. Alexander Sturm, Dr. Dieter Tenbrink, Prof. Dr. Nelly Tsouyopoulos (1930–2005), Prof. Dr. Thure von Uexküll (1908–2004) und Prof. Dr. Erich Wulff (1926–2010).* Der Förderverein lud darüber hinaus zahlreiche Kolleginnen und Kollegen aus der Musiktherapie oder angrenzenden Fachgebieten zu Tagungen, Seminaren und Vorträgen ein. Zu den bekannteren zählen hier (wiederum ohne einen Anspruch auf Vollständigkeit): *Prof. Dr. Susanne Bauer, Dr. Maria Becker, Prof. Dr. Hans-Helmut Decker-Voigt, Dr. Ingo Engelmann, Dr. Isabelle Frohne-Hagemann, Dr. Frank Grootaers, Dr. Sandra Lutz Hochreutener, Dr. Nicola Nawe, Dr. Monika Nöcker-Ribaupierre, Prof. Dr. Karin Schumacher, Dr. Michael Tillmann, Prof. Dr. Eckhard Weymann und Dr. Andreas Wölfl.*

Viele weitere leiteten Workshops im Rahmen der musiktherapeutischen Fachtagungen, die ebenfalls stets vom Förderverein mit organisiert wurden. Dazu gehörten: Die Tagung *Musiktherapie in Münster* im Mai 1993 im Rahmen der 1200-Jahr-Feier der Stadt Münster, die gemeinsamen Tagung zwischen WWU und Fachhochschule Münster *Musik bis ins hohe Alter. Fortführung, Neubeginn, Therapie* (2001), die Tagung *Mozart und Freud* zum „gemeinsamen“ Geburtstag 1756 und 1856, die *Jubiläumstagung 20 Jahre Studiengang Musiktherapie an der WWU* (2007), die Tagung *Musiktherapie mit Kindern* (2010) anlässlich des Beginns des Masters sowie die Tagung zu meiner Verabschiedung *„Spielräume schaffen – Spielräume bewahren“* (2017), die zusammen mit dem etwas später stattfindenden Konzert zugleich das Ende der Musiktherapie an der Westfälischen Wilhelms-Universität Münster markierte und aus der heraus dieses Buch entstanden ist.

Zu den besonderen Ereignissen gehörten auch die vielen großen und kleinen (Improvisations)Konzerte, die Lehrende und Studierende in diesen dreißig Jahren veranstalteten, von deren Einnahmen oft der Förderverein, Flüchtlingsprojekte oder Unicef profitierten.

Zu den langfristigeren Projekten gehörte die Arbeit mit Flüchtlingen (erstmals 1993 ff, dann noch einmal verstärkt 2015 ff) und das spätere musiktherapeutische Sprachförderprojekt *„Durch Musik zur Sprache"*. Sie fanden einen Niederschlag in Diplom- und Masterarbeiten (Paduch, 2002; Kitschke, 2015; Krägelin, 2016; Winkelmann, 2018), in einer Veröffentlichung der Grundidee und der Spielformen (Tüpker 2009), der Dissertation von Barbara Keller, die das Projekt evaluiert hat (Keller, 2013) und schließlich in der gleichlautenden Weiterbildung an der WWU-Weiterbildung. Auch zur Thematik der Integration musiktherapeutischer Arbeit in der Schule, die sich vor allem auch durch die Zulassungsvoraussetzung des Diplomstudiengangs ergab, entstand ein Buchprojekt mit Arbeiten von Studierenden (Tüpker, Hippel & Laabs, 2005).

Aus den gemeinsamen Seminaren mit *Prof. Dr. Hans Hermann Wickel* von der Fachhochschule Münster zum Themenbereich Musik und Alter entstanden das kleine Projekt *Musik und Lebenserfahrung* für Studierende des Studiums im Alter, bei denen Studierende der Musiktherapie hinter der Scheibe zuschauen konnten, eine Fachtagung, daraus eine Veröffentlichung (Tüpker & Wickel, 2001) sowie die *Kontaktstelle Musik bis ins hohe Alter*. Eigenständig entwickelten sich in der Folge die Weiterbildung Musikgeragogik und das Dienstleistungsunternehmen *Musik auf Rädern* weiter. 2005 initiierte die *Kontaktstelle* ein Treffen zur Gründung eines Arbeitskreises Musiktherapie mit alten Menschen, das bis heute als Netzwerk „Almuth" besteht.[11] Das Unternehmen *Musik auf Rädern* nahm dann mit der Etablierung des Masters insofern eine besondere Funktion wahr, als dass es als fester Kooperationspartner in der Verzahnung zwischen Studiengang und beruflichem Alltag einen Pool an Praktikumsplätzen anbot, kostenlose Workshops zu Fragen der Selbständigkeit durchführte sowie ein betreutes Angebot erster beruflicher Erfahrungen durch fachimmanente Jobs für Studierende schuf, die so manchem die Finanzierung des Studiums und den Übergang in die eigene Berufstätigkeit erleichterten. Die Arbeitsgebiete hatten sich inzwischen stark erweitert, so dass Praktika in fast allen Bereichen zur Verfügung gestellt werden konnten.

Neben der Buchreihe des Studiengangs *Materialien zur Musiktherapie* beim Münsteraner Lit-Verlag gab es zahlreiche weitere Veröffentlichungen von Lehrenden und Studierenden in anderen Verlagen und die viel genutzte

---

[11] S. Weblinks www.musikaufraedern.de/; www.musikgeragogik.de/; http://almuth.net/index.html; Alle abgerufen am 7. August 2018.

Einrichtung eines Bestellservices, durch den auch nicht veröffentlichte Diplom- und Masterarbeiten verfügbar gemacht wurden.[12]

Durch die Schließung des Masterstudiengangs Klinische Musiktherapie an der WWU gibt es in dem mit rund 17,9 Millionen Einwohnern bevölkerungsreichsten Bundesland Nordrhein-Westfalen keine reguläre Ausbildungsmöglichkeit mehr in Musiktherapie. Angesichts der Tatsachen, dass Musiktherapie im Gesundheitswesen, in der Altenarbeit, in gesellschaftlichen wie schulischen Problembereichen, für die Inklusion und Flüchtlingsarbeit, die Arbeit mit dementen Menschen und im palliativen Bereich zunehmend angefragt wird, ist hier eine fehlende Regulierung der Ausbildungslandschaft durch die Landesregierung offensichtlich.[13] Die Ausbildung im Beruf Musiktherapie bot vielen AbsolventInnen der freien Musikberufe eine verbesserte berufliche Existenz. Die Professionalisierung des Faches durch eine (bzw. mit der Universität Witten vormals zwei) universitäre Ausbildungen hatte die vor dreißig Jahren geforderte Qualifizierung erreicht und gefestigt. Sie ist nun ernsthaft gefährdet. Ein Einsatz dafür, in NRW wieder eine Studienmöglichkeit Musiktherapie zu schaffen, lohnt sich daher sicherlich, auch wenn die geeignete „Spielstätte" dafür möglicherweise nicht die Universität Münster ist.

Literatur

Keller, Barbara (2013). *Zur Sprache kommen. Konzeptualisierung und Evaluierung eines musiktherapeutischen Förderangebotes.* Norderstedt: BoD.

Kitschke, Sophie (2015). *Variationen zur Durchführung des Konzeptes „Durch Musik zur Sprache"*. Masterarbeit, verfügbar über den Bestellservice www.uni-muenster.de/Musiktherapie/Literaturdienst/bestellservice.html.

Krägelin, Kirsten (2016). *Die Gruppe im Chaos? Darstellung und Reflexion eines musiktherapeutischen Projekts mit Flüchtlingskindern.* Masterarbeit, verfügbar über den Bestellservice www.uni-muenster.de/Musiktherapie/Literaturdienst/bestellservice.html.

Paduch, Isabell (2002). *Musik als Erfahrungs- und Gestaltungsraum – Bericht über ein Musikprojekt „Der Seelenvogel" mit Kindergartenkindern.* Diplomarbeit, verfügbar über den Bestellservice www.uni-muenster.de/Musiktherapie/Literaturdienst/bestellservice.html.

[12] S. Weblinks www.uni-muenster.de/Musiktherapie/Literaturdienst/publikationen.html; www.uni-muenster.de/Musiktherapie/Literaturdienst/bestellservice.html; abgerufen am 7. August 2018.

[13] Im Vergleich: Die von der Bevölkerungszahl vergleichbaren Niederlande bieten drei Ausbildungen an, Österreich mit weniger als der Hälfte an Einwohnern ebenfalls.

Tüpker, Rosemarie & Wickel, Hans Hermann (2001) (Hrsg.). *Musik bis ins hohe Alter. Fortführung, Neubeginn, Therapie*. Münster: Lit.

Tüpker, Rosemarie; Hippel, Natalie & Laabs, Friedemann (2005) (Hrsg.). *Musiktherapie in der Schule*. Wiesbaden: Reichert.

Tüpker, Rosemarie (2009). *Durch Musik zur Sprache. Ein Handbuch*. Norderstedt: BoD.

Winkelmann, Anna-Katharina (2018). *Situationslieder in der Musiktherapie mit Flüchtlingskindern*. Masterarbeit, verfügbar über den Bestellservice www.uni-muenster.de/Musiktherapie/Literaturdienst/bestellservice.html.

Diplomzusatzstudiengang Musiktherapie 1987–2008

Mindestumfang des Studium

24 Semesterwochenstunden (SWS)[1] im Bereich Musiktherapie
- davon 6 SWS in Musikpsychologie,
- 6 in Theoretischer Musiktherapie
- und 12 in Praktischer Musiktherapie, zu gleichen Teilen aufgeteilt in Musiktherapeutische Verfahren und Rhythmik (Improvisatorischer Umgang mit Musik und Bewegung)

14 SWS im Bereich Medizin, teilweise als Wahlpflicht aus den Fächern
- Allgemeine Grundlagen,
- Medizinische Psychologie und Psychosomatische Medizin,
- Psychiatrie (einschließlich Neurosenlehre) (obligatorisch),
- Psychosomatik und Psychiatrie des Kindes- und Jugendalters (obligatorisch),
- Hör-, Stimm-, und Sprachstörungen.

27 SWS sollten durch die Praktika abgedeckt werden
- davon 18 durch ein sechswöchiges Blockpraktikum in den Semesterferien und
- 9 durch ein über drei Semester stattfindendes Praktikum im Krankenhausbereich.[2]

Anforderungen für Prüfungszulassung (nach mind. 4 Sem.)

- je ein Praktikumsschein über die beiden musiktherapeutischen Praktika
- je zwei Leistungsnachweise zu den Lehrveranstaltungen
  - in Theoretischer Musiktherapie,
  - in Musikpsychologie,
  - in Praktischer Musiktherapie
  - und in Medizin.

---

1 Auch wenn eine Umrechnung von SWS in Credit Points nicht genau möglich ist, so gilt die Faustregel, dass 1 SWS etwa 1,5 Leistungspunkten (Credit Points) entspricht.

2 Quelle: Studienordnung für den Studiengang Musiktherapie an der Westfälischen Wilhelms-Universität Münster mit dem Abschluß Diplomprüfung im Zusatzstudiengang Musiktherapie vom 18. März 1988: §§ 7 und 9.

Diplomprüfung, bestehend aus:

- der als erstes einzureichenden Diplomarbeit,
- der vierstündigen Klausur zu einem Thema, welches aus drei gestellten Themen auszuwählen war,
- den abschließenden mündlichen Prüfungen in Musiktherapie (45–50 Min.)
- und in Medizin (25–30 Min.).[3]

Erläuterung

Insbesondere durch den recht hohen den Praktika zugeordnet Anteil war die Pflichtstundenzahl im Bereich der musiktherapeutischen Kernfächer relativ gering. Das Angebot vergrößerte sich aber im Laufe der Jahre und wurde von den meisten Studierenden genutzt, so dass die Studienrealität meist weit über diesen Pflichtteil hinausging.

Ausgefüllt werden konnte das „Gerüst" der Prüfungs- und Studienordnung nach und nach durch jedes Semester stattfindende Seminare zur musiktherapeutischen Improvisation, teilweise bezogen auf bestimmte Arbeitsbereiche oder zu musikalischen Schwerpunkten wie Stimme, Klavierimprovisation, oft ergänzt durch Tutorien, etwa Gitarrenkurse, Percussion etc. oder Sonderseminare wie „Ein neues Instrument lernen". Im notwendigen Turnus gab es Beschreibungs- und Einführungsseminare/Musiktherapeutische Methoden, Gruppenmusiktherapie, Seminare zur Entwicklungspsychologie, Musikpsychologie (mit wechselnden Themen), Wissenschaftstheorie und Anleitung zum wissenschaftlichen Arbeiten resp. zur Besprechung der Diplomarbeiten und jedes Semester ein Seminar zur Supervision, welches viele Studierende über längere Zeit besuchten. Regelmäßig gab es musiktherapeutische Veranstaltungen aus der Perspektive der Morphologie und Psychoanalyse, teilweise über zwei Semester, so dass eine Vertiefung und Differenzierung möglich war. Zu den Seminaren aus den verschiedenen Arbeitsbereichen gehörten (teilweise nicht von Anfang an) die Bereiche Psychiatrie (teilweise ebenfalls über zwei Semester), Psychosomatik, Kinder- und Jugendliche, Menschen mit geistiger Behinderung, alte Menschen, rezeptive Verfahren.

Im Bereich der Medizin standen die entsprechenden Vorlesungen der Medizin zur Verfügung, deren Angebot immer wieder wechselte, teilweise auch einige Seminare, ergänzt durch meist zwei speziell für die Musiktherapiestudierenden stattfindende Seminare pro Semester sowie über viele Jahre ein Seminar zur Kinderheilkunde, welches auch über die Behinderungsformen informierte.

---

[3] Quelle: Ordnung für die Diplomprüfung im Zusatzstudiengang Musiktherapie an der Westfälischen Wilhelms-Universität Münster vom 8. Oktober 1987: §§ 11 und 12.

Nicht in den Studienplan aufgenommen werden konnte trotz vieler Versuche die vom Berufsverband für musiktherapeutische Ausbildungen geforderte musiktherapeutische Selbsterfahrung/Lehrmusiktherapie. Diese mussten die Studierenden daher in eigener Verantwortung organisieren, was viele taten, aber durchaus nicht alle. Finanzielle Unterstützung bot der Förderverein Musiktherapie an der Universität Münster.

Masters Klinische Musiktherapie 2009–2016

Mit einem verbindlichen Studienvolumen von 120 Leistungspunkten (LP), aufgeteilt auf 12 Module Klinische Musiktherapie (KM)

KM 1: Einführungsmodul Musiktherapie im ersten Semester (12 LP)

mit den Seminaren Vergleichende Musiktherapie, Beschreibung musiktherapeutischer Improvisationen, einem ersten Praktikum mit Betreuung und die Supervision. Das Modul wurde mit einem Kurzvortrag und einer Hausarbeit abgeschlossen.

KM 2: Medizinische Grundlagenfächer im ersten und zweiten Semester (14 LP)

mit zwei Einführungsseminaren in die medizinischen Grundlagen und die Krankheitslehre speziell für die Studierenden der Musiktherapie, einer Ringvorlesung Musik und Medizin und dem Besuch der regulären Vorlesungen zur Psychiatrie, Psychosomatik und Psychotherapie der Medizin. Das Modul wurde durch die Multiple Choice Klausur der Medizin zu den Themen der Vorlesungen abgeschlossen.

KM 3: Klinische Spezialgebiete im dritten Semester (10 LP)

Den medizinischen Anteil der Lehre konnten die Studierenden im dritten Semester durch Wahlpflichtfächer ergänzen, mit denen sie auch besonderen Interessen nachkommen konnten. Dazu gehören die Vorlesungen zur Psychiatrie und Psychosomatik im Kindes- und Jugendalter sowie weitere Vorlesungen der Kinderklinik, Veranstaltungen zu Hör-, Stimm-, und Sprechstörungen sowie teilweise wechselnde Veranstaltungen anderer Bereiche. Parallel wurde ein verbindliches Seminar für Musiktherapiestudierende zur Neurologie und Neuropsychologie angeboten, welches zugleich auf die das Modul abschließende mündliche Prüfung vorbereitete.

KM 4: Psychologische Grundlagen der Musiktherapie im ersten und zweiten Semester (14 LP)

Die Themen dieses auf zwei Semester verteilten Moduls waren die Grundlagen aus der Systemischen Psychologie, zur Gruppenmusiktherapie, Psychoanalytische Grundlagen, Klinische Entwicklungspsychologie, Selbst- und Objektbeziehungstheorien, Morphologische Musiktherapie. In den jeweils für die Gesamtgruppe eines Jahrgangs angebotenen Seminaren mussten zwei Referate/Hausarbeiten absolviert werden. Die Inhalte boten zugleich das theoretische Rüstzeug für die Falldarstellung.

KM 5, 6 und 7: Praktische und selbstreflexive Kompetenzen (17 LP)

In diesen drei Modulen, die über drei oder vier Semester verteilt waren, waren die praktischen Seminare zur musiktherapeutische Improvisation, Gruppenmusiktherapie und Gesprächsführung zusammengefasst. Außerdem war in diesen Bereich die musiktherapeutische Selbsterfahrung integriert, die je nach Voraussetzung unterschiedlich organisiert war, aber am Schluss mindestens 100 Stunden umfassen musste.

Am Schluss der musikpraktischen Zusammenarbeit stand das Improvisationskonzert, welches zugleich Prüfungsleistung und Höhepunkt eines gemeinsamen musikalischen wie gruppendynamischen Werks der jeweiligen Studiengruppe war.

KM 8: Musiktherapeutische Praktika (13 LP)

fasste die über das Studium verteilten Praktika zusammen, für deren Bearbeitung und Weiterführung die Supervision und Intervision zur Verfügung standen. Die Praktika konnten in Blöcken in den Semesterferien und parallel zum Semester stattfinden und waren im Hinblick auf die erforderliche Mindeststundenzahl miteinander verrechenbar. Das Modul schloss mit der Prüfungsform einer Falldarstellung ab, bei der alle Studierenden anwesend waren und Fragen stellen konnten, wodurch zugleich eine intensive kollegiale Lernsituation entstand.

KM 9, 10 und 11: Anwendungen der Musiktherapie (15 LP)

Die auf drei Semester verteilten Seminare Musiktherapie mit alten Menschen, mit Kindern und Jugendlichen, mit geistig behinderten Menschen, Musiktherapie in Neurologie und Rehabilitation, in der Psychiatrie, in der Psychosomatik widmeten sich den theoretischen wie den praktischen Grundlagen aus den jeweiligen Tätigkeitsfeldern. Unterrichtet von Lehrerenden aus den entsprechenden Praxisfeldern wurden sie mit der benoteten Leistung durch ein Referat resp. Hausarbeit in mindestens drei der sechs Seminare abgeschlossen.

KM 12: Abschlussmodul Forschung und Vermittlung (25 LP)

In einem abschließenden Seminar wurden wissenschaftstheoretische Grundlagen und Forschungsmethoden der Musiktherapie geboten und es konnten nach Art eines Kolloquiums die eigenen Masterarbeiten diskutiert werden.

Dem Modul zugeordnet war die 70 bis 100 Seiten umfassende Masterarbeit, die auch nach Abschluss der vier Semester eingereicht werden konnte.[1]

1 Quelle: Modulbeschreibungen des Fachbereichs 8: Geschichte und Philosophie für den Masterstudiengang Klinische Musiktherapie an der Westfälischen Wilhelms-Universität Münster vom 16. März 2010.

Autorinnen und Autoren

Thomas Adam, geb. 9. Oktober 1979, Musiktherapeut (M.A.), Heilpraktiker für Psychotherapie (HPG) sowie Realschullehrer für die Fächer Musik und Englisch. Autor von *Singende Trommeln – Musiktherapie im Altenwohnheim*, 2016. Langjährige Arbeit als Musiktherapeut an einer psychosomatischen Rehabilitationsklinik für Mutter, Vater und Kind sowie einer weiteren Anstellung als Musiktherapeut an einer psychosomatischen Klinik für Erwachsene. Hinzu kommt die Arbeit als Musiktherapeut in selbständiger Tätigkeit.
www.klang-muster.de/

Susanne Bauer, Prof. Dr. biol. hum., geb. 18. November 1957, Dipl.-Psychologin und zertifizierte Musiktherapeutin (DMtG), seit 2009 Studiengangsleiterin des Masterstudiengangs Musiktherapie, Universität der Künste Berlin Career College. Davor Aufbau und Leitung des Weiterbildungsstudiengangs Musiktherapie an der Fakultät der Künste, Universidad de Chile, Santiago de Chile (1999–2009). Seit über 20 Jahren als Musiktherapeutin, Dozentin und Forscherin für Gruppen- und Einzelmusiktherapieprozesse in Psychiatrie und Psychosomatik, derzeit DRK Kliniken Berlin/Wiegmann-Klinik, tätig.
www.udk-berlin.de/personen/detailansicht/person/show/susanne-bauer/

Anne-Katrin Jordan, Dr. phil., geb. 1982, wissenschaftliche Mitarbeiterin am Institut für Musikwissenschaft und Musikpädagogik der Universität Bremen, Musiktherapeutin in einer Kinder- und Jugendpsychiatrischen Praxis, Lehrtätigkeit (u. a. UdK Berlin, Medical School Hamburg), Stellvertretende Vorsitzende des Bremer Instituts für Musiktherapie und seelische Gesundheit e. V., Musiktherapeutin (M. A. UdK Berlin), Musik- und Erziehungswissenschaftlerin (M. A. FU Berlin).
akjordan@uni-bremen.de

Barbara Keller, Dr. phil., geb. 14. Juli 1976, Dipl.-Musiktherapeutin, Psychotherapie (HP), 2003 Gründung der „Musik auf Rädern GbR“ (www.musikaufraedern.de), Arbeitsschwerpunkte Musiktherapie mit alten Menschen, Musiktherapie mit chronisch psychisch kranken Menschen, Lehrtätigkeit in Fort- und Weiterbildungen. Promotion an der WWU Münster: *Zur Sprache kommen. Konzeptualisierung und Evaluierung eines musiktherapeutischen Förderangebotes*, 2013.
b.keller@musikaufraedern.de

Martin Lenz, geb. 23. Januar 1949, war über 20 Jahre Dipl.-Musiktherapeut am Evangelischen Krankenhaus Bielefeld, Klinik für Psychiatrie und Psychotherapie Bethel. (Studium Uni Münster). Autor und Mitautor musiktherapeu-

tischer Buch- und Zeitschriftenveröffentlichungen. 1991 bis 2009 Leiter der Redaktion *therapie kreativ*, Zeitschrift für Praxis und Theorie künstlerischer Therapien. Mitbegründer und langjähriger Leiter der musiktherapeutischen Fortbildung bei der *Zukunftswerkstatt therapie kreativ*.
mslenz@gmx.de

Ruth Liesert, Dr. phil., geb. 31. Januar 1965, Dipl.-Musikerin, Dipl.-Musiktherapeutin, Psychotherapie (HP), Therapeutin für Guided Imagery and Music (FAMI), Lehrtherapeutin (DMtG), Musiktherapeutin in der Abteilung für Psychosomatische Medizin und Psychotherapie der Schön Klinik Hamburg Eilbek und in ambulanter Praxis, Lehrtätigkeit. Arbeitsschwerpunkt Psychosomatik. Promotion an der WWU Münster: *Vom Symptom zum Gefühl. Guided Imagery and Music für stationäre Psychosomatik*, 2018.
rliesert@schoen-kliniken.de

Sandra Lutz Hochreutener, Dr. sc. mus., geb. 19. März 1956, Musiktherapeutin SFMT, Psychotherapeutin ASP/VOPT. Nach dem Lehramtsstudium in der Schweiz Studium der Musiktherapie an der Hochschule für Musik und Darstellende Kunst Wien sowie der Psychopathologie im Kindes- und Jugendalter an der Universität Zürich. Promotion am Institut für Musiktherapie, Hochschule für Musik und Theater Hamburg. Leitung Studiengänge Musiktherapie an der Zürcher Hochschule der Künste (ZHdK). Autorin und Herausgeberin von musiktherapeutischen Fachbüchern und Fachartikeln. Musik- und Psychotherapie (Kinder, Jugendliche und Erwachsene) sowie Supervision in eigener Praxis.
www.zhdk.ch/person/151915

Erika Menebröcker, geb. 4. Juli 1962, Dipl.-Musiktherapeutin, Heilpraktikerin für Psychotherapie (HPG) und Lehrerin. Musiktherapie für Kinder und Jugendliche in freier Praxis, Therapeutin beim Verein für Entwicklungsbegleitung und Integration Bremen e. V., Vorträge und Fortbildungen zum Projekt „Durch Musik zur Sprache".
mene2000@arcor.de

Katharina Nowack, Dr. phil., geb. 29. November 1987, Musiktherapeutin (MA), zertifizierte Musiktherapeutin (DMtG), Heilpraktikerin für Psychotherapie. Promotion zum Thema: *Mit offenen Ohren. Wahrnehmung und Gestaltung auditiver Milieus in Einrichtungen für Menschen mit Demenz*, 2018. Von 2012 bis 2016 war sie Lehrbeauftragte im Masterstudiengang Klinische Musiktherapie an der WWU Münster, von 2012 bis 2018 Franchisenehmerin bei *Musik auf Rädern*. Sie arbeitet aktuell als Musiktherapeutin in der Klinik für Psychiatrie und Psychotherapie im Evangelischen Klinikum Bethel.
katharina_nowack@web.de

Oliver Paul, geb. 8. März 1975, Musiktherapeut M.A., Lehrer für Sonderpädagogik, Heilpraktiker für Psychotherapie. Langjährige Tätigkeit als Lehrer an einer Förderschule Geistige Entwicklung, Musiktherapie in freier Praxis, von 2012–2016 Lehrbeauftragter im Masterstudiengang Klinische Musiktherapie.
www.praxis-für-musiktherapie.com

Heike Plitt, Dr. phil., geb. 23.September 1977, Dipl.-Musiktherapeutin, Lehrtherapeutin (DMtG), Dipl.-Musikpädagogin, Master of Counseling (MA), systemische Therapeutin/ Familientherapeutin (DGFS), Ehe-, Familien- und Lebensberaterin (BAG), Psychotherapie (HP); Musikstudium an der Folkwang-Hochschule Essen und Studium der Musiktherapie an der Westfälischen Wilhelms-Universität Münster. Promotion an der Universität Hildesheim am Graduiertenkolleg „Qualitative Psychotherapieprozessforschung“: *Intersubjektivität erleben: Musiktherapie als Chance für Borderline-Patienten*, 2014. Therapeutin am Evangelischen Klinikum Niederrhein, Klinik für Psychiatrie, Psychotherapie und Psychosomatik, Dozentin und Chorleiterin.
heike.plitt@musiktherapie.de

Sabine Rachl, geb. 26. Juni 1969, Musiktherapeutin, Fachpädagogin für Psychotraumatologie (ZTK), Sterbe- und Trauerbegleiterin (BVT), Singleiterin in Krankenhäusern und Altenheimen (Singende Krankenhäuser e. V.), Bildungsreferentin des DRK und anderer Organisationen für den Umgang mit Sterben, Tod und Trauer. Sie arbeitet als Musiktherapeutin auf der radioonkologischen Palliativstation der Uniklinik Tübingen, vorher im Kinder- und Jugendhospiz Burgholz/Wuppertal. Außerdem ist sie Lehrbeauftragte im Masterstudiengang Musiktherapie der UdK Berlin und leitet den Zertifikatskurs „Musiktherapie im palliativen Kontext“ der ZIW/UdK Berlin.
www.siento-stiftung.de s.rachl@udk-berlin.de

Bernd Reichert, Dr. rer. medic., geb. 6. November 1958, Dipl.-Musiktherapeut, approbierter Kinder- und Jugendlichenpsychotherapeut. Stellv. Leiter des Bereichs Psychosomatik der Allgemeinen Pädiatrie am Universitätsklinikum Münster, arbeitet dort als Musiktherapeut und fallführender Psychotherapeut. Langjähriger Lehrbeauftragter im Masterstudiengang Klinische Musiktherapie und an der Musikhochschule Münster, Dozent für die WWU-Weiterbildung „Durch Musik zur Sprache“ und an einem Ausbildungsinstitut für Psychotherapeuten.
www.uni-muenster.de/Musiktherapie/Personen/reichert.html

Oliver Schöndube, geb. 9. April 1975, Dipl.-Musiktherapeut, Heilpraktiker für Psychotherapie (HPG) und Lehrer, hat aktuell neben vielfältigen lehrenden Tätigkeiten in Fort- und Weiterbildung seinen Schwerpunkt in der musikthe-

rapeutischen psychiatrisch-klinischen Arbeit mit Kindern und Jugendlichen, in Projekten mit Geflüchteten sowie in präventiven Angeboten für Erwachsene. Ergänzend ist eine intensive Beschäftigung mit der Stimme, solistisch, gesangspädagogisch bzw. stimmbildnerisch und natürlich musiktherapeutisch.
o.schoendube@musikaufraedern.de

Eva Terbuyken-Röhm, geb. 20. Juni 1980, Musiktherapeutin (MA) und zertifizierte Musiktherapeutin (DMtG), Geigerin und Instrumentalpädagogin, arbeitet seit 2013 in der Erwachsenenpsychiatrie der LVR-Klinik Viersen. Im Rahmen dieser Tätigkeit entwickelte und erforschte sie eine Musiktherapiemethode für geschlossen psychiatrische Akutstationen. Neben ihrer Tätigkeit als Geigerin und Instrumentalpädagogin arbeitete sie 2003–2013 als Musiktherapeutin in der Gerontopsychiatrie Bruggerbosch in Enschede (NL), in einem Entwicklungsprojekt in Bolivien sowie im Bereich der Kindermusiktherapie in Düsseldorf und Dinslaken.
evaterbuyken@hotmail.com

Rosemarie Tüpker, Prof. Dr. phil., geb. 15. Februar 1952, Dipl.-Musiktherapeutin und Musikwissenschaftlerin leitete von 1990 bis 2017 die Studiengänge Musiktherapie in der Westfälischen Wilhelms-Universität Münster. Zuvor arbeitete sie als Musiktherapeutin in einer psychosomatischen Klinik und mit Jugendlichen eines Jugendwohnheimes. Sie ist Mitbegründerin der Morphologischen Musiktherapie. Seit 2017 ist sie im Ruhestand und betreut weiterhin musiktherapeutische Promotionen. Zu den eigenen Forschungsschwerpunkten gehören neben musik- und psychotherapeutischen Themen Märchenforschung, musikpsychologische und forschungsmethodische Fragestellungen.
www.uni-muenster.de/Musiktherapie/Personen/tuepker.html